新企业所得税新申报表填报

166个关键点及填报案例

赠新申报表辅学辅填 全套工具光盘

屈震 李颖剑◎编著

中国市场出版社

China Market Press

·北京·

图书在版编目（CIP）数据

企业所得税新申报表填报166个关键点及填报案例/屈震，李颖剑编著. —北京：中国市场出版社，2015.4

ISBN 978－7－5092－1359－9

Ⅰ. ①企… Ⅱ. ①屈… ②李… Ⅲ. ①企业所得税–税收管理–中国 Ⅳ. ①F812.424

中国版本图书馆 CIP 数据核字（2015）第 058452 号

企业所得税新申报表填报 166 个关键点及填报案例

屈 震 李颖剑 编著

出版发行：中国市场出版社

社　　址：北京月坛北小街 2 号院 3 号楼　　　　**邮政编码**　100837

电　　话：编 辑 部（010）68032104　读者服务部（010）68022950
　　　　　　发 行 部（010）68021338　68020340　68053489
　　　　　　　　　　　　68024335　68033577　68033539
　　　　　　总 编 室（010）68020336
　　　　　　盗版举报（010）68020336

邮　　箱：943341659@qq.com

经　　销：新华书店

印　　刷：河北鑫宏源印刷包装有限责任公司

规　　格：170 mm×240 mm　16 开本　　　　**版　　次：**2015 年 4 月第 1 版

印　　张：15.75　　　　　　　　　　　　　**印　　次：**2015 年 4 月第 1 次印刷

字　　数：270 000　　　　　　　　　　　　**定　　价：**45.00 元

谨以此书献给所有

奋斗在一线的基层税务工作者、企业办税人员和税务中介！

前　言

2014 年 11 月 3 日，国家税务总局发布了《中华人民共和国企业所得税年度纳税申报表（A 类，2014 年版)》（国家税务总局公告 2014 年第 63 号，以下简称新申报表），自 2015 年 1 月 1 日起施行。与旧版申报表相比，新申报表利润总额计算信息和税会差异调整信息采集明细化，表间表内逻辑关系数量明显增加。

不可否定，新申报表的发布和实施，给纳税人和征管一线税务人员也带来了很大的压力，如何迅速更新知识，保证申报信息质量，找准汇算清缴后续管理工作的切入点，最大限度降低征纳双方的涉税风险是大家不得不面对、亟须解决的问题。作为征管一线的税务干部的一员，对此我们有强烈的感受，也愿意为此做出自己的努力。"企业所得税纳税申报表辅学辅填工具"（以下简称"辅学辅填工具"）及本书是我们运用现代化手段提高业务学习、纳税申报效率的一次尝试。

"辅学辅填工具"是许多人共同努力开发出来的。2014 年 11 月以来，我们一直在摸索、探讨、学习，多次与国税总局所得税司新申报表开发人员、北京市国税局所得税处专司新申报表申报工作的人员沟通，并在税务师事务所和纳税人的帮助下反复进行应用测试和漏洞修正。工作团队成员结合各自工作实践，进行了大量的资料整理、问题讨论、意见征集，从使用者的实际需求出发，在"辅学辅填工具"中编写了申报所需所得税政策要点、填报案例、风险提示等"填报提示"内容。提示力求简明扼要，增强可读性。每一个政策要点和填报注意事项都经过编者的思索、论证、提炼，每一个填报案例都尽可能结合了实务处理方法和政策执行口径。

"辅学辅填工具"解决申报过程中的四类问题。

一是解决因不了解新申报表，不知"从何填起"的问题：设计"基础数据表"，完成从会计"科目发生额"到申报"利润总额"的数据处理。使用者填写"基础数据表"则自动完成利润总额计算项目填报，同时生成税会差异调整的"账载金额"。

二是解决因不熟悉税收政策，"漏调税会差异"的问题：编制高频税会差异调整事项对照表，提示潜在税会差异。

三是解决针对具体申报项目，不知"如何填报"的问题：以超链接的形式给出对应的政策要点和填报案例。

四是解决新申报表逻辑关系复杂，难以"完成逻辑校验"的问题：将 700 多条报表逻辑关系落实到 Excel 表格中，让使用者免于逐项填报、逐条比对，高效完成逻辑校验。

"辅学辅填工具"测试和试用期间，有使用者提出应提供"填报提示"的纸质版本，方便更多的人"在填表过程中了解政策，在申报过程中认清风险"。于是我们循着"辅学辅填工具"的设计思路，以其提示底稿为蓝本，进一步充实内容，编写了这本学习手册。

本书是所得税政策与报表项目的对照手册。方便使用者在工作中随时翻阅，全面透视报表项目背后的政策要点。本书也是新申报表具体项目填报的案例集锦，让填表方法和填报口径便于理解，切实可循。同时，本书还是一本涉税风险的提示手册，探索将后续管理前延至纳税申报环节，从源头管控申报数据信息质量。

"辅学辅填工具"及本书的完成源自团队的协作和努力。在这里特别感谢北京国税所得税处的杨德银在本书编写和软件设计中提供的业务支持。感谢洪海明珠税务师事务所郭洪荣所长、孟佳经理、孙鹏飞经理在"辅学辅填工具"开发过程中给予的支持和配合，他们踏实、严谨的工作作风让我们深受感动。感谢中翰中国税务集团和睿博达远咨询公司在"辅学辅填工具"开发中的数据支持。感谢丰台国税干部赵桂英、王冰、桑晔、程睿、张先广、李丹麦在申报工具测试工作中做出的重要贡献。

虽经税务师事务所及纳税人反复测试，仍难保证不存在漏洞。对我们而言，查漏补缺的过程也是完善提升的过程。我们衷心希望得到读者和使用者的批评指正，以便为纳税人和基层税务工作者提供更加准确简明、切实有效的帮助。

　　不忘初心，方得始终。

目　录

CONTENTS

第 3 章　收入费用明细表填报关键点 / 11

第 7 章　境外所得抵免表（A108000）填报关键点 / 191

第 8 章 汇总纳税表（A109000）填报关键点 / 207

第 9 章 企业所得税税前扣除凭证确认实务问题探讨 / 213

第 10 章 企业所得税纳税申报表辅学辅填工具使用说明 / 217

01

第1章

基础信息表（A000000）填报关键点

2014 版企业所得税年度纳税申报表与 2008 版申报表相比，新增了《企业基础信息表》，此表反映纳税人的基本信息，包括名称、注册地、行业、注册资本、从业人数、股东结构、会计政策、对外投资情况等。上述基础信息或与税额计算过程存在紧密的逻辑关系，或决定了纳税人能否正常享受税收优惠，或将成为主管税务机关开展后续管理的依据。基于上述原因，纳税人在填报《企业基础信息表》时，应本着审慎原则，充分认识申报表设计者的信息采集意图，尽量提供规范、准确的信息。以下将从纳税人切身利益出发，讨论几个《企业基础信息表》填报中的关键点。

1.1　汇总纳税企业情况选择

关键点 1　101 汇总纳税企业

根据申报表填表说明，纳税人在《企业基础信息表》"101 汇总纳税企业"项目选择"总机构"，则需填报表 A109000 和表 A109010，按照《国家税务总局关于印发〈跨地区经营汇总纳税企业所得税征收管理办法〉的公告》（国家税务总局公告 2012 年第 57 号）的规定，作为跨地区经营企业总机构分配缴纳税款。但实务操作中，在北京市范围内，企业是否执行国家税务总局 2012 年第 57 号公告规定，作为跨地区汇总纳税企业总机构分配缴纳企业所得税，并不取决于企业填写汇算清缴申报表时是否在"101 汇总纳税企业"项目选择"总机构"，而是取决于企业是否在主管税务机关进行了"跨地区汇总纳税企业总机构"税务登记信息维护。

实际申报中，企业选择该项目时，原则上应与在税务机关进行税务登记信息维护的情况保持一致。

1.2　享受小微企业税收优惠需准确申报的基础信息

《企业基础信息表》下列项目信息替代了"符合条件的小型微利企业"税收优惠备案资料。纳税人必须按照相关政策口径准确填写下列信息，才能保证正确享受税收优惠待遇。

关键点 2　103 所属行业明细代码

"103 所属行业明细代码"项目应根据《国民经济行业分类》（GB/4754—2011）标准填报。如所属行业代码为 06＊＊至 50＊＊，小型微利企业优惠判断为工业企业；否则为其他企业。

关键点 3　104 从业人数

"104 从业人数"项目填报纳税人全年平均从业人数，从业人数是指与企业建立劳动关系的职工人数和企业接受的劳务派遣用工人数之和；从业人数指标按企业全年季度平均值确定，具体计算公式如下：

$$季度平均值＝（季初值＋季末值）÷2$$

$$全年季度平均值＝全年各季度平均值之和÷4$$

年度中间开业或者终止经营活动的，以其实际经营期作为一个纳税年度确定上述相关指标。

关键点 4　105 资产总额

"105 资产总额（万元）"项目填报纳税人全年资产总额平均数，依据和计算方法同"从业人数"口径，资产总额单位为万元，小数点后保留两位小数。

关键点 5　107 从事国家非限制和禁止行业

对于"107 从事国家非限制和禁止行业"项目，纳税人从事国家非限制和禁止行业的，选择"是"，其他选择"否"。需要特别注意的是，纳税人该项目选择"否"，则无法享受小型微利企业税收优惠政策。

按照国家税务总局 2015 年第 6 号公告的规定，实行查账征收的小型微利企业在办理 2014 年及以后年度企业所得税汇算清缴时，通过填报《国家税务总局关于发布〈中华人民共和国企业所得税年度纳税申报表（A 类，2014 年版）〉的公告》（国家税务总局公告 2014 年第 63 号）之《企业基础信息表》（A100000）表中的"104 从业人数"、"105 资产总额（万元）"栏次，履行备案手续，不再另行备案。

1.3　会计政策和会计估计变更

关键点 6　205 会计政策和估计是否发生变化

纳税人应从以下两个方面认识会计政策变更和会计估计变更对税会差异调整的影响，并据实填报会计政策和会计估计变化情况。

（1）会计政策变更采用追溯调整法时，因会计政策变更而调整留存收益，不会影响以前年度应纳税所得额的调整，但追溯调整如果涉及暂时性差异，应考虑递延所得税和前期所得税费用的调整。会计政策变更采用未来适用法，只需考虑变更后的会计政策对税会差异的影响。

（2）会计估计变更均采用未来适用法，因此纳税人仅需考虑变更后的会计估计对税会差异的影响。

1.4 固定资产折旧方法选择

关键点 7 206 固定资产折旧方法

会计准则和税法关于固定资产折旧方法的规定一般情况下是相同的，差异在于，税法规定了企业采用加速折旧的条件，而会计准则没有规定具体条件。纳税人账面全部固定资产的折旧情况应在 A105080《资产折旧、摊销情况及纳税调整明细表》进行列报和税会差异调整。本项目选择的折旧方法应与表 A105080 的填报情况相符。

1.5 存货的成本计价方法选择

关键点 8 207 存货成本计价方法

《企业所得税法实施条例》第七十三条规定，企业使用或者销售的存货的成本计价方法，可以在先进先出法、加权平均法、个别计价法中选用一种。计价方法一经选用，不得随意变更。对发出存货成本计价方法的选择，会计准则和税法的规定是一致的。

1.6 所得税会计核算方法选择

关键点 9 209 所得税会计核算方法

应付税款法是将本期会计利润与应纳税所得额之间的差异造成的影响应纳税额的金额直接计入当期损益，而不递延到以后各期。在应付税款法下，当期计入损益的所得税费用等于当期应缴的所得税。

企业会计准则要求对企业所得税采用资产负债表债务法进行核算。资产负债表债务法也是纳税影响会计法的一个分支，它是从资产负债表出发，通过比较资产负债表上列示的资产、负债按照企业会计准则规定确定的账面价值与按照税法规定确定的计税基础，对于两者之间的差额分别应纳税暂时性差异与可抵扣暂时性差异，确认相关的递延所得税负债与递延所得税资产，并在此基础上确定每一期间利润表中的所得税费用。纳税人根据实际情况选择填报本项目。

02

第2章

主表（A100000）填报关键点

实际应纳税额的计算过程决定了申报表的结构。"实际应纳税额"反映了企业所得税纳税人作为法人主体在一个申报所属期所承担的全部纳税义务。2014 版企业所得税年度纳税申报表主表"实际应纳税额"的计算过程与 2008 版申报表相比发生了较大的变化。主要体现在将"境内外所得分别计算"和"税收优惠计算"从"税会差异调整"中分离出来，成为税额计算过程中相对独立的部分。新申报表主表将申报计算过程分为三部分，分别为"利润总额计算"、"应纳税所得额计算"和"应纳税额计算"。而"实际应纳税额"的计算经历了五个结点。

2.1　利润总额的计算

关键点 10　通过会计核算得到利润总额

该步骤包括主表第 1 行至第 13 行及其对应的 6 张 1 级附表。即 A101010《一般企业收入明细表》、A101020《金融企业收入明细表》、A102010《一般企业成本支出明细表》、A102020《金融企业支出明细表》、A103000《事业单位、民间非营利组织收入、支出明细表》、A104000《期间费用明细表》。计算得到主表第 13 行"利润总额"。

2.2　境内纳税调整后所得的计算

关键点 11　分离境内、境外所得，计算境内纳税调整后所得

在利润总额基础上，将境外所得与境内所得分离，分别进行税会差异调整和收入、扣除类优惠计算，至此，境内所得计算结果为负数时，以境外纳税调整后所得弥补当期境内亏损，最终得出"境内纳税调整后所得"。

该步骤包括主表第 14 行至第 19 行及其对应的附表。即通过 A108010《境外所得纳税调整后所得明细表》完成境外所得与境内所得的分离及境外所得税会差异调整；通过 1 张 1 级附表 A105000《纳税调整项目明细表》及其12 张 2 级附表、2 张 3 级附表完成境内所得税会差异调整；通过 1 张 1 级附表 A107010《免税、减计收入及加计扣除优惠明细表》及其 4 张 2 级附表完成境内收入的计算；通过 A108000《境外所得税收抵免明细表》完成境外所得弥补当期境内亏损的计算。最终得出主表第 19 行"境内纳税调整后所得"。

2.3　境内应纳税所得额的计算

关键点 12　计算境内应纳税所得额

在境内纳税调整后所得的基础上，进行减免所得、抵扣所得和弥补以前年度亏损计算，得到"境内应纳税所得额"。

该步骤包括主表第 20 行至第 23 行及其对应的附表。即通过 A107020《所得减免优惠明细表》完成减免所得优惠的计算；通过 A107030《抵扣应纳税所得额明细表》完成抵免所得优惠的计算；通过 A106000《企业所得税弥补亏损明细表》完成境内所得弥补以前年度境内亏损的计算。最终得出主表第 23 行"境内应纳税所得额"。

2.4　境内所得应纳税额的计算

关键点 13　计算境内所得应纳税额

用境内应纳税所得额乘以法定税率，再进行减免税额、抵免税额的优惠计算，即可得出境内所得应纳税额。

该步骤包括主表第 24 行至第 28 行及其对应的附表。即通过 A107010《免税、减计收入及加计扣除优惠明细表》及其 2 张附表完成减免税额的计算；通过 A107050《税额抵免优惠明细表》完成抵免税额的计算。最终得出主表第 28 行"境内所得应纳税额"。

2.5　境内外所得实际应纳税额的计算

关键点 14　计算境内外所得实际应纳税额

将境内所得应纳税额和境外所得应纳税额相加，并进行境外所得应纳税额抵免计算，得到"境内外所得实际应纳税额"。

该步骤包括主表第 29 行至第 31 行及其对应的附表。即通过 A108000《境外所得税收抵免明细表》及其 3 张附表完成境外所得应纳税额的计算和抵免，并与境内所得应纳税额相加，最终得到主表第 31 行"境内外所得实际应纳税额"。

03

第3章

收入费用明细表填报关键点

企业所得税汇算清缴申报是在申报所属期间会计核算结果的基础上进行税会差异调整、税收优惠计算、亏损弥补、税额抵免，最终得出当期应纳所得税额。

2014 版企业所得税年度纳税申报表事项信息采集精细化，将企业所得税应纳税额计算的逻辑过程完整呈现。申报表总张数 41 张，较 2008 版企业所得税年度纳税申报表明显增多。

广大中小企业纳税人自我培训能力有限，在没有全面掌握企业所得税各项政策，短期内也难以深入了解新版申报表逻辑架构的情况下，如何正确判断自身涉及哪些纳税调整事项，应该填哪几张申报表，是很多纳税人面临的问题。

对一般企业而言，收入、成本、费用明细表是纳税申报的必填表，也是企业进行纳税调整的主要数据来源。笔者认为对照收入、成本、费用明细表中的项目发生额，梳理发现税会差异，再穿透至纳税调整表相应位置进行调整，对初次接触新申报表的企业财务人员而言，是一条便捷的思路。

以下笔者将以一般企业利润总额计算相关的收入、成本、期间费用三张明细表和主表资产减值损失、公允价值变动收益、投资收益三个申报项目以及事业单位、民间非营利组织收入、支出明细表为分析对象，探讨如何根据会计核算信息识别纳税调整的关键点。

3.1 一般企业收入明细表（A101010）的填报口径和风险关注

《企业所得税法》第六条规定，企业以货币形式和非货币形式从各种来源取得的收入，为收入总额。包括：

（一）销售货物收入；

（二）提供劳务收入；

（三）转让财产收入；

（四）股息、红利等权益性投资收益；

（五）利息收入；

（六）租金收入；

（七）特许权使用费收入；

（八）接受捐赠收入；

（九）其他收入。

会计制度与税收制度作为两个相对独立的逻辑体系，对"收入"的界定和分类存在差异。表 A101010 中"主营业务收入"、"其他业务收入"、"营业外收入"填报金额直接取自申报所属年度利润表。下设明细申报项目则需结合会计制度规定及申报表填表说明分析填报。

3.1.1　营业收入

3.1.1.1　主营业务收入

关键点 15　适用企业会计准则核算的纳税人的申报口径

（1）填写申报表时，对适用企业会计准则的一般企业而言，"（一）主营业务收入"对应会计核算科目为"主营业务收入"（科目编号 6051）。

（2）明细申报项目"1. 销售商品收入"、"2. 提供劳务收入"、"3. 建造合同收入"、"4. 让渡资产使用权收入"、"5. 其他"应结合申报表填表说明正列举内容及《企业会计准则——应用指南》附录"会计科目和主要账务处理"中"主营业务收入的主要账务处理"规定分析填列。

（3）其中"1. 销售商品收入　其中：非货币性资产交换收入"应申报填写具有商业实质且公允价值能够可靠计量的情况下，企业按换出商品的公允价值确认的换出商品收入。

（4）《企业会计准则第 14 号——收入》规定，"让渡资产使用权收入"包括利息收入、使用费收入等。按照申报表填表说明规定，本行填报"纳税人在主营业务收入核算的，让渡无形资产使用权而取得的使用费收入以及出租固定资产、无形资产、投资性房地产取得的租金收入"。一般企业的利息收入在"财务费用"科目核算，出租固定资产、无形资产、投资性房地产的租金收入一般在"其他业务收入"科目核算。因此纳税人较常在本行填写的主要是"特许权使用费收入"。《企业所得税法实施条例》第二十条规定，企业所得税法第六条第（七）项所称特许权使用费收入，是指企业提供专利权、非专利技术、商标权、著作权以及其他特许权的使用权取得的收入。

关键点 16　"主营业务收入"中可能存在的税会差异调整事项

纳税人填报表 A101010 时，可结合"主营业务收入"各明细申报项目发生额，关注以下几点：

（1）《企业会计准则——应用指南》附录"会计科目和主要账务处理"中指出，采用递延方式分期收款、实质上具有融资性质的销售商品或提供劳务满足收入确认条件的，按应收合同或协议价款，借记"长期应收款"科目，按应收合同或协议价款的公允价值，贷记本科目，按专用发票上注明的增值税额，贷记"应交税费——应交增值税（销项税额）"科目，按其差额，贷记"未实现融资收益"科目。

纳税人应检查自身是否存在上述"分期收款销售商品"处理。如存在，在 A105020《未按权责发生制确认收入纳税调整明细表》第 6 行"分期收款方式销售商品"和表 A105000 第 22 行"与未实现融资收益相关在当期确认的财务费用"进行税会差异调整。

（2）是否存在作为资产负债表日后调整事项处理的销货退回。如存在，应对应在表 A105000 第 10 行"销售折扣、折让和退回"进行税会差异调整。

（3）是否存在租金、特许权使用费未按合同约定确认收入的情况。如存在，应对应在 A105020《未按权责发生制确认收入纳税调整明细表》第 4 行"特许权使用费"进行税会差异调整。

（4）提供劳务收入确认与税法规定是否存在差异。如存在，应按税法口径进行调整。

（5）是否存在建造合同未按税收口径确认收入的情况。如存在，应对应在 A105020《未按权责发生制确认收入纳税调整明细表》第 7 行"持续时间超过 12 个月的建造合同收入"进行调整。

3.1.1.2　其他业务收入

关键点 17　适用企业会计准则核算的纳税人的申报口径

（1）填写申报表时，对适用企业会计准则的一般企业而言，"（二）其他业务收入"对应会计核算科目为"其他业务收入"（科目编号 6051）。填报时应保证申报"其他业务收入"数据与申报所属期对应年度利润表"其他业务收入"金额一致。

（2）明细申报项目"1.销售材料收入"、"2.出租固定资产收入"、"3.出租无形资产收入"、"4.出租包装物和商品收入"、"5.其他"应结合申报表填表说明正列举内容及《企业会计准则——应用指南》附录"会计科目和主要账务处理"中"其他业务收入的主要账务处理"规定分析填列。

其中"1.销售材料收入　其中：非货币性资产交换收入"应申报填写具有商业实质且公允价值能够可靠计量的情况下，企业按换出原材料的公允价值确认的换出原材料收入。

关键点 18　"其他业务收入"中可能存在的税会差异调整事项

纳税人填报表 A101010 时，可结合"其他业务收入"各明细申报项目发生额，关注以下几点：

（1）是否存在分期收款销售材料的情况。如存在，应对应在 A105020《未按权责发生制确认收入纳税调整明细表》第 6 行"分期收款方式销售商品"和表 A105000 第 22 行"与未实现融资收益相关在当期确认的财务费用"进行税会差异调整。

（2）是否存在属于资产负债表日后事项的销货退回。如存在，应对应在表 A105000 第 10 行"销售折扣、折让和退回"进行税会差异调整。

（3）是否存在出租固定资产、无形资产、投资性房地产、包装物、商品租金未按合同约定确认收入。如存在，应对应在 A105020《未按权责发生制确认收入纳税调整明细表》第 2 行"租金"进行税会差异调整。

3.1.2　营业外收入

关键点 19　《企业会计准则》中营业外收入相关规定

《企业会计准则——应用指南》附录"会计科目和主要账务处理"中指出，"营业外收入"科目核算企业发生的与其经营活动无直接关系的各项净收入，主要包括处置非流动资产利得、非货币性资产交换利得、债务重组利得、罚没利得、政府补助利得、确实无法支付而按规定程序经批准后转作营业外收入的应付款项等。

关键点 20　《小企业会计准则》中营业外收入相关规定

《小企业会计准则——会计科目、主要账务处理和财务报表》规定，"营业外收入"科目核算小企业实现的各项营业外收入。包括：非流动资产处置净收益、政府补助、捐赠收益、盘盈收益、汇兑收益、出租包装物和商品的租金收入、逾期未退包装物押金收益、确实无法偿付的应付款项、已作坏账损失处理后又收回的应收款项、违约金收益等。

关键点 21　申报表营业外收入明细项目的设置及申报口径

营业外收入申报明细项目包括非流动资产处置利得、非货币性资产交换利得、债务重组利得、政府补助利得、盘盈利得、捐赠利得、罚没利得、确实无法支付的应付款项、汇兑损益、其他。

其中，执行企业会计准则的纳税人，盘盈利得、汇兑收益不在营业外收入科目核算，上述两个项目仅适用于执行小企业会计准则的纳税人填报。企业会计核算发生但未在申报表明细申报项目中列示的项目应在"其他"项目反映。

"非货币性资产交换利得"应申报填写具有商业实质且公允价值能够可靠计量的情况下，企业按换出固定资产、无形资产、长期股权投资等的公允价值确认的换出资产的处置利得。

关键点 22 "营业外收入"中可能存在的税会差异调整事项

纳税人填报表 A101010 时，可结合"营业外收入"各明细申报项目发生额，关注以下几点：

（1）是否存在符合不征税收入确认条件且按不征税收入处理的政府补助。若存在，应对应在 A105040《专项用途财政性资金纳税调整明细表》第 4 列"其中：计入本年损益的金额"、第 14 列"应计入本年应税收入的金额"，A105000《纳税调整项目明细表》第 8 行"不征税收入"进行税会差异调整。

（2）是否存在不符合不征税收入确认条件或符合不征税收入确认条件但未按不征税收入处理的政府补助。若存在，应对应在 A105020《未按权责发生制确认收入纳税调整明细表》第 10 行"与收益相关的政府补助"、第 11 行"与资产相关的政府补助"进行税会差异调整。

（3）是否存在因为不具备商业实质或具备商业实质但交换资产的公允价值不能可靠计量或其他原因，未按公允价值模式计量的非货币性资产交换利得。若存在，应在 A105010《视同销售及房地产开发企业特定业务纳税调整明细表》第 2 行"非货币性资产交换视同销售收入"进行税会差异调整。

（4）此外，纳税人的债务重组利得在符合《财政部 国家税务总局关于企业重组业务企业所得税处理若干问题的通知》（财税〔2009〕59 号）、《国家税务总局关于发布〈企业重组业务企业所得税管理办法〉的公告》（国家税务总局公告 2010 年第 4 号）相关政策规定时，可递延计算缴纳企业所得税，在 A105100《企业重组纳税调整明细表》第 1 行"债务重组"进行调整。

3.2 在一般企业成本明细表（A102010）中发现要调整的事项

3.2.1 营业成本

3.2.1.1 主营业务成本

关键点 23 适用企业会计准则核算的纳税人的申报口径

填写申报表时，对适用企业会计准则的一般企业而言，"（二）主营业务成本"对应会计核算科目为"主营业务成本"（科目编号 6401）。填报时应保证申报"主营业务成本"的数据与申报所属期对应年度利润表"主营业务成本"金额一致。

明细申报项目"1. 销售商品成本"、"2. 提供劳务成本"、"3. 建造合同成本"、"4. 让渡资产使用权成本"、"5. 其他"与表 A101010 主营业务收入明细申报项目对应。应结合申报表填表说明正列举内容及《企业会计准则——应用指南》附录"会计科目和主要账务处理"中"主营业务成本的主要账务处理"的规定分析填列。

其中"1. 销售商品成本 其中：非货币性资产交换成本"应申报填写具有商业实质且公允价值能够可靠计量的情况下，企业按换出商品的账面价值计算的换出商品成本。

关键点 24 "主营业务成本"中可能存在的税会差异调整事项

纳税人填报表 A102010 时，可结合"主营业务成本"各明细申报项目发生额，关注以下几点：

（1）判断销售商品或非货币性资产交换换出商品的账面价值和计税基础之间是否存在差异。例如是否计提过存货跌价准备。如存在，需按照资产计税基础对会计结转的主营业务成本进行调整。

（2）提供劳务收入确认存在税会差异，对主营业务收入进行调整时，需同时调整主营业务成本。

（3）存在建造合同未按税收口径确认收入的情况。对建造合同收入确认进行调整时，需同时调整当期确认的建造合同成本。

3.2.1.2 其他业务成本

关键点 25 适用企业会计准则核算的纳税人的申报口径

填写申报表时，对适用企业会计准则的一般企业而言，"（二）其他业务成本"对应会计核算科目为"其他业务成本"（科目编号 6402）。填报时应保证申报"其他业务成本"的数据与申报所属期对应年度利润表"其他业务成本"金额一致。

明细申报项目"1. 销售材料成本"、"2. 出租固定资产成本"、"3. 出租无形资产收入"、"4. 出租包装物和商品成本"、"5. 其他"与表 A101010 其他业务收入明细申报项目对应，主要包括销售材料的成本、出租固定资产的累计折旧、出租无形资产的累计摊销、出租包装物的成本或摊销额、采用成本模式计量的投资性房地产的累计折旧或累计摊销等。

其中"1. 销售材料成本 其中：非货币性资产交换成本"应申报填写具有商业实质且公允价值能够可靠计量的情况下，企业按换出原材料的账面价值确认的换出原材料成本。

关键点 26 "其他业务成本"中可能存在的税会差异调整事项

纳税人填报表 A102010 时，可结合"其他业务成本"各明细申报项目发生额，关注以下几点：

（1）是否存在属于资产负债表日后事项的销货退回。如存在，应对应在表 A105000 第 10 行"销售折扣、折让和退回"进行税会差异调整。

（2）是否存在出租固定资产、无形资产，计入当期损益的折旧、摊销金额不符合税收政策规定。如存在，应对应在 A105080《固定资产折旧、摊销情况及纳税调整明细表》进行税会差异调整。

3.2.2 营业外支出

关键点 27 《企业会计准则》中营业外支出相关规定

《企业会计准则——应用指南》附录"会计科目和主要账务处理"中指出，"营业外支出"科目核算企业发生的与其经营活动无直接关系的各项净支出，包括处置非流动资产损失、非货币性资产交换损失、债务重组损失、罚款支出、捐赠支出、非常损失等。

关键点 28 《小企业会计准则》中营业外支出相关规定

《小企业会计准则——会计科目、主要账务处理和财务报表》规定，"营业外支出"科目核算小企业发生的各项营业外支出。包括：存货的盘亏、毁损、报废损失，非流动资产处置净损失，坏账损失，无法收回的长期债券投资损失，无法收回的长期股权投资损失，自然灾害等不可抗力因素造成的损失，税收滞纳金，罚金，罚款，被没收财物的损失，捐赠支出，赞助支出等。

关键点 29 申报表营业外支出明细项目的设置及申报口径

营业外支出申报明细项目包括非流动资产处置损失、非货币性资产交换损失、债务重组损失、非常损失、捐赠支出、赞助支出、罚没支出、坏账损失、无法收回的债券股权投资损失、其他。

"非货币性资产交换损失"应申报填写具有商业实质且公允价值能够可靠计量的情况下，企业按换出固定资产、无形资产、长期股权投资等的公允价值确认的换出资产的处置损失。

关键点 30 "营业外支出"中可能存在的税会差异调整事项

纳税人填报表 A102010 时，可结合"营业外支出"各明细申报项目发生额，关注以下几点：

（1）非流动资产处置损失、非货币性资产交换损失、债务重组损失、非常损失、坏账损失、无法收回的债券股权投资损失等税前扣除的资产损失当年度存在发生额的，均需在 A105090《资产损失税前扣除及纳税调整明细表》进行填报及税会差异调整。其中属于应进行专项申报的资产损失，需同时填报 A105091《资产损失（专项申报）税前扣除及纳税调整明细表》。

（2）捐赠支出需区分公益性捐赠及非公益性捐赠，按照税法规定的扣除限额，在 A105070《捐赠支出纳税调整明细表》进行税会差异调整。

（3）赞助支出、罚没支出需在表 A105000 第 19 行"罚金、罚款和没收财物的损失"、第 21 行"赞助支出"进行税会差异调整。

3.3 在期间费用表（A104000）中发现要调整的事项（事业单位、非营利组织除外）

2008 版企业所得税年度纳税申报表在《成本费用明细表》中设置了期间

费用的一级核算科目，列示申报所属期间会计核算的管理费用、销售费用、财务费用的账面发生额，未做费用明细信息采集。增设专门的 A104000《期间费用明细表》是 2014 版申报表相对 2008 版申报表一项重要变化。

设置结构化的期间费用明细表，从费用发生绝对值及费用构成两个维度来衡量费用列支的合理性，是企业财务内控的常见手段。新申报表设置的《期间费用明细表》能够起到两级期间费用明细账的作用，在主管税务机关开展后续管理，进行初步的数据筛查和疑点判断时，提供覆盖每个纳税人的明细数据来源，方便主管税务机关迈出案头分析的第一步。由于数据覆盖面广，来源稳定，还可用于进行行业数据、跨期数据的动态分析。

期间费用作为直接影响当期损益的税前扣除类项目，涉及的税会差异调整事项较多，且申报数据的真实性和准确性可直接通过与会计核算资料进行比对得出，因此纳税人在申报填写本表时应审慎分析，规范填写，充分识别纳税调整要点。

关键点 31　《期间费用明细表》填报的几个关注点

（1）本表的填报应保证第 25 行销售费用、管理费用、财务费用的填报金额直接取自申报所属期利润表。明细申报项目应反映真实的财务核算信息。

（2）A103000《事业单位、民间非营利组织收入、支出明细表》设置的支出项目同时包含成本类项目及费用类项目，因此填报该表的事业单位、民间非营利组织纳税人不再填报 A104000《期间费用明细表》。

（3）《企业会计准则——应用指南》附录"会计科目和主要账务处理"对"销售费用"科目的规定中列明，企业（金融）应将本科目改为"6601 业务及管理费"科目，核算企业（保险）在业务经营和管理过程中所发生的各项费用，包括折旧费、业务宣传费、业务招待费、电子设备运转费、钞币运送费、安全防范费、邮电费、劳动保护费、外事费、印刷费、低值易耗品摊销、职工工资、差旅费、水电费、修理费、职工教育经费、工会经费、税金、会议费、诉讼费、公证费、咨询费、无形资产摊销、长期待摊费用摊销、取暖降温费、聘请中介机构费、技术转让费、绿化费、董事会费、财产保险费、劳动保险费、待业保险费、住房公积金、物业管理费、研究费用等。企业（金融）不应再设置"管理费用"科目。因此金融企业填报《期间费用明细表》时，不填写第 3 列和第 4 列。

（4）A104000《期间费用明细表》第 2 列、第 4 列、第 6 列对企业费用列支中向境外支付的部分进行信息采集，为主管税务机关进行反避税调查提供了便利，纳税人在填报相关项目时应谨慎对待，规范填报境外支付费用金额，避免不规范的费用列支引发涉税风险。

关键点32 "期间费用"中可能存在的税会差异调整事项

纳税人填报表A104000时，可结合各明细申报项目发生额，关注以下几点：

（1）对照本表第1行"职工薪酬"项目，应检查是否存在计提未发放的工资薪金；是否存在列支工资薪金未履行代扣代缴个人所得税义务的情况；属于国有性质的企业列支的工资薪金是否超过了政府有关部门给予的限定数额；是否存在计提未实际支出的职工教育经费；是否存在计提未实际缴纳的补充养老保险、补充医疗保险；工会经费、职工教育经费、职工福利费、补充养老保险、补充医疗保险的实际列支金额是否超出了以"工资薪金"税收金额为基础计算的扣除限额等。此外，还应核实上述事项是否取得了合法有效的税前扣除凭证。上述情况如实际存在，应在A105050《职工薪酬纳税调整明细表》进行税会差异调整。具体填报方法见本书纳税调整部分。

（2）对照本表第2行"劳务费"、第3行"咨询顾问费"项目，应检查费用列支是否取得了合法有效的税前扣除凭证（劳务费、咨询费发票）；企业向境外支付的劳务费、咨询费是否履行了代扣代缴企业所得税的义务；是否存在为逃避缴纳税款超额支付给境外关联方的劳务费、咨询费；是否存在同一法人主体内部支付劳务费在税前列支的情况等。如存在上述情况，应在第29行"其他"进行调整。

（3）对照本表第4行"业务招待费"项目，应检查费用列支是否取得了合法有效的税前扣除凭证；业务招待费列支是否超过了以"销售（营业）收入"为基础计算的税前扣除限额等。如存在上述情况，应在A105000《纳税调整项目明细表》第15行"业务招待费"进行调整。此外，还应关注是否存在将资产或外购的资产用于交际应酬，会计核算中未确认收入、成本的情况，如存在，应在A105010《视同销售和房地产开发企业特定业务纳税调整明细表》第4行、第14行"用于交际应酬视同销售收入、成本"进行税会差异调整，同时按视同销售收入确认金额对业务招待费列支进行调整。

（4）对照本表第5行"广告费和业务宣传费"项目，应检查费用列支是否取得了合法有效的税前扣除凭证；广告效应不只由纳税人自身获得的广告费是否在不同法人主体之间进行了合理分摊；税前列支的广告费用是否超过了以"销售（营业）收入"为基础计算当期税前扣除限额；是否存在以前年度超过扣除限额结转本年扣除的广告费和业务宣传费等。若存在上述情况，应在 A105060《广告费和业务宣传费跨年度纳税调整明细表》进行税会差异调整。此外，还应关注是否存在将资产或外购的资产用于市场推广，会计核算中未确认收入、成本的情况。如存在，应在 A105010《视同销售和房地产开发企业特定业务纳税调整明细表》第 3 行、第 13 行"用于市场推广或销售视同销售收入、成本"进行税会差异调整，同时按视同销售收入确认广告费列支进行调整。

（5）对照本表第 6 行"佣金和手续费"项目，应检查费用列支是否取得了合法有效的税前扣除凭证；佣金和手续费的税前扣除金额是否超过了税法规定的扣除限额等。若存在上述情况，应在 A105000《纳税调整项目明细表》第 23 行"佣金和手续费支出"进行税会差异调整。此外，还应关注是否存在以避税为目的向境外超额支付佣金、手续费的情况；向境外支付的佣金、手续费是否履行了代扣代缴企业所得税的义务等。

（6）对照本表第 7 行"资产折旧摊销费"，资产折旧摊销账载金额与税收金额之间的差异在 A105080《资产折旧、摊销情况及纳税调整明细表》进行列报和调整。即使不存在上述税会差异，纳税人仍需将账面所有资产的折旧、摊销情况在表 A105080 进行填报。

（7）对照本表第 8 行"财产损耗、盘亏及毁损损失"，纳税人资产损失税前扣除均需在 A105090《资产损失税前扣除及纳税调整明细表》进行填报及税会差异调整。其中属于应进行专项申报的资产损失，需同时填报 A105091《资产损失（专项申报）税前扣除及纳税调整明细表》。

（8）对照本表第 21 行"利息收支"，应关注账面利息收入是否存在未按合同约定进行确认的情况。若存在，应在 A105020《未按权责发生制确认收入纳税调整明细表》第 3 行"利息"进行税会差异调整。还应关注利息支出是否符合税法规定的扣除标准。对支付给非金融机构、自然人、关联企业的利息及未按规定缴足出资产生的利息等，应在 A105000《纳税调整项目明细表》第 18 行"利息支出"进行调整。

（9）对纳税人在《期间费用明细表》列支的各项费用，应关注是否包含境外所得应分摊的"共同支出"。若存在，应在 A105000《纳税调整项目明细表》第 28 行"境外所得分摊的共同支出"进行调整，特别是当境外所得为负数时，"共同支出"项目也需要在计算境内应纳税所得额时进行调增。

（10）对纳税人在《期间费用明细表》列支的各项费用，应关注是否存在与取得收入无关的支出。若存在，应在 A105000《纳税调整项目明细表》第

27 行"与取得收入无关的支出"进行调整。

（11）按照《国家税务总局关于企业所得税若干问题的公告》（国家税务总局公告 2011 年第 34 号）的规定，当年度实际发生的相关成本、费用，由于各种原因未能及时取得该成本、费用的有效凭证，企业在预缴季度所得税时，可暂按账面发生金额进行核算；但在汇算清缴时，应补充提供该成本、费用的有效凭证。否则不得在当年应纳税所得额中扣除，需进行税会差异调整。

3.4　资产减值损失、公允价值变动损益、投资收益对应的调整项目

关键点 33　资产减值损失、公允价值变动损益、投资收益对应的调整项目

申报表主表第 7 行"资产减值损失"、第 8 行"公允价值变动收益"、第 9 行"投资收益"项目的填报均直接从申报所属期利润表取数。资产减值损失和公允价值变动损益均为企业所得税后续管理的跨期事项，只要发生即涉及纳税调整，一般企业资产减值准备直接在 A105000《纳税调整项目明细表》第 32 行"资产减值准备金"进行调整。特殊行业资产减值准备金单设附表 A105120《特殊行业准备金纳税调整明细表》进行调整。公允价值变动损益项目在 A105000《纳税调整项目明细表》第 7 行"公允价值变动净损益"进行调整。

投资收益项目的税会差异，初始确认阶段在 A105000《纳税调整项目明细表》第 6 行"交易性金融资产初始投资调整"进行调整，投资资产持有期间和处置环节的税会差异单独设附表 A105030《投资收益纳税调整明细表》进行调整。

上述事项的具体填报解析见本书纳税调整部分内容。

3.5　事业单位、民间非营利组织收入、支出明细表（A103000）申报变化

关键点 34　事业单位、民间非营利组织收入、支出信息申报变化

本表适用执行事业单位会计准则的纳税人和执行民间非营利会计制度的纳税人填报。事业单位会计准则包括事业单位会计制度、科学事业单位会计制度、医院会计制度、高等学校会计制度、中小学校会计制度、彩票机构会计制度等。需要注意的是，执行民间非营利会计制度的纳税人不等同于企业

所得税法规定的具有免税资格的非营利组织。

本表的申报项目依据执行事业单位会计准则的纳税人编写的收入支出表以及执行民间非营利会计制度的纳税人编写的业务活动表设置，与 2008 版企业所得税年度纳税申报表相比，新版申报表合并了收入与支出表，增加了民间非营利组织的相关项目。

支出项目同时包含成本类项目及费用类项目，因此填报本表的事业单位、民间非营利组织纳税人不再填报 A104000《期间费用明细表》。

此外，2008 版企业所得税年度纳税申报表将不征税收入与应税收入总额分开计算申报。2014 版企业所得税年度纳税申报表在收入、支出计算中不再区分征税收入与不征税收入，而是将不征税收入及其形成的支出作为税会差异项目在 A105000《纳税调整项目明细表》中进行调整。

04

第4章

纳税调整表（A105000）
填报关键点

4.1 纳税调整事项概述

税收制度和会计制度的目的不同——税收制度的目的是有效地组织财政收入，为各类企业创造公平的市场竞争环境，规范征管行为，对经济和社会的发展进行调节；会计制度的目的是为财务报告使用者提供与企业财务状况、经营成果、现金流量相关的会计信息，反映企业管理层受托责任履行情况，帮助财务报告使用者做出经济决策。这就造成了税收制度和会计制度的根本前提与遵循的原则存在差异。因此两者的逻辑体系是相互影响而又相对独立的。

会计制度和企业所得税税收法规差异的本质在于对资产、负债的确认、计量规则不同，即资产和负债计税基础与账面价值之间的差异。上述差异在税额计算中主要体现在确认收益实现和费用扣减的时间，以及费用的可扣减性。

《企业所得税法》第二十一条规定，在计算应纳税所得额时，企业财务、会计处理办法与税收法律、行政法规的规定不一致的，应当依照税收法律、行政法规的规定计算。

笔者认为，在纳税申报过程中，对纳税人而言，税会差异的调整实际包括两个层面。一是会计制度规定与税收制度规定之间固有的差异。二是企业实际会计处理与会计制度规定之间也可能存在差异。在税务鉴证实务及基层主管税务机关的日常管理中，一般会直接对"实际会计处理"和"税收制度规定"之间的差异做出调整，而较少干涉调整企业实际会计处理和会计制度规定之间的差异。

2014 版企业所得税年度纳税申报表"纳税调整"与"境外所得应纳税额计算"、"税收优惠计算"相分离，逻辑关系更加清晰。同时，在报表设置上，"纳税调整"部分与其余两者存在交叉。"纳税调整"与"境外所得应纳税额计算"的交叉点是 A105000《纳税调整项目明细表》第 28 行"境外所得分摊的共同支出"调整事项。"纳税调整"与"税收优惠计算"的交叉点是在 A105080《资产折旧、摊销情况及纳税调整明细表》中完成计算的"加速折旧"和在 A105050《职工薪酬纳税调整明细表》中完成计算的"职工教育经费扣除"两类优惠项目。

在具体项目设置上，相对 2008 版企业所得税年度纳税申报表，2014 版申报表根据企业所得税政策更新和精细化管理的需求，新增了部分差异项目，对部分原有差异项目进行了调整，对重要差异项目调整单独设置了附表，反映计算过程。

本章内容将对 2014 版企业所得税年度纳税申报表中 1 张 1 级附表 A105000《纳税调整项目明细表》及其 12 张 2 级附表、2 张 3 级附表设置的税会差异调整事项进行梳理，辅以填报案例讨论每个调整事项的填报方法。讨论顺序为 A105000《纳税调整项目明细表》列示的差异事项顺序。

4.2 收入类项目

参照国家税务总局所得税司 2009 年 12 月出版的《新税收制度与企业会计制度差异分析及协调》一书对"收入确认"税会差异的分析，收入差异主要包括：收入（商品销售收入、劳务收入、利息和使用费收入、建造合同收入、视同销售业务、售后回购业务、债务重组'收益'、非货币性交易收益、技术转让收入、在建工程试运行收入、折扣与折让、无法支付的款项、租赁收入、补贴收入、资产评估增值等）的概念与分类的差异，收入确认的差异，收入计量的差异，特殊销售业务的差异。

4.2.1 视同销售收入（原有调整项目，单设附表 A105010）

视同销售收入利润计算及纳税调整对照提示表

在利润总额计算中的位置	A107020《一般企业成本支出明细表》第 21 行"捐赠支出"，A104000《期间费用明细表》第 4 行"业务招待费"，第 5 行"广告费和业务宣传费"
在纳税调整中的位置	A105010《视同销售和房地产开发企业特定业务纳税调整明细表》第 2 行"非货币性资产交换视同销售收入"、第 3 行"用于市场推广或销售视同销售收入"、第 4 行"用于交际应酬视同销售收入"、第 5 行"用于职工奖励或福利视同销售收入"、第 6 行"用于股息分配视同销售收入"、第 7 行"用于对外捐赠视同销售收入"、第 8 行"用于对外投资项目视同销售收入"、第 9 行"提供劳务视同销售收入"、第 10 行"其他"
风险管理提示	永久性差异调整

关键点 35 视同销售调整事项相关政策要点

《企业所得税法实施条例》第二十五条规定，企业发生非货币性资产交换，以及将货物、财产、劳务用于捐赠、偿债、赞助、集资、广告、样品、职工福利或者利润分配等用途的，应当视同销售货物、转让财产或提供劳务。

国税函〔2008〕828 号文件规定，企业将资产移送他人的下列情形，因资产所有权属已发生改变而不属于内部处置资产，应按规定视同销售确定收入。

（一）用于市场推广或销售；

（二）用于交际应酬；

（三）用于职工奖励或福利；

（四）用于股息分配；

（五）用于对外捐赠；

（六）其他改变资产所有权属的用途。

企业发生本通知第二条规定情形时，属于企业自制的资产，应按企业同类资产同期对外销售价格确定销售收入；属于外购的资产，可按购入时的价格确定销售收入。

国税函〔2009〕202 号文件规定：

一、关于销售（营业）收入基数的确定问题

企业在计算业务招待费、广告费和业务宣传费等费用扣除限额时，其销售（营业）收入额应包括《实施条例》第二十五条规定的视同销售（营业）收入额。

京国税发〔2009〕92 号文件规定，房地产开发企业通过正式签订《房地产销售合同》或《房地产预售合同》所取得的收入，可作为广告和业务宣传费、业务招待费的计算基数。

关键点 36　视同销售事项差异调整的具体情形及填报方法

笔者认为，纳税人在进行企业所得税视同销售事项申报时，应关注五个要点。一是企业所得税视同销售收入的确认标准。属于企业自制的资产，应按企业同类资产同期对外销售价格确定销售收入；属于外购的资产，可按购入时的价格确定销售收入。二是允许纳税人按照视同销售收入对非货币性资产交换换入资产的计税基础、资产用于交际应酬、广告等形成的费用税前扣除金额进行调整。三是对业务招待费、广告费等有税前扣除限额的项目，按照视同销售收入进行扣除金额调整后，表 A105000 第 15 行第 1 列"业务招待费账载金额"、表 A105060 第 1 行"本年广告费和业务宣传费支出"相应进行调整。四是视同销售收入构成广告费和业务宣传费、业务招待费的扣除限额计算基数。企业处置固定资产、无形资产取得的收入与资产净值之间的差额一般做"营业外收支"处理，处置固定资产、无形资产收入不作为费用扣除限额的计算基数。但如果纳税人处置资产做企业所得税视同销售处理，视同销售收入可作为费用扣除限额计算基数。五是企业所得税视同销售成本应该根据资产的计税基础进行确认，应关注资产的计税基础和账面价值之间是否存在差异。例如关注非货币性资产交换的换出资产是否计提过资产减值准备。视同销售事项差异调整的具体情形及填报方法如表 4-1 所示。

表 4-1　　　　　　视同销售事项差异调整的具体情形及填报方法

表 A105010 各行	需要在表 A105010 各行进行税会差异调整的具体情形	纳税调整及填报方法
1. 非货币性资产交换视同销售收入	企业以现金、应收账款、应收票据、持有至到期投资以外的资产进行交换；支付货币性资产补价不高于 25%；不具有商业实质或者具有商业实质但是换入和换出资产的公允价值都不能可靠计量；换入资产账面价值为换出资产的账面价值减去补价，会计处理未确认所得。	按政策规定，换入资产的计税基础应以历史成本（指企业取得该项资产时实际发生的支出）计量。换出资产处置的所得应为换出资产的视同销售收入（自产为销售收入，外购为购入价格）减去视同销售成本（换出资产的计税基础）。
2. 用于市场推广或销售视同销售收入	资产用于广告、样品、赞助等，会计一般记入"销售费用"科目。若会计处理未视同销售确认资产的收入、成本、利得或损失，（存货对外投资体现在主营业务收入、成本，固定资产、无形资产对外投资表现为营业外收支，股权体现在投资收益）则在本行调整。	1. 用于市场推广或销售资产处置的应税所得应为换出资产的视同销售收入（自产为销售收入，外购为购入价格）减去视同销售成本（换出资产的计税基础，考虑折旧、摊销、减值准备、公允价值变动等税会差异）； 2. 销售费用发生额根据视同销售收入确认金额进行调整。
3. 用于交际应酬视同销售收入	资产用于交际应酬，会计记入"管理费用——业务招待费"科目。若会计处理未视同销售确认资产的收入、成本、利得或损失，（存货对外投资体现在主营业务收入、成本，固定资产、无形资产对外投资表现为营业外收支，股权体现在投资收益）则在本行调整。	1. 用于交际应酬资产处置的应税所得应为换出资产的视同销售收入（自产为销售收入，外购为购入价格）减去视同销售成本（换出资产的计税基础，考虑折旧、摊销、减值准备、公允价值变动等税会差异）； 2. 业务招待费发生额按照视同销售收入确认金额进行调整。

续表

表 A105010 各行	需要在表 A105010 各行进行税会差异调整的具体情形	纳税调整及填报方法
4. 用于职工奖励或福利视同销售收入	企业将资产用于职工奖励或福利，一般通过"应付职工薪酬"科目核算。若会计处理未视同销售确认资产的收入、成本、利得或损失，（存货对外投资体现在主营业务收入、成本，固定资产、无形资产对外投资表现为营业外收支）则在本行调整。	1. 用于分配资产处置的应税所得应为换出资产的视同销售收入（自产为销售收入，外购为购入价格）减去视同销售成本（换出资产的计税基础，考虑折旧、摊销、减值准备、公允价值变动等税会差异）； 2. 职工的奖励和福利对应的成本确认、费用计提金额按照视同销售收入确认金额进行调整。
5. 用于股息分配视同销售收入	企业将资产用于分配股息，一般通过"应付股利"科目核算。若会计处理未视同销售确认资产的收入、成本、利得或损失，（存货对外投资体现在主营业务收入、成本，固定资产、无形资产对外投资表现为营业外收支）则在本行调整。	用于分配资产处置的应税所得应为换出资产的视同销售收入（自产为销售收入，外购为购入价格）减去视同销售成本（换出资产的计税基础，考虑折旧、摊销、减值准备、公允价值变动等税会差异）。
6. 用于对外捐赠视同销售收入	捐赠的会计处理是借记"营业外支出"科目；贷记"库存商品"（固定资产清理、无形资产等）、"应交税费——应交增值税（销项税额）"科目，上述分录中的捐赠资产账面成本结转金额一般为的账面价值。	对外捐赠资产的应税所得应为换出资产的视同销售收入（自产为销售收入，外购为购入价格）减去视同销售成本（换出资产的计税基础，考虑折旧、摊销、减值准备、公允价值变动等税会差异），捐赠支出按照视同销售收入进行调整。
7. 用于对外投资项目视同销售收入	对外投资会计处理的一般要求是视同销售确认投资资产的收入、成本、利得或损失。（存货对外投资体现在主营业务收入、成本，固定资产、无形资产对外投资表现为营业外收支，股权体现在投资收益。）未进行上述会计处理（如同一控制下的企业合并等情形），且不按照财税〔2014〕116 号、财税〔2009〕59 号文件的相关规定延期确认所得的非货币性资产交换在本行调整。	投资资产处置的应税所得应为换出资产的视同销售收入（自产为销售收入，外购为购入价格）减去视同销售成本（换出资产的计税基础，考虑折旧、减值准备、公允价值变动、权益法核算等税会差异）。
8. 提供劳务视同销售收入	将劳务用于捐赠、偿债、赞助、集资、广告、样品、职工福利或者利润分配等用途，且未进行收入确认。	应按照税收政策规定确认各类劳务收入，否则不允许扣除该项劳务相关的成本费用。

续表

表 A105010 各行	需要在表 A105010 各行进行税会差异调整的具体情形	纳税调整及填报方法
9. 其他	1. 用非货币性资产进行交换且支付补价高于 25%，换入资产账面价值为换出资产的账面价值减去补价，会计处理未确认所得。 2. 用资产偿还债务未确认资产资产处置的利得或损失。3. 其他情况。	情况 1：参见非货币性资产交换处理方法。 情况 2：偿债资产处置的应税所得应为换出资产的视同销售收入（自产为销售收入，外购为购入价格）减去视同销售成本（换出资产的计税基础，考虑折旧、减值准备、公允价值变动、权益法核算等税会差异）。

本部分仅给出非货币性资产交换视同销售处理的填报案例。资产用于捐赠和广告支出的填报案例请参照本书捐赠支出、广告费和业务宣传费支出调整部分。

案例 1　视同销售调整事项填报案例

1. 情况说明。

A 公司拥有一台专有设备，该设备账面原价 450 万元，已计提折旧 330 万元。B 公司拥有一项长期股权投资，账面价值 90 万元，两项资产均未计提减值准备。

A 公司决定以其专有设备交换 B 公司的长期股权投资，该专有设备是生产某种产品必需的设备。由于专有设备系当时专门制造，性质特殊，其公允价值不能可靠计量；B 公司拥有的长期股权投资在活跃市场中没有报价，其公允价值也不能可靠计量。经双方商定，B 公司支付了 20 万元补价。假定交易中没有涉及相关税费。

2. 会计处理。

该项资产交换涉及收付货币性资产，即补价 20 万元。对 A 公司而言，收到的补价 20 万元÷换出资产账面价值 120 万元＝16.7%＜25%，因此，该项交换属于非货币性资产交换，B 公司的情况也相类似。

由于两项资产的公允价值不能可靠计量，因此，对于该项资产交换，换入资产的成本应当按照换出资产的账面价值确定。

$$\begin{array}{l}\text{长期股权投资的}\\\text{初始成本 100 万元}\end{array} = \begin{array}{l}\text{换出资产账面}\\\text{价值 120 万元}\end{array} - \text{收到的补价 20 万元}$$

$$\begin{array}{l}\text{换出资产的账面}\\\text{价值 120 万元}\end{array} = \begin{array}{l}\text{换出资产账面}\\\text{原价 450 万元}\end{array} - \text{已计提折旧 330 万元}$$

根据会计准则规定，尽管 B 公司支付了 20 万元补价，但由于整个非货币性资产交换是以账面价值为基础计量的，支付补价方和收到补价方均不确认损益。对 A 公司而言，换入资产是长期股权投资和银行存款 20 万元，换出资产是专有设备的账面价值减去货币性补价的差额，即 100 万元（120－20）；对 B 公司而言，换出资产是长期股权投资和银行存款 20 万元，换入资产专有设备的成本等于换出资产的账面价值，即 110 万元（90＋20）。由此可见，在以账面价值计量的情况下，发生的补价是用来调整换入资产的成本的，不涉及确认损益问题。

会计处理如下（单位：万元）：

借：固定资产清理	120	
累计折旧	330	
贷：固定资产		450
借：长期股权投资	100	
银行存款	20	
贷：固定资产清理		120

3. 填报方法。

根据国税函〔2008〕828 号文件的相关规定，本案例中的非货币资产交换，因资产所有权属已发生改变而不属于内部处置资产，应按规定确认视同销售收入。

但在本案例中未注明资产的取得方式是自制还是外购，如果属于自制，根据国税函〔2008〕828 号文件的规定，应按企业同类资产同期对外销售价格确定销售收入。调整方法为：按换出资产账面价值 120 万元（账面原价 450 万元－折旧 330 万元）和收到补价 20 万元的合计数 140 万元，确认视同销售收入，填报在表 A105010 第 2 行；按换出资产的账面价值 120 万元，确认视同销售成本，填报在表 A105010 第 12 行。

如果属于外购资产，根据国税函〔2008〕828 号文件的规定，可按购入时的价格确定销售收入。调整方法为：按换出资产账面价值 120 万元（账面原价 450 万元－折旧 330 万元）确认视同销售收入，填报在表 A105010 第 22 行；按换出资产的账面价值 120 万元，减去收到补价 20 万元后的余额 100 万元，确认视同销售成本，填报在表 A105010 第 12 行。

4.2.2 未按权责发生制原则确认的收入（原有调整项目，单设附表 A105020）

《企业会计准则——基本准则》规定，企业会计的确认、计量和报告以权责发生制为基础，权责发生制基础要求，凡是当期实现的收入和已发生或应负担的费用，无论款项是否收付，都应当作为当期的收入和费用，计入利润表；凡是不属于当期的收入和费用，即使款项已在当期收付，也不应当作为当期的收入和费用。会计核算时强调收入与费用的因果配比和时间配比。

税收制度也要求企业遵循权责发生制原则。《企业所得税法实施条例》第九条规定，企业应纳税所得额的计算，以权责发生制为原则，属于当期的收入和费用，不论款项是否收付，均作为当期的收入和费用；不属于当期的收入和费用，即使款项已经在当期收付，均不作为当期的收入和费用。本条例和国务院财政、税务主管部门另有规定的除外。但同时，为保证财政收入的均衡性和防止避税，税法还兼顾了征管便利的原则。因此存在本部分讨论的会计按权责发生制确认收入，税务处理不按权责发生制确认收入的差异调整。

4.2.2.1　租金收入

租金收入利润计算及纳税调整对照提示表

在利润总额计算中的位置	A101010《一般企业收入明细表》第 7 行"让渡资产使用权收入"，第 12 行"出租固定资产收入"，第 13 行"出租无形资产收入"，第 14 行"出租包装物和商品收入"
在纳税调整中的位置	A105020《未按权责发生制确认收入纳税调整明细表》第 2 行"租金"
风险管理提示	时间性差异调整

关键点 37：租金收入确认相关企业所得税政策要点

1. 政策要点。

《企业所得税法实施条例》第十九条规定，企业所得税法第六条第（六）项所称租金收入，是指企业提供固定资产、包装物或者其他有形资产的使用权取得的收入。租金收入，按照合同约定的承租人应付租金的日期确认收入的实现。

国税函〔2010〕79 号文件规定，根据《实施条例》第十九条的规定，企业提供固定资产、包装物或者其他有形资产的使用权取得的租金收入，应按交易合同或协议规定的承租人应付租金的日期确认收入的实现。其中，如果交易合同或协议中规定租赁期限跨年度，且租金提前一次性支付的，根据《实施条例》第九条规定的收入与费用配比原则，出租人可对上述已确认的收入，在租赁期内，分期均匀计入相关年度收入。

《企业所得税法实施条例》第四十七条规定，以融资租赁方式租入固定资产发生的租赁费支出，按照规定构成融资租入固定资产价值的部分应当提取折旧费用，分期扣除。

《企业所得税法实施条例》第五十八条规定，融资租入的固定资产，以租赁合同约定的付款总额和承租人在签订租赁合同过程中发生的相关费用为计税基础，租赁合同未约定付款总额的，以该资产的公允价值和承租人在签订租赁合同过程中发生的相关费用为计税基础。

2. 税会差异。

经营租赁现行会计制度和税收政策规定基本不存在差异。融资租赁则存在税会差异。

案例 2　融资租赁填报案例

1. 情况说明。

2013 年 12 月 1 日，甲公司与乙公司签订了一份租赁合同，向乙公司租入塑钢机一台，合同规定租赁期为 2014 年 1 月 1 日至 2016 年 12 月 31 日，共 36 个月，自 2014 年 1 月 1 日起，每隔 6 个月于月末支付租金 150 000 元。该机器的保险、维护等费用均由甲公司负担，估计每年约 10 000 元。该机器在 2013 年 12 月 1 日公允价值为 700 000 元。租赁合同约定的利率为 7%，甲公司在租赁谈判和签订租赁合同过程中发生的可归属于租赁项目的手续费、佣金、差旅费为 1 000 元。该机器估计的使用年限为 8 年，已使用 3 年，期满无残值，承租人采用年限平均法计提折旧。甲公司每年按机器生产产品年销售收入的 5% 向乙公司支付经营分享收入。

假设融资租赁定资产账面价值为 700 000 元，出租人（乙公司）为签订该项租赁合同发生的初始直接费用为 10 000 元，已通过银行存款支付。

2. 会计处理（单位：元）。

（1）承租人（甲公司）：

$$\text{最低租赁付款额} = \underset{\text{（各期租金之和）}}{150\,000 \times 6} + \underset{\substack{\text{（行使优先购买} \\ \text{选择权支付的金额）}}}{100}$$

$$= 900\,100（元）$$

经计算，最低租赁付款额现值高于租赁资产公允价值。按照孰低原则将以公允价值和初始直接费用之和确认为租入资产账面价值。

2014 年 1 月 1 日：

```
借：固定资产——融资租入固定资产                            701 000
    未确认融资费用               200 100（900 100－700 000）
    贷：长期应付款——应付融资租赁款                        900 100
        银行存款                                          1 000
```

2014 年 6 月 30 日，支付第一期租金：

```
借：长期应付款——应付融资租赁款                          150 000
    贷：银行存款                                         150 000
    借：财务费用                                          53 900
    贷：未确认融资费用             53 900（按实际利率法计算）
```

2014 年 12 月 31 日，支付第二期租金：

```
借：长期应付款——应付融资租赁款                          150 000
    贷：银行存款                                         150 000
    借：财务费用                                          46 500
    贷：未确认融资费用             46 500（按实际利率法计算）
```

（2）出租人（乙公司）：

$$\frac{最低租赁}{收款额}=\frac{150\,000×6}{(各期租金之和)}+\frac{100(行使优先购买选择权支付的金额)}{}+\frac{10\,000}{(初始直接费用)}$$
$$=910\,100(元)$$

2014 年 1 月 1 日：

```
借：长期应收款——应收融资租赁款                          910 100
    贷：银行存款                                          10 000
        融资租赁固定资产                                700 000
        未确认融资费用               200 100（900 100－700 000）
```

2014 年 6 月 30 日，收到第一期租金：

```
借：银行存款                                            150 000
    贷：长期应收款——应收融资租赁款                      150 000
借：未实现融资收益              51 404（按实际利率法计算）
    贷：租赁收入                                          51 404
```

2014 年 12 月 31 日，收到第二期租金：

```
借：银行存款                                            150 000
    贷：长期应收款——应收融资租赁款                      150 000
借：未实现融资收益              44 265（按实际利率法计算）
    贷：租赁收入                                          44 265
```

3. 填报方法。

(1) 承租人（甲公司）。

$$\text{固定资产的计税基础} = \underset{\text{（各期租金之和）}}{150\,000 \times 6} + \underset{\substack{\text{（行使优先购买} \\ \text{选择权支付的金额）}}}{100} + \underset{\text{（初始直接费用）}}{1\,000}$$

$$= 901\,100(\text{元})$$

资产折旧差额在 A105080《资产折旧、摊销情况及纳税调整明细表》调整。

财务费用税会差异调整为：会计确认的财务费用 100 400 元（53 900＋46 500），税收为 0，应在 A105000 第 22 行第 4 列"与未实现融资收益相关在当期确认的财务费用"调增 100 400 元（53 900＋46 500）。

(2) 出租人（乙公司）。

租金收入税会差异调整为：会计确认的租金收入为 95 669 元（51 404＋44 265），填写在 A105020《未按权责发生制确认收入纳税调整明细表》第 2 行"租金"第 2 列"账载金额"。税务处理应确认的租金收入为 63 333 元〔150 000×2－（700 000＋10 000）/3〕。填写在 A105020《未按权责发生制确认收入纳税调整明细表》第 2 行"租金"第 4 列"税收金额"。

4.2.2.2 利息收入

利息收入利润计算及纳税调整对照提示表

在利润总额计算中的位置	A104000《期间费用明细表》第 21 行"利息收支"
在纳税调整中的位置	A105020《未按权责发生制确认收入纳税调整明细表》第 3 行"利息"
风险管理提示	时间性差异调整

关键点 38　利息收入确认相关企业所得税政策要点

1. 政策要点。

《企业所得税法实施条例》第十八条规定，企业所得税法第六条第（五）项所称利息收入，是指企业将资金提供他人使用但不构成权益性投资，或者因他人占用本企业资金取得的收入，包括存款利息、贷款利息、债券利息、欠款利息等收入。

利息收入，按照合同约定的债务人应付利息的日期确认收入的实现。

2. 填报方法。

冲减财务费用的利息收入税会差异在表 A105020 调整，计入投资收益的利息收入税会差异也可在 A105030《投资收益纳税调整明细表》调整。

4.2.2.3　特许权使用费收入

特许权使用费收入利润计算及纳税调整对照提示表

在利润总额计算中的位置	A101010《一般企业收入明细表》第 7 行 "让渡资产使用权收入"
在纳税调整中的位置	A105020《未按权责发生制确认收入纳税调整明细表》第 4 行 "特许权使用费"
风险管理提示	时间性差异调整

关键点 39　特许权使用费收入确认相关企业所得税政策要点

《企业所得税法实施条例》第二十条规定，企业所得税法第六条第（七）项所称特许权使用费收入，是指企业提供专利权、非专利技术、商标权、著作权以及其他特许权的使用权取得的收入。

特许权使用费收入，按照合同约定的特许权使用人应付特许权使用费的日期确认收入的实现。

4.2.2.4　分期确认收入

分期收款方式销售货物收入利润计算及纳税调整对照提示表

在利润总额计算中的位置	A101010《一般企业收入明细表》第 1 行 "销售商品收入"
在纳税调整中的位置	A105020《未按权责发生制确认收入纳税调整明细表》第 6 行 "分期收款方式销售货物收入"
风险管理提示	时间性差异调整

关键点 40　分期收款方式销售货物相关企业所得税政策要点

《企业所得税法实施条例》第二十三条规定，企业的下列生产经营业务可以分期确认收入的实现：

（一）以分期收款方式销售货物的，按照合同约定的收款日期确认收入的实现。

国税发〔2009〕31 号文件规定，采取分期收款方式销售开发产品的，应按销售合同或协议约定的价款和付款日确认收入的实现。付款方提前付款的，在实际付款日确认收入的实现。

案例 3　分期收款方式销售货物填报案例

1. 情况说明。

2014 年 1 月 1 日，A 公司采用分期收款方式向 B 公司销售大型设备，合同价格 1 000 万元，分 5 年于每年年末收取，设备成本 600 万元。假定该设备不采用分期收款方式的销售价格为 800 万元，不考虑增值税。

2. 会计处理（单位：万元）。

A 公司会计处理如下：

2014 年销售时：

借：长期应收款　　　　　　　　　　　　　　　　　　　1 000

　　贷：主营业务收入　　　　　　　　　　　　　　　　　800

　　　　未实现融资收益　　　　　　　　　　　　　　　　200

同时，结转成本：

借：主营业务成本　　　　　　　　　　　　　　　　　　600

　　贷：库存商品　　　　　　　　　　　　　　　　　　　600

2014 年末收款时：

借：银行存款　　　　　　　　　　　　　　　　　　　　200

　　贷：长期应收款　　　　　　　　　　　　　　　　　　200

借：未实现融资收益　　　　　　　　　　　　　　　　　63.44

　　贷：财务费用　　　　　　　　　63.44（实际利率法计算结果）

B 公司会计处理如下：

2014 年购入时：

借：固定资产　　　　　　　　　　　　　　　　　　　　800

　　未实现融资费用　　　　　　　　　　　　　　　　　200

　　贷：长期应付款　　　　　　　　　　　　　　　　　1 000

2014 年末付款时：

借：长期应付款　　　　　　　　　　　　　　　　　　　200

　　贷：银行存款　　　　　　　　　　　　　　　　　　　200

借：财务费用　　　　　　　63.44（实际利率法计算结果）

　　贷：未实现融资费用　　　　　　　　　　　　　　　63.44

3. 填报方法。

对 A 公司而言：

调整收入税会差异：会计当年确认收入 800 万元，税收按合同约定确认收入 200 万元，在表 A105020 第 6 行第 6 列调减 600 万元。以后每年在表 A105020 第 6 行第 6 列进行纳税调增 200 万元。

调整财务费用税会差异：会计确认的财务费用－63.44 万元，税收为 0，应在表 A105000 第 22 行第 4 列"与未实现融资收益相关在当期确认的财务费用"调减 63.44 万元。

对 B 公司而言：

调整财务费用税会差异：会计确认的财务费用 63.44 万元，税收为 0，应在 A105000 第 22 行第 4 列"与未实现融资收益相关在当期确认的财务费用"调增 63.44 万元。

B 公司购进的固定资产账面价值为 800 万元，计税基础为 1 000 万元。

持续时间超过 12 个月的建造合同收入（重点行业）利润计算及纳税调整对照提示表

在利润总额计算中的位置	A101010《一般企业收入明细表》第 3 行"建造合同收入"
在纳税调整中的位置	A105020《未按权责发生制确认收入纳税调整明细表》第 7 行"持续时间超过 12 个月的建造合同收入"
风险管理提示	时间性差异调整、永久性差异调整

关键点 41　建造合同收入确认相关企业所得税政策要点

《企业所得税法实施条例》第二十三条规定，企业受托加工制造大型机械设备、船舶、飞机，以及从事建筑、安装、装配工程业务或者提供其他劳务等，持续时间超过 12 个月的，按照纳税年度内完工进度或者完成的工作量确认收入的实现。

国税函〔2008〕875 号文件规定，企业在各个纳税期末，提供劳务交易的结果能够可靠估计的，应采用完工进度（完工百分比）法确认提供劳务收入。

（一）提供劳务交易的结果能够可靠估计，是指同时满足下列条件：

1. 收入的金额能够可靠地计量；

2. 交易的完工进度能够可靠地确定；

3. 交易中已发生和将发生的成本能够可靠地核算。

（二）企业提供劳务完工进度的确定，可选用下列方法：

1. 已完工作的测量；

2. 已提供劳务占劳务总量的比例；

3. 发生成本占总成本的比例。

关键点 42　建造合同收入确认税会差异

对合同结果能够可靠估计的建造合同，企业所得税法与现行会计制度的规定一致。对合同结果不能可靠估计的建造合同，税法仍要求按完工百分比法确认收入，会计由于考虑"经济利益很可能流入企业"的收入确认原则，对预计能收回成本的合同按成本确认收入，对预计不能收回成本的，不确认合同收入。

4.2.2.5　政府补助递延收入

政府补助递延收入利润计算及纳税调整对照提示表

在利润总额计算中的位置	A101010《一般企业收入明细表》第 20 行"政府补助利得"
在纳税调整中的位置	A105020《未按权责发生制确认收入纳税调整明细表》第 10 行"与收益相关的政府补助"、第 11 行"与资产相关的政府补助"、第 12 行"其他"
风险管理提示	时间性差异调整

关键点 43　政府补助递延收入项目调整范围

本事项调整的是不符合不征税收入确认条件或符合不征税收入确认条件但未按不征税收入处理的政府补助收入相关的税会差异。

财税〔2008〕151 号文件规定，企业取得的各类财政性资金，除属于国家投资和资金使用后要求归还本金的以外，均应计入企业当年收入总额。

本部分内容应与不征税收入部分内容结合理解。

案例 4　政府补助递延收入填报案例

1. 情况说明。

某科技创新型企业 2009 年、2014 年均从某县级科技主管部门取得技术改造专项资金。假设企业未将上述政府补助作为不征税收入处理。按照资金管理办法，2014 年取得的资金 60 万元用于购置固定资产，剩余金额用于费用化支出。专项资金结余部分无须上缴相应部门，留企业自行支配使用。（假设计入本年损益的金额和本年费用化支出金额一致）

2009 年至 2014 年收入、支出情况如表 4-2 所示：

表 4-2　　　　　　　　**2009 年至 2014 年收入、支出情况表**　　　金额单位：万元

纳税年度		2009 年	2014 年
当年取得的财政性资金		350	200
取得财政性资金的具体时间		当年 2 月	当年 9 月
2009 年资金使用情况	费用化支出	15	＊
	资本化支出	20	＊
2010 年资金使用情况	费用化支出	20	＊
	资本化支出	20	＊
2011 年资金使用情况	费用化支出	18	＊
	资本化支出	20	＊
2012 年资金使用情况	费用化支出	30	＊
	资本化支出	40	＊
2013 年资金使用情况	费用化支出	60	＊
	资本化支出	40	＊
2014 年资金使用情况	费用化支出	45	45
	资本化支出	0	30

2. 会计处理（单位：万元）。

2009 年 2 月，收到专项资金时：

　　借：银行存款　　　　　　　　　　　　　　　　　　350

　　　　贷：递延收益　　　　　　　　　　　　　　　　　　350

2014 年 9 月，收到专项资金时：

　　借：银行存款　　　　　　　　　　　　　　　　　　200

　　　　贷：递延收益　　　　　　　　　　　　　　　　　　200

2014 年使用 2009 年的资金时：

　　借：管理费用　　　　　　　　　　　　　　　　　　45

　　　　贷：银行存款　　　　　　　　　　　　　　　　　　45

　　借：递延收益　　　　　　　　　　　　　　　　　　45

　　　　贷：营业外收入　　　　　　　　　　45（2014 年应做纳税调减）

2014 年使用 2014 年的资金时，费用化的部分：

　　借：管理费用　　　　　　　　　　　　　　　　　　45

　　　　贷：银行存款　　　　　　　　　　　　　　　　　　45

　　借：递延收益　　　　　　　　　　　　　　　　　　45

　　　　贷：营业外收入　　　　　　　　　　45（2014 年应做纳税调减）

资本化的部分：

　　借：固定资产（无形资产、在建工程等）　　　　　　30

贷：银行存款   30

借：递延收益   30

贷：营业外收入   30（2014 年应做纳税调减）

3. 填报方法。

符合税法规定的不征税收入调减且按不征税收入处理的政府补助不在本表填报，在 A105040《专项用途财政性资金纳税调整明细表》中做纳税调整。

与收益相关的政府补助：表 A105020 第 10 行第 2 列账载金额为 90（45＋45）；

表 A105020 第 10 行第 4 列税收金额为 140；

表 A105020 第 10 行第 6 列纳税调整金额为 50；

与资产相关的政府补助：表 A105020 第 11 行第 2 列账载金额为 30；

表 A105020 第 11 行第 4 列税收金额为 60；

表 A105020 第 11 行第 6 列纳税调整金额为 3。

4.2.3 投资收益（跨年度事项、重大事项）（调整项目有变化，附表 A105030）

投资收益利润计算及纳税调整对照提示表

在利润总额计算中的位置	A100000《中华人民共和国企业所得税年度申报表（A 类）》第 9 行"投资收益"
在纳税调整中的位置	A105030《投资收益纳税调整明细表》
风险管理提示	跨年度事项、重大事项，时间性差异调整，税收优惠单独填报

A105030《投资收益纳税调整明细表》调整的是在"投资收益"科目核算的事项会计处理与税务处理之间的差异。本表仅对投资资产持有及处置环节"投资收益"核算的税会差异进行调整，不涉及资产初始确认时的差异调整。另外应当注意的是，投资资产处置环节发生损失的，资产损失不在本表进行填报，在 A105090《资产损失税前扣除及纳税调整明细表》填报。投资资产涉及"国债利息收入免税"、"股息红利等权益性投资收益免税"的，免税收入优惠的计算在 A107010《免税、减计收入及加计扣除优惠明细表》进行填报。资产处置环节涉及重组事项的，无论重组事项适用一般性税务处理还是特殊性税务处理均不在本表进行填报，在 A105100《资产重组纳税调整明细表》进行填报。

关键点 44　债权性投资收益事项相关企业所得税政策要点

债权性投资收益所得税政策参见利息收入部分政策要点。

1. 国债投资持有收益。

企业投资国债从国务院财政部门（以下简称发行者）取得的国债利息收入，应以国债发行时约定应付利息的日期，确认利息收入的实现。

企业到期前转让国债、或者从非发行者投资购买的国债，利息收入计算方法参见免税政策。

企业转让国债应在转让国债合同、协议生效的日期，或者国债移交时确认转让收入的实现。

2. 国债投资处置收益。

企业投资购买国债，到期兑付的，应在国债发行时约定的应付利息的日期，确认国债转让收入的实现。企业转让或到期兑付国债取得的价款，减除其购买国债成本，并扣除其持有期间按照国家税务总局 2011 年第 36 号公告第一条计算的国债利息收入以及交易过程中相关税费后的余额，为企业转让国债收益（损失）。企业在不同时间购买同一品种国债的，其转让时的成本计算方法，可在先进先出法、加权平均法、个别计价法中选用一种。计价方法一经选用，不得随意改变。

3. 国债利息免税政策。

国家税务总局 2011 年第 36 号公告规定，根据企业所得税法第二十六条的规定，企业取得的国债利息收入，免征企业所得税。具体按以下规定执行：

（1）企业从发行者直接投资购买的国债持有至到期，其从发行者取得的国债利息收入，全额免征企业所得税。

（2）企业到期前转让国债、或者从非发行者投资购买的国债，其按下述计算的国债利息收入，免征企业所得税。

$$国债利息收入＝国债金额×（适用年利率÷365）×持有天数$$

上述公式中的"国债金额"，按国债发行面值或发行价格确定；"适用年利率"按国债票面年利率或折合年收益率确定；如企业不同时间多次购买同一品种国债的，"持有天数"可按平均持有天数计算确定。

案例 5　国债投资收益填报案例

1. 情况说明。

A 企业多次购买同一品种的国债，2014 年 1 月 1 日购买面值 1 000 万元，

2014 年 2 月 1 日购买面值 300 万元，2014 年 3 月 1 日购买面值 2 000 万元。2014 年 5 月转让面值 1 500 万元国债，取得转让收入 2 000 万元，发生手续费支出 50 万元；2014 年 6 月 1 日转让剩余 1 800 万元国债，取得转让收入 2 000 万元，发生手续费支出 50 万元。该国债票面年利率 4%，到期日为 2016 年 10 月 30 日。A 企业选择先进先出法确认转让成本。

2. 会计处理（单位：万元）。

取得国债的账务处理（2014 年 1 月 1 日、2 月 1 日、3 月 1 日）为：

借：交易性金融资产——成本　　　　　3 300（1 000＋300＋2 000）

　　贷：银行存款　　　　　　　　　　　　　　　　　　3 300

转让国债的账务处理（2014 年 5 月 1 日、6 月 1 日）为：

（1）A 企业 2014 年 1—3 月三次购买国债，并于 5 月、6 月两次出售。由于未到资产负债表日，即不计算利息收入，也不需计量公允价值变动损益。

（2）会计核算的国债处置收益（损失）。

$$[2\,000-1\,500-50]+[2\,000-1\,800-50]=600(万元)$$

借：银行存款　　　　　　　　　　　　4 000（2 000＋2 000）

　　贷：交易性金融资产——成本　　　　3 300（1 500＋1 800）

　　　　投资收益　　　　　　　　　　　　　　　　　　700

借：投资收益　　　　　　　　　　　　　　　　　　　100

　　贷：银行存款　　　　　　　　　　　　　　　100（50＋50）

3. 填报方法。

A 企业 2014 年度的纳税申报处理（分三步处理）如下：

第一步：国债利息收入及转让收益的计算（2014 年 5 月 1 日、6 月 1 日）。

（1）2014 年 5 月 1 日转让面值 1 500 万元的国债时：

持有天数＝(120＋90＋60)÷3＝90(天)

转让成本＝1 000＋300＋200＝1 500(万元)

国债利息收入＝1 500×(4%÷365)×90＝14.79(万元)

国债转让收益＝2 000－1 500－14.79－50＝435.21(万元)

（2）2014 年 6 月 1 日转让面值 1800 万元的国债时：

持有天数＝90(天)

转让成本＝1 800(万元)

国债利息收入＝1 800×(4%÷365)×90＝17.75(万元)

国债转让收益＝2 000－1 800－17.75－50＝132.25(万元)

A 企业国债利息收入为 32.54 万元（14.79＋17.75）——免税收入。

A 企业国债转让收益为 567.46 万元（435.21＋132.25）——并入应纳税所得额。

第二步：将国债利息收入及转让收益计入 A 企业当年度的应纳税所得。

（1）国债利息收入：填报 A105020《未按权责发生制原则确认收入纳税调整明细表》第 3 行"利息"——"账载金额"0；"税收金额"32.54 万元；"调增金额"32.54 万元。

（2）国债转让收益：主表第 9 行"投资收益"600 万元，本年度应计入应纳税所得额的国债转让收益 567.46 万元。填报 A105000《纳税调整项目明细表》第 11 行收益类调整项目的"其他"——"账载金额"600 万元；"税收金额"567.46 万元；"调减金额"32.54 万元。

第三步：国债利息收入的免税申报。

填报 A107010《免税、减计收入及加计扣除优惠明细表》第 2 行"国债利息收入"32.54 万元。

关键点 45 权益性投资收益事项相关企业所得税政策要点

1. 持有收益。

《企业所得税法》第十九条规定，股息、红利等权益性投资收益和利息、租金、特许权使用费所得，以收入全额为应纳税所得额。

《企业所得税法实施条例》第十七条规定，股息、红利等权益性投资收益，除国务院财政、税务主管部门另有规定外，按照被投资方作出利润分配决定的日期确认收入的实现。

国税函〔2010〕79 号文件规定，企业权益性投资取得股息、红利等收入，应以被投资企业股东会或股东大会作出利润分配或转股决定的日期，确定收入的实现。

被投资企业发生的经营亏损，由被投资企业按规定结转弥补；投资企业不得调整减低其投资成本，也不得将其确认为投资损失（按权益法核算）。

2. 处置收益。

（1）清算分配。

《企业所得税法实施条例》第十一条规定，投资方企业从被清算企业分得的剩余资产，其中，相当于从被清算企业累计未分配利润和累计盈余公积中应当分得的部分，应当确认为股息所得；剩余资产减除上述股息所得后的余额，超过或者低于投资成本的部分，应当确认为投资资产转让所得或者损失〔处置收益为负的权益性投资收益不填本表，而是填报 A105091《资产损失（专项申报）税前扣除及纳税调整明细表》〕。

财税〔2009〕60 号文件规定，被清算企业的股东分得的剩余资产的金额，其中相当于被清算企业累计未分配利润和累计盈余公积中按该股东所占股份比例计算的部分，应确认为股息所得；剩余资产减除股息所得后的余额，超过或低于股东投资成本的部分，应确认为股东的投资转让所得或损失。

（2）股权转让。

国税函〔2010〕79 号文件规定，企业转让股权收入，应于转让协议生效且完成股权变更手续时，确认收入的实现。转让股权收入扣除为取得该股权所发生的成本后，为股权转让所得。企业在计算股权转让所得时，不得扣除被投资企业未分配利润等股东留存收益中按该项股权所可能分配的金额。

（3）撤回或减少投资。

国家税务总局 2011 年第 34 号公告规定，投资企业从被投资企业撤回或减少投资，其取得的资产中，相当于初始出资的部分，应确认为投资收回；相当于被投资企业累计未分配利润和累计盈余公积按减少实收资本比例计算的部分，应确认为股息所得；其余部分确认为投资资产转让所得。

3. 权益性投资计税基础确认。

国税函〔2010〕79 号文件规定，被投资企业将股权（票）溢价所形成的资本公积转为股本的，不作为投资方企业的股息、红利收入，投资方企业也不得增加该项长期投资的计税基础。

根据《企业所得税法实施条例》第二十七条、第二十八条的规定，企业取得的各项免税收入所对应的各项成本费用，除另有规定者外，可以在计算企业应纳税所得额时扣除。

被投资企业发生的经营亏损，由被投资企业按规定结转弥补；投资企业不得调整减低其投资成本，也不得将其确认为投资损失（按权益法核算）。

4. 权益性投资免税政策。

《企业所得税法实施条例》第八十三条规定，企业所得税法第二十六条第（二）项所称符合条件的居民企业之间的股息、红利等权益性投资收益，是指居民企业直接投资于其他居民企业取得的投资收益。企业所得税法第二十六条第（二）项和第（三）项所称股息、红利等权益性投资收益，不包括连续持有居民企业公开发行并上市流通的股票不足 12 个月取得的投资收益。

关键点 46　投资资产持有期间及处置环节税会差异调整

投资资产持有期间及处置环节税会差异调整如表 4-3 所示。

表 4-3　　　　投资资产持有期间及处置环节税会差异调整表

执行的会计制度	核算科目	持有收益的税会差异及调整	处置收益的税会差异及调整（主要针对计税基础）
企业会计准则	交易性金融资产	被投资企业分配股票股利。会计不做账务处理，税法要求确认投资收益。	计税基础不确认：持有期间公允价值变动对资产账面价值的影响。计税基础确认：被投资企业分配股票股利影响计税基础。
	可供出售金融资产	权益性：被投资企业分配股票股利。	计税基础不确认： 1. 持有期间公允价值变动对资产账面价值的影响。 2. 持有期间计提减值对长期股权投资账面价值的影响 计税基础确认：被投资企业分配股票股利影响计税基础。
		债权性：会计按实际利率计算确认投资收益，税法按合同约定的应付利息的时间和金额确认应税所得。	计税基础不确认： 1. 持有期间应收利息和投资收益的差额对资产账面价值的影响。（折价购进逐期变大，溢价购进变小） 2. 持有期间计提减值对长期股权投资账面价值的影响。
	持有至到期投资	会计按实际利率计算确认投资收益，税法按合同约定的应付利息的时间和金额确认应税所得。	计税基础不确认： 1. 持有期间应收利息和投资收益的差额对资产账面价值的影响。（折价购进逐期变大，溢价购进变小） 2. 持有期间计提减值对长期股权投资账面价值的影响。
	交易性金融负债		计税基础不确认：持有期间公允价值变动对资产账面价值的影响。
企业、小企业会计准则	长期股权投资	1. 权益法核算资产负债表日被投资企业盈利或亏损时投资企业会计确认投资收益。 2. 权益法核算被投资企业做出分配股利决定时会计不确认投资收益。 3. 被投资企业分配股票股利。	计税基础不确认： 1. 权益法核算依据被投资企业营业利润和其他综合收益对长期股权投资账面价值进行调整。 2. 持有期间计提减值对长期股权投资账面价值的影响。 计税基础确认：被投资企业分配股票股利影响长期股权投资计税基础。

续表

执行的会计制度	核算科目	持有收益的税会差异及调整	处置收益的税会差异及调整（主要针对计税基础）
小企业会计准则	短期投资	被投资企业分配股票股利。	被投资企业分配股票股利影响投资计税基础。
	长期债券投资	会计按实际利率计算确认投资收益，税法按合同约定的应付利息的时间和金额确认应税所得。	计税基础不确认：持有期间应收利息和投资收益的差额对资产账面价值的影响。（折价购进逐期变大，溢价购进变小）

4.2.4 按权益法核算长期股权投资对初始投资成本调整收益确认（跨年度事项）

按权益法核算长期股权投资对初始投资成本调整确认收益利润计算及纳税调整对照提示表

在利润总额计算中的位置	A101010《一般企业收入明细表》第 26 行"其他"
在纳税调整中的位置	A105000《纳税调整项目明细表》第 5 行"按权益法核算长期股权投资对初始投资成本调整确认收益"
风险管理提示	跨年度事项、时间性差异调整

关键点 47　权益法核算的长期股权投资初始投资成本调整收益的确认

1. 政策要点。

《企业所得税法实施条例》第五十六条规定，企业的各项资产，包括固定资产、生物资产、无形资产、长期待摊费用、投资资产、存货等，以历史成本为计税基础。

前款所称历史成本，是指企业取得该项资产时实际发生的支出。

2. 税会差异。

权益法合算的长期股权投资计税基础是长期股权投资的初始投资成本。不再根据被投资单位可辨认净资产公允价值进行调整。

（1）初始投资成本＜投资时应享有被投资单位可辨认净资产公允价值份额的，会计处理如下：

　　借：长期股权投资——成本

　　　　贷：营业外收入（税会差异：营业外收入要做纳税调减）

（2）初始投资成本＞投资时应享有被投资单位可辨认净资产公允价值份

额的，会计不调整已确认的初始投资成本（税会无差异）。

案例 6　权益法核算的长期股权投资初始投资成本调整收益填报案例

1. 情况说明。

A 企业于 2014 年 1 月 1 日取得 E 公司 40% 的股权，支付价款 6 000 万元，取得投资时被投资单位可辨认净资产账面价值为 20 000 万元（假定被投资单位各项可辨认资产、负债的公允价值与其账面价值相同）。A 取得 E 公司股权后，能够对 E 公司施加重大影响，对该投资采取权益法核算。

2. 会计处理（单位：万元）。

借：长期股权投资——成本 8 000（被投资企业可辨认净资产公允价值份额 20 000 万元×40%）

　　贷：银行存款　　　　　　　　　　　　　　　　　　　6 000

　　　　营业外收入　　　　　　　　　　　　　　　　　　2 000

3. 填报方法。

计入取得投资当期的营业外收入的 2 000 万元作为纳税调减金额填写在表 A105000 第 5 行第 4 列。

4. 风险提示。

长期股权投资处置时其计税基础确认应考虑上述差异。

4.2.5　交易性金融资产初始投资调整

交易性金融资产初始投资调整利润计算及纳税调整对照提示表

在利润总额计算中的位置	A100000《中华人民共和国企业所得税年度申报表（A 类）》第 9 行"投资收益"
在纳税调整中的位置	A105000《纳税调整项目明细表》第 6 行"交易性金融资产初始投资调整"
风险管理提示	时间性差异调整

关键点 48　交易性金融资产初始投资调整（新增调整项目）

交易性金融资产初始投资调整是新企业所得税年度纳税申报表新增的调整项目，提升了申报信息采集的精细化程度。

1. **政策要点。**

《企业所得税法实施条例》第五十六条规定，企业的各项资产，包括固定资产、生物资产、无形资产、长期待摊费用、投资资产、存货等，以历史成本为计税基础。

前款所称历史成本，是指企业取得该项资产时实际发生的支出。

2. 税会差异。

购入交易性金融资产发生的交易费用，会计处理时记入"投资收益"科目，税法要求计入投资的计税基础。

案例 7　交易性金融资产初始投资调整填报案例

1. 情况说明。

2014 年 5 月 6 日，甲公司支付 1 016 万元（含交易费用 1 万元和已宣告发放的现金股利 15 万元），购入乙公司发行的股票 200 万股，甲公司将其划分为交易性金融资产。

2. 会计处理（单位：万元）。

2008 年 5 月 6 日：

借：应收股利	15
交易性金融资产——成本	1 000
投资收益	1
贷：银行存款	1 016

3. 填报方法。

购入股票的交易费用 1 万元不得在本期税前扣除，应作为纳税调增金额填写在表 A105000 第 6 行第 3 列。

4. 风险提示。

交易性金融资产处置时的计税基础确认应考虑上述税会差异。

4.2.6　公允价值变动净损益

公允价值变动净损益利润计算及纳税调整对照提示表

在利润总额计算中的位置	A100000《中华人民共和国企业所得税年度纳税申报表（A类）》第 8 行"公允价值变动收益"
在纳税调整中的位置	A105000《纳税调整项目明细表》第 7 行"公允价值变动净损益"
风险管理提示	跨年度事项、时间性差异调整

关键点 49　公允价值变动净损益（跨年度事项）（保留项目，不设附表）

1. 政策要点。

《企业所得税法实施条例》第五十六条规定，企业的各项资产，包括固定资产、生物资产、无形资产、长期待摊费用、投资资产、存货等，以历史成本为计税基础。

前款所称历史成本，是指企业取得该项资产时实际发生的支出。

企业持有各项资产期间资产增值或者减值，除国务院财政、税务主管部门规定可以确认损益外，不得调整该资产的计税基础。

2. 税会差异。

资产负债表日，交易性金融资产（负债）、指定为以公允价值计量且其变动计入当期损益的金融资产、公允价值模式计量的投资性房地产等，公允价值与其账面价值的差额记入"公允价值变动损益"科目，但税法不确认上述所得或损失，计算所得税时应做纳税调整。

案例 8　公允价值变动净损益填报案例

1. 情况说明。

2014 年 5 月 6 日，甲公司支付 1 016 万元（含交易费用 1 万元和已宣告发放的现金股利 15 万元），购入乙公司发行的股票 200 万股，甲公司将其划分为交易性金融资产。2014 年 6 月 30 日，该股票市价为每股 5.2 元，2014 年 12 月 31 日，甲公司仍持有该股票，当日，该股票市价为每股4.8 元。

2. 会计处理（单位：万元）。

2014 年 6 月 30 日：

　　借：交易性金融资产——公允价值变动　　　　　　　　40

　　　贷：公允价值变动损益　　　　　　　　　　　　　　40

2014 年 12 月 31 日：

　　借：公允价值变动损益　　　　　　　　　　　　　　　80

　　　贷：交易性金融资产——公允价值变动　　　　　　　80

3. 填报方法。

公允价值变动损益税法上不确认，应调增所得额 40 万元（80－40），填写在表 A105000 第 7 行第 3 列。

4. 风险提示。

公允价值变动损益事项不再单独设置附表，申报取数变得简单。但"公允价值变动净损益"作为跨年度事项存在风险（纳税调整金额、处置时的计税基础），需要实行动态管理。

资产处置环节应及时将公允价值变动损益结转至投资收益科目。

"公允价值变动净损益"项目可能隐藏未申报的资产损失。

4.2.7 不征税收入（原调整项目，单设附表 A105040）

不征税收入利润计算及纳税调整对照提示表

在利润总额计算中的位置	A101010《一般企业收入明细表》第 20 行"政府补助利得"
在纳税调整中的位置	A105000《纳税调整项目明细表》第 8 行"不征税收入" A105040《专项用途财政性资金纳税调整明细表》
风险管理提示	跨年度事项、时间性差异调整、永久性差异调整

关键点 50　不征税收入政策要点

1. 不征税收入的范围。

根据《企业所得税法》第七条的规定，收入总额中的下列收入为不征税收入：

一是财政拨款。

（财税〔2008〕151 号文件规定，纳入预算管理的事业单位、社会团体等组织按照核定的预算和经费报领关系收到的由财政部门或上级单位拨入的财政补助收入，准予作为不征税收入，在计算应纳税所得额时从收入总额中减除，但国务院和国务院财政、税务主管部门另有规定的除外。）

二是依法取得并纳入财政管理的行政事业性收费和政府性基金。

（《企业所得税法实施条例》第二十六条规定，纳入不征税范围的行政事业性收费，是指依照法律法规等有关规定，按照国务院规定程序批准，在实施社会公共管理，以及在向公民、法人或者其他组织提供特定公共服务过程中，向特定对象收取并纳入财政管理的费用）。

（财税〔2008〕151 号文件规定，对企业依照法律、法规及国务院有关规定收取并上缴财政的政府性基金和行政事业性收费，准予作为不征税收入，于上缴财政的当年在计算应纳税所得额时从收入总额中减除；未上缴财政的部分，不得从收入总额中减除。）

三是国务院规定的其他不征税收入。

（《企业所得税法实施条例》第二十六条规定，国务院规定的其他不征税收入，是指企业取得的，由国务院财政、税务主管部门规定专项用途并经国务院批准的财政性资金。）

2. 专项用途财政性资金的确认条件。

财税〔2011〕70 号文件规定，企业从县级以上各级人民政府财政部门及其他部门取得的应计入收入总额的财政性资金，凡同时符合以下条件的，可以作为不征税收入，在计算应纳税所得额时从收入总额中减除：

（一）企业能够提供资金拨付文件，且文件中规定该资金的专项用途；

（二）财政部门或其他拨付资金的政府部门对该资金有专门的资金管理办法或具体管理要求；

（三）企业对该资金以及以该资金发生的支出单独进行核算。

3. 专项用途财政性资金的表现形式。

财税〔2008〕151 号文件规定，本条所称财政性资金，是指企业取得的来源于政府及其有关部门的财政补助、补贴、贷款贴息，以及其他各类财政专项资金，包括直接减免的增值税和即征即退、先征后退、先征后返的各种税收，但不包括企业按规定取得的出口退税款。

4. 两类不征税收入的具体情况。

财税〔2012〕27 号文件规定，符合条件的软件企业按照《财政部 国家税务总局关于软件产品增值税政策的通知》（财税〔2011〕100 号）规定取得的即征即退增值税款，由企业专项用于软件产品研发和扩大再生产并单独进行核算，可以作为不征税收入，在计算应纳税所得额时从收入总额中减除。

财税〔2008〕136 号文件规定，对社保基金理事会、社保基金投资管理人管理的社保基金银行存款利息收入，社保基金从证券市场中取得的收入，包括买卖证券投资基金、股票、债券的差价收入，证券投资基金红利收入，股票的股息、红利收入，债券的利息收入及产业投资基金收益、信托投资收益等其他投资收入，作为企业所得税不征税收入。

5. 不征税收入形成的支出。

财税〔2008〕151 号文件规定，企业的不征税收入用于支出所形成的费用，不得在计算应纳税所得额时扣除；企业的不征税收入用于支出所形成的资产，其计算的折旧、摊销不得在计算应纳税所得额时扣除。

关键点 51　专项用途财政性资金事项相关税会差异

会计对企业取得的专项用途财政性资金按照政府补助准则进行核算，按权责发生制确认收入和支出。上述收入和支出均不参与应纳税额的计算，收入应进行纳税调减，支出应进行纳税调增。此外，企业取得专项用途财政性资金五年（60 个月）未支出也未上缴财政，要确认为应纳税收入，进行纳税调增。

案例 9　专项用途财政性资金填报案例

1. 情况说明。

某科技创新型企业 2009 年、2014 年均从某县级科技主管部门取得技术改造专项资金。假设该资金符合不征税收入条件，且企业已作为不征税收入处理。专项资金结余部分无须上缴相应部门，留企业自行支配使用。（假设计入本年损益的金额和本年费用化支出金额一致）

2009 年至 2014 年收入、支出情况如表 4-4 所示：

表 4-4　　　　　　　　　　2009 年至 2014 年收入、支出情况表　　　　　　金额单位：万元

纳税年度		2009 年	2014 年
当年取得的财政性资金		350	200
取得财政性资金的具体时间		当年 2 月	当年 9 月
2009 年资金使用情况	费用化支出	15	＊
	资本化支出	20	＊
2010 年资金使用情况	费用化支出	20	＊
	资本化支出	20	＊
2011 年资金使用情况	费用化支出	18	＊
	资本化支出	20	＊
2012 年资金使用情况	费用化支出	30	＊
	资本化支出	40	＊
2013 年资金使用情况	费用化支出	60	＊
	资本化支出	40	＊
2014 年资金使用情况	费用化支出	45	45
	资本化支出	0	30

2. 会计处理（单位：万元）。

2009 年 2 月，收到专项资金时：

　　借：银行存款　　　　　　　　　　　　　　　　　　　　　　350
　　　　贷：递延收益　　　　　　　　　　　　　　　　　　　　　　350
2014 年 9 月，收到专项资金时：
　　借：银行存款　　　　　　　　　　　　　　　　　　　　　　200
　　　　贷：递延收益　　　　　　　　　　　　　　　　　　　　　　200
2014 年使用 2009 年的资金时：
　　借：管理费用
　　　　45（2014 年应做纳税调增，填入表 A105040 第 1 行第 4 列）
　　　　贷：银行存款　　　　　　　　　　　　　　　　　　　　　　45
　　借：递延收益　　　　　　　　　　　　　　　　　　　　　　45
　　　　贷：营业外收入
　　　　　45（2014 年应做纳税调减，填入表 A105040 第 1 行第 11 列）
2014 年使用 2014 年的资金时，费用化的部分：
　　借：管理费用
　　　　45（2014 年应做纳税调增，填入表 A105040 第 6 行第 4 列）
　　　　贷：银行存款　　　　　　　　　　　　　　　　　　　　　　45
　　借：递延收益　　　　　　　　　　　　　　　　　　　　　　45
　　　　贷：营业外收入
　　　　　45（2014 年应做纳税调减，填入表 A105040 第 6 行第 11 列）
资本化的部分：
　　借：固定资产（无形资产、在建工程等）　　　　　　　　　　30
　　　　贷：银行存款　　　　　　　　　　　　　　　　　　　　　　30
　　借：递延收益　　　　　　　　　　　　　　　　　　　　　　30
　　　　贷：营业外收入
　　　　　30（2014 年应做纳税调减，填入表 A105040 第 6 行第 4 列）
　　3. 填报方法。
　　表 A105040 第 1 行第 5 至 9 列填写 2009 年 2 月取得的专项资金，金额分别为表 4-4 中 2009 至 2013 年度的"费用化支出＋资本化支出"（具体填写见表 4-5）。
　　第一行第 14 列填写 2009 年 2 月取得的专项资金五年（60 个月）未支出也未上缴财政，要确认为应纳税收入的金额＝350－35－40－38－70－100－45＝22（万元）。
　　表 A105040 第 4 列和第 11 列的填写见会计处理部分。

表 4-5　　　　　　　　　专项用途财政性资金纳税调整明细表

行次	项目	取得年度	财政性资金	其中：符合不征税收入条件的财政性资金 金额	其中：计入本年损益的金额	以前年度支出情况 前五年度	前四年度	前三年度	前二年度	前一年度	本年支出情况 支出金额	其中：费用化支出金额	本年结余情况 结余金额	其中：上缴财政金额	应计入本年应税收入金额
			1	2	3	4	5	6	7	8	9	10	11	12	13	14
1	前五年度	2009	350	350	45	35	40	38	70	100	45	45	22	0	22
2	前四年度	2010				*									
3	前三年度	2011				*	*								
4	前二年度	2012				*	*	*							
5	前一年度	2013				*	*	*	*						
6	本年	2014	200	200	75	*	*	*	*	*	75	45	125		
7	合计 (1+2+3+4+5+6)	*	550	550	90	*	*	*	*	*	120	90	147	0	22

4.2.8　销售折扣、折让和退回

销售折扣、折让和退回利润计算及纳税调整对照提示表

在利润总额计算中的位置	A101010《一般企业收入明细表》第 3 行"销售商品收入"
在纳税调整中的位置	A105000《纳税调整项目明细表》第 10 行"销售折扣、折让和退回"
风险管理提示	跨年度事项时间性差异调整

关键点 52　销售折扣、折让和退回（调整项目有变化）

1. 政策要点。

国税函〔2008〕875 号文件规定，企业为促进商品销售而在商品价格上给予的价格扣除属于商业折扣，商品销售涉及商业折扣的，应当按照扣除商业折扣后的金额确定销售商品收入金额。债权人为鼓励债务人在规定的期限内付款而向债务人提供的债务扣除属于现金折扣，销售商品涉及现金折扣的，应当按扣除现金折扣前的金额确定销售商品收入金额，现金折扣在实际发生时作为财务费用扣除。企业因售出商品的质量不合格等原因而在售价上给的减让属于销售折让；企业因售出商品质量、品种不符合要求等原因而发生的退货属于销售退回。企业已经确认销售收入的售出商品发生销售折让和销售退回，应当在发生当期冲减当期销售商品收入。

2. 税会差异。

A105000《纳税调整项目明细表》填表说明规定，"第 10 行（八）销售折扣、折让和退回"：填报不符合税法规定的销售折扣和折让应进行纳税调整的金额，和发生的销售退回因会计处理与税法规定有差异需纳税调整的金额。

小企业会计准则对销售折扣、折让、退回的处理与税法规定一致。即企业已经确认销售商品收入，商品发生销售退回的，应在发生时冲减当期销售收入。

企业发生属于报告年度资产负债表日后调整事项的销售退回，应将留存收益调整确认在报告年度；税法上，企业发生的属于资产负债表日后调整事项的销售退回，所涉及的应纳税所得额的调整，不应在报告年度确认，应在销货退回实际发生年度确认。

案例 10　销货退回填报案例

1. 情况说明。

甲企业适用所得税税率为 25%，2014 年 11 月销售给丙企业一批货物，价款 250 万元（不含税），销售成本 200 万元，货款到年底尚未收到，该项应收账款没有计提坏账准备，甲企业 2014 年 12 月 25 日接到通知，丙企业在验收货物时发现质量问题需要协商退货。2015 年 2 月，双方协商同意退货，甲企业于 3 月 15 日收到丙企业退回的货物及增值税专用发票的发票联和抵扣联，甲企业按净利润的 10% 提取盈余公积，假定甲企业 2014 年度财务报告于 2015 年 3 月 31 日对外报出。本例中涉及企业均为增值税一般纳税人，适用增值税税率为 17%。

2. 会计处理。

假定涉及事项可以调整甲企业 2014 年应交所得税，甲企业判断上述事项属于调整事项，并根据调整事项的处理原则进行如下账务处理（单位：万元）。

（1）调整以前年度损益：

借：以前年度损益调整		2 500 000
应交税费——应交增值税（销项税额）		425 000
贷：应收账款		2 925 000
借：库存商品		2 000 000
贷：以前年度损益调整		2 000 000

（2）调整应交所得税：

借：应交税费——应交所得税		125 000
贷：以前年度损益调整		125 000

（3）结转未分配利润：

借：利润分配——未分配利润		375 000
贷：以前年度损益调整		375 000

（4）调整利润分配：

借：盈余公积——法定盈余公积		37 500
贷：利润分配——未分配利润		37 500

调整 2014 年度会计报表相关项目的数字。

调整 2015 年 3 月份资产负债表相关项目的年初数。

（5）确认税会差异调整：

借：递延所得税资产		125 000
贷：应交税费——应交所得税		125 000

3. 填报方法。

税法不认可会计对 2014 年该笔销售收入和成本进行冲减的处理，2014 年纳税申报要进行纳税调增，填写在表 A10500 表第 10 行第 3 列，金额为 125 000 元。2015 年纳税申报要进行纳税调减，填写在表 A105000 第 10 行第 4 列，金额为 125 000 元。

4. 风险提示。

上述所得确认时间上的差异，在某些情况下往往会造成应纳所得税额计征数的差异，如两个年度适用的所得税税率不一致，或者某个年度享受所得税的减免优惠等。

4.3 扣除类项目

税收制度要求，企业所得税纳税人确认的生产经营活动中的支出项目，必须严格区分经营性支出和资本性支出。本部分讨论的"扣除类项目"即上述所说的"经营性支出"，指的是影响申报所属期应纳税所得额计算，在企业所得税税前扣除的成本、费用。而资本性支出不得在发生当期企业所得税前扣除，必须按照税法规定分期折旧、摊销或计入有关投资的成本。

扣除项目的税前列支应受到真实性和合法性的约束。除税收法规另有规定外，企业所得税税前扣除的确认一般应遵循以下原则：一是权责发生制原则，即当期确认的是当期发生的成本或当期应负担的费用，不以款项收付作为判断标准；二是配比原则，即纳税人不能通过提前或滞后申报扣除费用，任意调节各年度应税所得；三是相关性原则，即费用成本的扣除必须与生产经营活动相关；四是确定性原则，即费用扣除金额需确定，并在所属申报年度汇算清缴期内取得合法有效的税前扣除凭证；五是合理性原则，即费用扣除的计算和分配方法应符合一般经营常规和会计惯例。

纳税人计算缴纳企业所得税时，对会计核算的扣除项目确认金额按照税法口径进行调整。

4.3.1 视同销售成本

视同销售成本利润计算及纳税调整对照提示表

在利润总额计算中的位置	A107020《一般企业成本支出明细表》第 21 行"捐赠支出"，A104000《期间费用明细表》第 4 行"业务招待费"、第 5 行"广告费和业务宣传费"
在纳税调整中的位置	A105010《视同销售和房地产开发企业特定业务纳税调整明细表》第 12 行"非货币性资产交换视同销售成本"、第 13 行"用于市场推广或销售视同销售成本"、第 14 行"用于交际应酬视同销售成本"、第 15 行"用于职工奖励或福利视同销售成本"、第 16 行"用于股息分配视同销售成本"、第 17 行"用于对外捐赠视同销售成本"、第 18 行"用于对外投资项目视同销售成本"、第 19 行"提供劳务视同销售成本"、第 20 行"其他"
风险管理提示	永久性差异调整

关键点 53 视同销售成本（原调整项目，单设附表 A105010）

"视同销售成本"调整事项相关内容参见本书"视同销售收入"调整部分。原则上，视同销售成本按照资产计税基础进行调整，应注意区分资产计税基础与账面价值之间的差异。

4.3.2 职工薪酬（原调整项目，单设附表 A105050）

职工薪酬利润计算及纳税调整对照提示表

在利润总额计算中的位置	A104000《期间费用明细表》第1行"职工薪酬"
在纳税调整中的位置	A105050《职工薪酬纳税调整明细表》
风险管理提示	跨年度事项、时间性差异调整、永久性差异调整

职工薪酬纳税调整明细表整合了"工资薪金支出"及以"工资薪金支出"税收金额为扣除限额计算基数，且在"应付职工薪酬"科目核算的税前扣除项目。包括职工福利费支出、职工教育经费支出、工会经费支出、各类社会保障性缴款、住房公积金、补充养老保险及补充医疗保险。上述扣除类项目纳税申报调整概率相对较高。

关键点 54　工资薪金支出扣除相关政策要点

《企业所得税法实施条例》第三十四条规定，企业发生的合理的工资薪金支出，准予扣除。

前款所称工资薪金，是指企业每一纳税年度支付给在本企业任职或者受雇的员工的所有现金形式或者非现金形式的劳动报酬，包括基本工资、奖金、津贴、补贴、年终加薪、加班工资，以及与员工任职或者受雇有关的其他支出。

（1）关于合理工资薪金（当年允许税前扣除的口径）问题。

国税函〔2009〕3 号文件规定，《实施条例》第三十四条所称的"合理工资薪金"，是指企业按照股东大会、董事会、薪酬委员会或相关管理机构制订的工资薪金制度规定实际发放给员工的工资薪金。税务机关在对工资薪金进行合理性确认时，可按以下原则掌握：

（一）企业制订了较为规范的员工工资薪金制度；

（二）企业所制订的工资薪金制度符合行业及地区水平；

（三）企业在一定时期所发放的工资薪金是相对固定的，工资薪金的调整是有序进行的；

（四）企业对实际发放的工资薪金，已依法履行了代扣代缴个人所得税义务；

（五）有关工资薪金的安排，不以减少或逃避税款为目的。

（2）关于季节工、临时工等费用税前扣除问题。

国家税务总局 2012 年第 15 号公告规定，企业因雇用季节工、临时工、实习生、返聘离退休人员以及接受外部劳务派遣用工所实际发生的费用，应区分为工资薪金支出和职工福利费支出，并按《企业所得税法》规定在企业所得税前扣除。其中属于工资薪金支出的，准予计入企业工资薪金总额的基数，作为计算其他各项相关费用扣除的依据。

（3）关于工资薪金总额（各项费用扣除基数）问题。

《企业所得税法实施条例》第四十、四十一、四十二条所称的"工资薪金总额"，是指企业按照国税函〔2009〕3 号文件第一条规定实际发放的工资薪金总和，不包括企业的职工福利费、职工教育经费、工会经费以及养老保险费、医疗保险费、失业保险费、工伤保险费、生育保险费等社会保险费和住房公积金。属于国有性质的企业，其工资薪金不得超过政府有关部门给予的限定数额；超过部分，不得计入企业工资薪金总额，也不得在计算企业应纳税所得额时扣除。

（4）作为工资薪金计算扣除的股份支付。

国家税务总局 2012 年第 18 号公告规定，上市公司按照《上市公司股权激励管理办法（试行）》（证监公司字〔2005〕151 号，以下简称《管理办法》）建立的职工股权激励计划，其企业所得税的处理，按以下规定执行：对股权激励计划实行后立即可以行权的，上市公司可以根据实际行权时该股票的公允价格与激励对象实际行权支付价格的差额和数量，计算确定作为当年上市公司工资薪金支出，依照税法规定进行税前扣除。对股权激励计划实行后，需待一定服务年限或者达到规定业绩条件（以下简称等待期）方可行权的。上市公司等待期内会计上计算确认的相关成本费用，不得在对应年度计算缴纳企业所得税时扣除。在股权激励计划可行权后，上市公司方可根据该股票实际行权时的公允价格与当年激励对象实际行权支付价格的差额及数量，计算确定作为当年上市公司工资薪金支出，依照税法规定进行税前扣除。本条所指股票实际行权时的公允价格，以实际行权日该股票的收盘价格确定。在我国境外上市的居民企业和非上市公司，凡比照《管理办法》的规定建立职工股权激励计划，且在企业会计处理上，也按我国会计准则的有关规定处理的，其股权激励计划有关企业所得税处理问题，可以按照上述规定执行。

关键点 55　职工福利费支出相关政策要点

《企业所得税法实施条例》第四十条规定，企业发生的职工福利费支出，不超过工资薪金总额14％的部分，准予扣除。

国税函〔2009〕3号文件规定，《实施条例》第四十条规定的企业职工福利费，包括以下内容：

（一）尚未实行分离办社会职能的企业，其内设福利部门所发生的设备、设施和人员费用，包括职工食堂、职工浴室、理发室、医务所、托儿所、疗养院等集体福利部门的设备、设施及维修保养费用和福利部门工作人员的工资薪金、社会保险费、住房公积金、劳务费等。

（二）为职工卫生保健、生活、住房、交通等所发放的各项补贴和非货币性福利，包括企业向职工发放的因公外地就医费用、未实行医疗统筹企业职工医疗费用、职工供养直系亲属医疗补贴、供暖费补贴、职工防暑降温费、职工困难补贴、救济费、职工食堂经费补贴、职工交通补贴等。

（三）按照其他规定发生的其他职工福利费，包括丧葬补助费、抚恤费、安家费、探亲假路费等。

关键点56 职工教育经费支出相关政策要点

《企业所得税法实施条例》第四十二条规定，除国务院财政、税务主管部门另有规定外，企业发生的职工教育经费支出，不超过工资薪金总额2.5％的部分，准予扣除；超过部分，准予在以后纳税年度结转扣除。

财税〔2014〕59号文件规定，对经认定的技术先进型服务企业，其发生的职工教育经费按不超过企业工资总额8％的比例据实在企业所得税税前扣除超过部分，准予在以后纳税年度结转扣除。

财税〔2013〕14号文件规定，试点地区内的高新技术企业发生的职工教育经费支出不超过工资薪金总额8％的部分，准予在计算企业所得税应纳税所得额时扣除；超过部分，准予在以后纳税年度结转扣除。

国税函〔2009〕202号文件规定，软件生产企业发生的职工教育经费中的职工培训费用，根据《财政部 国家税务总局关于企业所得税若干优惠政策的通知》（财税〔2008〕1号）规定，可以全额在企业所得税前扣除。软件生产企业应准确划分职工教育经费中的职工培训费支出，对于不能准确划分的，以及准确划分后职工教育经费中扣除职工培训费用的余额，一律按照《实施条例》第四十二条规定的比例扣除。

关键点57 工会经费支出相关政策要点

《企业所得税法实施条例》第四十一条规定，企业拨缴的工会经费，不超过工资薪金总额 2% 的部分，准予扣除。

国家税务总局 2010 年第 24 号公告规定，自 2010 年 7 月 1 日起，企业拨缴的职工工会经费，不超过工资薪金总额 2% 的部分，凭工会组织开具的《工会经费收入专用收据》在企业所得税税前扣除。

关键点 58　各类基本社会保障性缴款相关政策要点

《企业所得税法实施条例》第三十五条规定，企业依照国务院有关主管部门或者省级人民政府规定的范围和标准为职工缴纳的基本养老保险费、基本医疗保险费、失业保险费、工伤保险费、生育保险费等基本社会保险费和住房公积金，准予扣除。

企业为投资者或者职工支付的补充养老保险费、补充医疗保险费，在国务院财政、税务主管部门规定的范围和标准内，准予扣除。

《企业所得税法实施条例》第三十六条规定，除企业依照国家有关规定为特殊工种职工支付的人身安全保险费和国务院财政、税务主管部门规定可以扣除的其他商业保险费外，企业为投资者或者职工支付的商业保险费，不得扣除。

关键点 59　住房公积金相关政策要点

《企业所得税法实施条例》第三十五条规定，企业依照国务院有关主管部门或者省级人民政府规定的范围和标准为职工缴纳的基本养老保险费、基本医疗保险费、失业保险费、工伤保险费、生育保险费等基本社会保险费和住房公积金，准予扣除。

关键点 60　补充养老保险相关政策要点

财税〔2009〕27 号文件规定，自 2008 年 1 月 1 日起，企业根据国家有关政策规定，为在本企业任职或者受雇的全体员工支付的补充养老保险费、补充医疗保险费，分别在不超过职工工资总额 5% 标准内的部分，在计算应纳税所得额时准予扣除；超过的部分，不予扣除。

关键点 61　补充医疗保险相关政策要点

财税〔2009〕27 号文件规定，自 2008 年 1 月 1 日起，企业根据国家有关政策规定，为在本企业任职或者受雇的全体员工支付的补充养老保险费、补充医疗保险费，分别在不超过职工工资总额 5% 标准内的部分，在计算应纳税所得额时准予扣除；超过的部分，不予扣除。

关键点 62 职工薪酬扣除项目相关的实务问题处理方法探讨

1. 补充养老保险的税前扣除问题。

（1）企业年金属于补充养老保险的一种形式，是否应当按照税法对补充养老保险的规定比例予以税前扣除？

企业年金属于补充养老保险的一种形式，应当按照《财政部 国家税务总局关于补充养老保险费、补充医疗保险费有关企业所得税政策问题的通知》（财税〔2009〕27 号）对补充养老保险税前扣除的规定执行。

（2）目前补充养老保险均为商业保险公司开设的商业险种，对于补充养老保险的险种并未划定具体范围，而企业为职工购买的"商业保险"不得税前扣除，那么，基层税务机关应如何判定补充养老保险的范围？

对于依法参加基本养老保险的企业，其通过商业保险公司为员工缴纳的具有补充养老性质的保险，可按照财税〔2009〕27 号文件的有关规定从税前扣除。按照《人身保险公司保险条款和保险费率管理办法》（保监会令 2011 年第 3 号）的规定，补充养老保险的性质可以从保险产品的名称予以分析判定，年金养老保险的产品名称中有"养老年金保险"字样。

企业年金属于补充养老保险的一种形式，应当按照《财政部 国家税务总局关于补充养老保险费、补充医疗保险费有关企业所得税政策问题的通知》（财税〔2009〕27 号）对补充养老保险税前扣除的规定执行。

（3）由于企业以前年度无年金制度，会计核算未作相应处理，那么企业在进行以前年度损益调整后是否可以作为以前年度应扣未扣事项追补扣除？

企业对补缴的以前年度企业年金，通过以前年度损益调整已进行会计处理的可以作为以前年度应扣未扣事项，按照国家税务总局 2012 年第 15 号公告的有关规定追补扣除。

2. 离退休人员工资和福利费税前扣除问题。

有的企业没有给离退人员建立社保，其发放给离退人员的工资和福利费能否税前扣除？

按照《企业所得税法实施条例》第三十四条的规定，允许税前扣除的工资薪金是指企业每一纳税年度支付给在本企业任职或者受雇的员工的所有现金形式或者非现金形式的劳动报酬。离退人员已不在企业任职或者受雇，企业发生的支出，不属于税法规定可以税前扣除的工资薪金支出。

按照《企业所得税法》第八条和《企业所得税法实施条例》第二十七条

的规定，与企业取得收入不直接相关的支出不得从税前扣除。企业发生的离退休人员工资和福利费等支出与企业取得收入不直接相关，不得在税前扣除。

3. 企业职员读 MBA 的学费是否可以在职工教育经费列支。

根据《财政部 全国总工会 国家发改委 教育部 科技部 国防科工委 人事部 劳动保障部 国务院国资委 国家税务总局 全国工商联关于印发〈关于企业职工教育经费提取与使用管理的意见〉的通知》（财建〔2006〕317 号）附件第三条第（九）款规定，企业职工参加社会上的学历教育以及个人为取得学位而参加的在职教育，所需费用应由个人承担，不能挤占企业的职工教育培训经费。因此，企业职员读 MBA 的学费不可以在职工教育经费列支。

案例 11　职工薪酬相关纳税调整综合填报案例

1. 情况说明。

某国有企业实行工效挂钩的工资税前扣除政策，2014 年经批准可计提的工资基数为 1 100 万元。企业计提管理人员工资 300 万元，作为管理费用列支，至 2014 年 12 月 31 日实际发放 280 万元，计提销售人员工资 220 万元，至 2014 年 12 月 31 日实际发放 220 万元。计提生产车间工人工资 580 万元，至 2014 年 12 月 31 日实际发放 510 万元，其中 10 万元未履行代扣代缴个人所得税的义务。

企业 2014 年按照 1100 万元的工资薪金集体基数计算拨缴工会经费 22 万元，并实际取得了工会组织开具的《工会经费收入专用收据》。

企业 2014 年实际发生职工福利费支出 100 万元，其中 80 万元在 2015 年 5 月 30 日之前取得了合法有效的税前扣除凭证。

企业计提了职工教育经费 27.5 万元，在管理费用中列支，实际支出了 2013 年计提未使用的职工教育经费 5 万元用于员工培训，实际支出了 2014 年计提的职工教育经费 10 万元用于购置教学设备。该设备当年计提折旧 2 万元。实际支出了 2014 年计提的职工教育经费 8 万元用于支付员工个人继续深造的学费。

企业 2014 年计提了自行管理的补充养老保险 50 万元。

2. 会计处理（单位：万元）。

企业对管理人员工资薪金的计提、发放进行如下会计处理：

借：管理费用——工资薪金　　　　　　　　　　　　　　　　300
　　贷：应付职工薪酬——管理人员工资　　　　　　　　　　300
借：应付职工薪酬——管理人员工资　　　　　　　　　　　　280
　　贷：银行存款　　　　　　　　　　　　　　　　　　　　280

企业对销售人员工资薪金的计提、发放进行如下会计处理：

借：销售费用——工资薪金	220
贷：应付职工薪酬——销售人员工资	220
借：应付职工薪酬——销售人员工资	220
贷：银行存款	220

企业对生产车间工人工资薪金的计提、发放进行如下会计处理：

借：生产成本	580
贷：应付职工薪酬	580
借：应付职工薪酬	510
贷：银行存款	510

企业拨缴工会经费的会计处理如下：

借：管理费用——工会经费	22
贷：应付职工薪酬——工会经费	22
借：应付职工薪酬——工会经费	22
贷：银行存款	22

企业发生职工福利费支出的会计处理如下：

借：管理费用（销售费用、生产成本）——职工福利	100
贷：应付职工薪酬——职工福利	100
借：应付职工薪酬——职工福利	100
贷：银行存款	100

企业计提、支出职工教育经费的会计处理如下：

借：管理费用——职工教育经费	27.5
贷：应付职工薪酬——职工教育经费	27.5
借：应付职工薪酬——职工教育经费	15
贷：累计折旧	2
银行存款	13

企业计提补充养老保险的会计处理如下：

借：管理费用——补充养老保险	50
贷：应付职工薪酬	50

3. 填报方法。

A105050《职工薪酬纳税调整明细表》第 1 行"工资薪金支出"第 1 列账载金额为：300＋220＋580＝1 100（万元）。第 4 列税收金额为：280＋220＋500＝1 000（万元）。第 5 列"纳税调整金额"为 100 万元，第 6 列"累计结转以后年度扣除额"为 90 万元。税会差异主要是考虑"未实际发放"和"未履行代扣代缴个人所得税义务"两项因素。其中"未实际发放"的工资薪金可在以后年度实际发放时通过纳税调减在税前扣除。

从而得出作为费用扣除基数的"工资薪金总额"为"工资薪金"项目税收金额 1 000 万元。

A105050《职工薪酬纳税调整明细表》第 3 行"职工福利费支出"第 1 列账载金额为 100 万元。扣除限额为：1 000×14％＝140（万元）。第 4 列税收金额为 80 万元。第 5 列"纳税调整金额"为 20 万元。税会差异主要是考虑"按工资薪金总额 14％计算的扣除限额"和"是否取得合法有效的税前扣除凭证"两项因素。实务中还应判断会计列支的福利费是否超出了税收政策规定的"职工福利费"的范围。

A105050《职工薪酬纳税调整明细表》第 4 行"职工教育经费支出"第 1 列账载金额为 27.5 万元。扣除限额为 1 000×2.5％＝25（万元）。第 4 列税收金额为 15 万元。第 5 列"纳税调整金额"为 12.5 万元。第 6 列"累计结转以后年度扣除额"为 12.5 万元。税会差异主要是考虑"按照工资薪金总额的 2.5％计算的扣除限额"和"实际支出"两项因素。以前年度计提未支出的职工教育经费在本年实际支出的，应允许在本年通过纳税调减进行税前扣除。

A105050《职工薪酬纳税调整明细表》第 7 行"工会经费支出"第 1 列账载金额为 22 万元。扣除限额为：1 000×2％＝20（万元）。第 4 列税收金额为 20 万元。第 5 列"纳税调整金额"为 2 万元。税会差异主要是考虑"按照工资薪金总额的 2.5％计算的扣除限额"和"是否取得合法有效的税前扣除凭证"两项因素。

A105050《职工薪酬纳税调整明细表》第 10 行"补充养老保险"第 1 列账载金额为 50 万元。扣除限额为：1 000×5％＝50（万元）。第 4 列税收金额为 0 第 5 列"纳税调整金额"为 50 万元。税会差异主要是考虑"按照工资薪金总额的 5％计算的扣除限额"和"自行管理的补充养老保险不允许税前扣除"两项因素。

4.3.3　业务招待费支出

业务招待费支出利润计算及纳税调整对照提示表

在利润总额计算中的位置	A104000《期间费用明细表》第 4 行"业务招待费"
在纳税调整中的位置	A105000《纳税调整项目明细表》第 15 行"业务招待费支出"
风险管理提示	永久性差异调整

关键点 63 业务招待费支出政策要点

1. 政策要点。

（1）扣除比例和扣除限额。

《企业所得税法实施条例》第四十三条规定，企业发生的与生产经营活动有关的业务招待费支出，按照发生额的 60％扣除，但最高不得超过当年销售（营业）收入的 5‰。

（2）扣除限额计算基数。

国税函〔2010〕79 号文件规定，对从事股权投资业务的企业（包括集团公司总部、创业投资企业等），其从被投资企业所分配的股息、红利以及股权转让收入，可以按规定的比例计算业务招待费扣除限额。

在政策执行实务中，笔者认为上述"从事股权投资业务的企业"指的是专门从事股权投资业务的企业，即企业除股权投资业务外，不从事其他营利性生产经营活动。纳税人在适用上述政策时应向主管税务机关确定相关政策执行口径，以避免造成申报涉税风险。

国税函〔2009〕202 号文件规定，企业在计算业务招待费、广告费和业务宣传费等费用扣除限额时，其销售（营业）收入额应包括《实施条例》第二十五条规定的视同销售（营业）收入额。

京国税发〔2009〕92 号文件规定，房地产开发企业通过正式签订《房地产销售合同》或《房地产预售合同》所取得的收入，可作为广告和业务宣传费、业务招待费的计算基数。

（3）筹建期业务招待费税前扣除。

国家税务总局 2012 年第 15 号公告规定，企业在筹建期间，发生的与筹办活动有关的业务招待费支出，可按实际发生额的 60％计入企业筹办费，并按有关规定在税前扣除；发生的广告费和业务宣传费，可按实际发生额计入企业筹办费，并按有关规定在税前扣除。

2. 会计处理。

《企业会计准则》规定，企业发生的业务招待费，不论是哪个部门发生的，统一在"管理费用"科目核算。部分企业出于会计核算可理解性原则的要求，将专设的销售机构发生的业务招待费放在"销售费用"科目核算，将其余的业务招待费放在"管理费用"科目核算。

3. 填报方法。

当年销售（营业)收入＝主表第 1 行＋视同销售表第 1 行＋视同销售表第

23 行－视同销售表第 27 行＋股息、红利以及股权转让收入（从事股权投资业务的企业）。

表 A105000 第 15 行第 1 列"账载金额"填报纳税人会计核算计入当期损益的业务招待费金额；如无特殊情况，与 A104000《期间费用明细表》业务招待费（销售费用、管理费用）一致。企业以非货币性资产用于交际应酬形成业务招待费支出，在企业所得税上做视同销售处理，业务招待费支出可以按照视同销售收入进行调整，并相应反映在表 A105000 第 15 行第 1 列"账载金额"。

表 A105000 第 15 行第 2 列"税收金额"填报按照税法规定允许税前扣除的业务招待费支出的金额，即："本行第 1 列×60％"与当年销售（营业）收入×5‰的孰小值。

表 A105000 第 15 行第 3 列"调增金额"为第 1－2 列金额。

4.3.4 广告费和业务宣传费支出

广告费和业务宣传费支出利润计算及纳税调整对照提示表

在利润总额计算中的位置	A104000《期间费用明细表》第 5 行"广告费和业务宣传费"
在纳税调整中的位置	A105060《广告费和业务宣传费跨年度纳税调整明细表》
风险管理提示	跨年度事项、永久性差异调整、时间性差异调整

关键点 64　广告费和业务宣传费支出政策要点（跨年度事项）（调整项目有变化，附表 A105060）

（1）扣除比例和扣除限额。

《企业所得税法实施条例》第四十四条规定，企业发生的符合条件的广告费和业务宣传费支出，除国务院财政、税务主管部门另有规定外，不超过当年销售（营业）收入 15％的部分，准予扣除；超过部分，准予在以后纳税年度结转扣除。

财税〔2012〕48 号文件规定，对化妆品制造与销售、医药制造和饮料制造（不含酒类制造，下同）企业发生的广告费和业务宣传费支出，不超过当年销售（营业）收入 30％的部分，准予扣除；超过部分，准予在以后纳税年度结转扣除。

烟草企业的烟草广告费和业务宣传费支出，一律不得在计算应纳税所得额时扣除。

（2）扣除限额计算基数。

国税函〔2009〕202 号文件规定，企业在计算业务招待费、广告费和业务宣传费等费用扣除限额时，其销售（营业）收入额应包括《实施条例》第二十五条规定的视同销售（营业）收入额。

京国税发〔2009〕92 号文件规定，房地产开发企业通过正式签订《房地产销售合同》或《房地产预售合同》所取得的收入，可作为广告和业务宣传费、业务招待费的计算基数。

此处应当关注的是，业务招待费和广告费、业务宣传费的扣除限额计算基数不完全相等。按照国税函〔2010〕79 号文件的规定，对从事股权投资业务的企业业务的企业（包括集团公司总部、创业投资企业等），其从被投资企业所分配的股息、红利以及股权转让收入，可以按规定的比例计算业务招待费扣除限额，但不能作为广告费、业务宣传费扣除限额的计算基数。

（3）筹建期广告费、业务宣传费税前扣除。

国家税务总局 2012 年第 15 号公告规定，企业在筹建期间，发生的与筹办活动有关的业务招待费支出，可按实际发生额的 60% 计入企业筹办费，并按有关规定在税前扣除；发生的广告费和业务宣传费，可按实际发生额计入企业筹办费，并按有关规定在税前扣除。

（4）签订分摊协议的广告费和业务宣传费扣除。

财税〔2012〕48 号文件规定，对签订广告费和业务宣传费分摊协议（以下简称分摊协议）的关联企业，其中一方发生的不超过当年销售（营业）收入税前扣除限额比例内的广告费和业务宣传费支出可以在本企业扣除，也可以将其中的部分或全部按照分摊协议归集至另一方扣除。另一方在计算本企业广告费和业务宣传费支出企业所得税税前扣除限额时，可将按照上述办法归集至本企业的广告费和业务宣传费不计算在内。

（5）资产用于市场推广、销售的视同销售处理。

《企业所得税法实施条例》第二十五条规定，企业发生非货币性资产交换，以及将货物、财产、劳务用于捐赠、偿债、赞助、集资、广告、样品、职工福利或者利润分配等用途的，应当视同销售货物、转让财产或提供劳务。

国税函〔2008〕828 号文件规定，企业将资产移送他人的下列情形，因资产所有权属已发生改变而不属于内部处置资产，应按规定视同销售确定收入。

（一）用于市场推广或销售；

（二）用于交际应酬；

（三）用于职工奖励或福利；

（四）用于股息分配；

（五）用于对外捐赠；

（六）其他改变资产所有权属的用途。

企业发生本通知第二条规定情形时，属于企业自制的资产，应按企业同类资产同期对外销售价格确定销售收入；属于外购的资产，可按购入时的价格确定销售收入。

案例 12　广告费、业务宣传费支出填报案例

1. 情况说明。

甲企业和乙企业是关联企业，根据分摊协议，甲企业在 2014 年发生的广告费和业务宣传费的 30％归集至乙企业扣除。假设 2014 年甲企业销售收入为 1 500 万元，当年实际发生的广告费和业务宣传费以自产产品的形式对外支付，该批产品账面成本 400 万元，同类产品市场价格 500 万元（不含税）。乙企业销售收入为 5 000 万元，当年实际发生广告费和业务宣传费 1 000 万元。甲企业 2013 年广告费超过扣除限额可结转以后年度扣除金额为 500 000。假设甲企业当年无其他按税收政策规定应做视同销售处理的事项，用于广告支出的自产产品账面价值与计税基础相等。

2. 会计处理。

甲企业当年发生广告费和业务宣传费的会计处理如下（单位：元）：

借：销售费用——广告费　　　　　　　　　　　　　　4 850 000

　　贷：库存商品　　　　　　　　　　　　　　　　　　4 000 000

　　　　应交税费——应交增值税　　　　　　　　　　　　850 000

3. 填报方法。

（1）视同销售事项调整。

国税函〔2008〕828 号文件第二条规定，企业将资产用于广告的，因资产所有权属已发生改变而不属于内部处置资产，应按规定视同销售确认收入。因此，当企业以非货币资产用于广告，且未作收入处理时，应在 A105010《视同销售和房地产开发企业特定业务纳税调整明细表》第 3 行"用于市场推广或销售视同销售收入"确认视同销售收入，在第 13 行"用于市场推广或销售视同销售成本"结转视同销售成本。同时在 A105000《纳税调整明细表》第 29 行"其他"按照视同销售收入确认金额对广告支出扣除金额进行调整。

本例中，甲企业纳税申报时应在表 A105010 第 3 行确认视同销售收入 5 000 000 元，在第 13 行结转视同销售成本 4 000 000 元。在表 A105000 第 29 行"其他"填写 1000000 元。

（2）扣除限额计算。

$$\frac{甲企业当年销售}{（营业）收入}=\frac{主表}{第1行}+\frac{视同销售表}{第1行}+\frac{视同销售表}{第23行}-\frac{视同销售表}{第27行}$$

$$=1\,500+500=2\,000（万元）$$

$$\frac{甲企业当年广告费和业务}{宣传费支出扣除限额}=2\,000×15\%=300（万元）$$

（3）广告费支出在关联企业之间的分摊。

根据财税〔2012〕48 号文件的规定，关联方转移到另一方扣除的广告费和业务宣传费，必须在按其销售收入的规定比例计算的限额内，且该转移费用与在本企业扣除的费用之和，不得超过按规定计算的限额。也就是说，甲企业可转移到乙企业扣除的广告费和业务宣传费应为扣除限额的 30%，即：300×30%=90（万元），而非：500×30%=150（万元），在本企业扣除的广告费和业务宣传费为：300-90=210（万元），本年结转以后年度扣除的广告费和业务宣传费为：500-300=200（万元），而非：500-210=290（万元）。

（4）填写纳税申报表。

A105060《广告费和业务宣传费跨年度纳税调整明细表》第 1 行"本年度广告费和业务宣传费支出"填报 500 万元；

第 4 行"本年计算广告费和业务宣传费扣除限额的销售（营业）收入"为 2 000 万元；

第 6 行"本年广告费和业务宣传费扣除限额"为 300 万元；

第 7 行"本年结转以后年度扣除额"为 200 万元；

第 8 行"以前年度累计结转扣除额"为 50 万元；

第 10 行"按照分摊协议归集至其他关联方的广告费和业务宣传费"为 90 万元；

第 12 行"本年广告费和业务宣传费支出纳税调整金额"为 290 万元（500-300+90）；

第 13 行"累计结转以后年度扣除额"为 250 万元（200+50）万元。

（5）注意事项。

表 A105060 第 1 行"本年广告费和业务宣传费支出"在无上述非货币性资产用于广告支出视同销售处理的情况下，填报纳税人会计核算计入当期损益的业务招待费金额，与 A104000《期间费用明细表》广告费、业务宣传费（销售费用、管理费用）一致。

4.3.5　捐赠支出（原调整项目，单设附表 A105070）

捐赠支出利润计算及纳税调整对照提示表

在利润总额计算中的位置	A102010《一般企业成本明细表》第 21 行"捐赠支出"
在纳税调整中的位置	A105070《捐赠支出纳税调整明细表》
风险管理提示	永久性差异调整

按照企业所得税政策的相关规定，非公益性捐赠支出不允许在企业所得税税前扣除，企业发生非公益性捐赠支出在表 A105070 第 6 列进行填报调整。部分允许全额扣除的公益性捐赠支出由税收政策进行具体规定，汇算清缴申报时不在表 A105070 进行税会差异调整。本部分内容主要对有扣除限额的公益性捐赠支出相关税前扣除政策进行梳理。有扣除限额的公益性捐赠支出税会差异调整在表 A105070 第 2 列至第 5 列进行填报。

关键点 65　有扣除限额的公益性捐赠支出政策要点

1. 税收政策对"公益性捐赠支出"范围的界定。

财税〔2010〕45 号、财税〔2008〕160 号文件关于"公益性捐赠支出"的定义如下：

用于公益事业的捐赠支出，是指《中华人民共和国公益事业捐赠法》规定的向公益事业的捐赠支出，具体范围包括：救助灾害、救济贫困、扶助残疾人等困难的社会群体和个人的活动；教育、科学、文化、卫生、体育事业；环境保护、社会公共设施建设；促进社会发展和进步的其他社会公共和福利事业。

2. 公益性捐赠支出扣除限额相关政策。

《企业所得税法实施条例》第五十三条规定，企业发生的公益性捐赠支出，不超过年度利润总额 12% 的部分，准予扣除。年度利润总额，是指企业按照国家统一会计制度的规定计算的年度会计利润。《企业所得税法实施条例》五十一条规定，公益性捐赠，是指企业通过公益性社会团体或者县级以上人民政府及其部门，用于《中华人民共和国公益事业捐赠法》规定的公益事业的捐赠。

财税〔2008〕160 号文件规定，企业通过公益性社会团体或者县级以上人民政府及其部门，用于公益事业的捐赠支出，在年度利润总额 12% 以内的部分，准予在计算应纳所得额时扣除。年度利润总额，是指企业依照国家统一会计制度的规定计算的大于零的数额。

财税〔2009〕124 号文件规定，企业通过公益性群众团体用于公益事业的捐赠支出，在年度利润总额 12% 以内的部分，准予在计算应纳所得额时扣除。年度利润总额，是指企业依照国家统一会计制度的规定计算的大于零的数额。

3. "公益性捐赠支出"税前扣除实务操作中需满足的条件。

按照财税〔2010〕45 号、财税〔2008〕160 号文件的相关规定，公益性捐赠税前扣除需满足下列条件。

条件一：通过公益性社会团体、县级以上人民政府及其组成部门和直属机构、公益性群众团体进行捐赠。

企业或个人通过获得公益性捐赠税前扣除资格的公益性社会团体或县级以上人民政府及其组成部门和直属机构，用于公益事业的捐赠支出，可以按规定进行所得税税前扣除。

条件二：公益性社会团体、公益性群众团体通过相关资格认定。

对获得公益性捐赠税前扣除资格的公益性社会团体，由财政部、国家税务总局和民政部以及省、自治区、直辖市、计划单列市财政、税务和民政部门每年分别联合公布名单。名单应当包括当年继续获得公益性捐赠税前扣除资格和新获得公益性捐赠税前扣除资格的公益性社会团体。企业或个人在名单所属年度内向名单内的公益性社会团体进行的公益性捐赠支出，可按规定进行税前扣除。

县级以上人民政府及其组成部门和直属机构的公益性捐赠税前扣除资格不需要认定。

对符合条件的公益性群众团体，按照上述管理权限，由财政部、国家税务总局和省、自治区、直辖市、计划单列市财政、税务部门分别每年联合公布名单。名单应当包括继续获得公益性捐赠税前扣除资格和新获得公益性捐赠税前扣除资格的群众团体，企业和个人在名单所属年度内向名单内的群众团体进行的公益性捐赠支出，可以按规定进行税前扣除。

条件三：公益性社会团体、公益性群众团体的公益性捐赠税前扣除资格未超时限。

对于通过公益性社会团体发生的公益性捐赠支出，主管税务机关应对照财政、税务、民政部门联合公布的名单予以办理，即接受捐赠的公益性社会团体位于名单内的，企业或个人在名单所属年度向名单内的公益性社会团体进行的公益性捐赠支出可按规定进行税前扣除；接受捐赠的公益性社会团体不在名单内，或虽在名单内但企业或个人发生的公益性捐赠支出不属于名单所属年度的，不得扣除。

对符合条件的公益性群众团体，按照上述管理权限，由财政部、国家税务总局和省、自治区、直辖市、计划单列市财政、税务部门分别每年联合公布名单。名单应当包括继续获得公益性捐赠税前扣除资格和新获得公益性捐赠税前扣除资格的群众团体，企业和个人在名单所属年度内向名单内的群众团体进行的公益性捐赠支出，可以按规定进行税前扣除。

条件四：取得合法有效的税前扣除凭证。

对于通过公益性社会团体发生的公益性捐赠支出，企业或个人应提供省级以上（含省级）财政部门印制并加盖接受捐赠单位印章的公益性捐赠票据，或加盖接受捐赠单位印章的《非税收入一般缴款书》收据联，方可按规定进行税前扣除。

公益性群众团体在接受捐赠时，应按照行政管理级次分别使用由财政部或省、自治区、直辖市财政部门印制的公益性捐赠票据或者《非税收入一般缴款书》收据联，并加盖本单位的印章。

4. 北京市纳税人"公益性捐赠支出"税前扣除的操作要求。

京财税〔2009〕542 号文件规定，纳税人在我市开展公益性捐赠活动税前扣除时，需留存下列资料备查：北京市财政局、北京市国家税务局、北京市地方税务局和北京市民政局对公益性社会团体的捐赠税前扣除资格联合确认文件复印件；《北京市接收捐赠统一收据》；北京市民政局出具的相应年度的公益性社会团体年度检查证明资料复印件。

纳税人在我市以外地区开展公益性捐赠活动税前扣除时，需留存下列资料备查：财政部或省、自治区、直辖市财政部门印制的公益性捐赠票据；省、自治区、直辖市和计划单列市以上财政、税务、民政部门联合确认、公布的公益性捐赠税前扣除资格的文件复印件；省、自治区、直辖市和计划单列市以上民政部门出具的相应年度的公益性社会团体年度检查证明资料复印件。

5. 资产用作对外捐赠视同销售相关政策。

《企业所得税法实施条例》第二十五条规定，企业发生非货币性资产交换，以及将货物、财产、劳务用于捐赠、偿债、赞助、集资、广告、样品、职工福利或者利润分配等用途的，应当视同销售货物、转让财产或提供劳务。

国税函〔2008〕828 号文件规定，企业将资产移送他人的下列情形，因资产所有权属已发生改变而不属于内部处置资产，应按规定视同销售确定收入。

（一）用于市场推广或销售；

（二）用于交际应酬；

（三）用于职工奖励或福利；

（四）用于股息分配；

（五）用于对外捐赠；

（六）其他改变资产所有权属的用途。

企业发生本通知第二条规定情形时，属于企业自制的资产，应按企业同类资产同期对外销售价格确定销售收入；属于外购的资产，可按购入时的价格确定销售收入。

案例 13　有扣除限额的公益性捐赠填报案例

1. 情况说明。

A 企业 2014 年将一批自产货物通过政府部门捐赠给贫困地区，该批货物账面成本 8 000 元，同类市场价格 10 000 元（不含税）。该企业 2014 年会计利润总额为 50 000 元。假设 A 企业 2014 年只发生了上述一笔捐赠支出，且该捐赠行为符合税法规定的公益性捐赠的确认条件。

2. 会计处理（单位：元）。

借：营业外支出——捐赠支出　　　　　　　　　　　　　　　9 700

　　贷：库存商品　　　　　　　　　　　　　　　　　　　　8 000

　　　　应交税费——应交增值税（销项税额）　　　　　　　1 700

3. 填报方法。

（1）依据国税函〔2008〕828 号文件第二条的规定，企业将资产用于对外捐赠的，因资产所有权属已发生改变而不属于内部处置资产，应按规定视同销售确认收入。因此，当企业以非货币资产对外捐赠时，不论是公益性还是非公益性，税务处理中均应在 A105010《视同销售和房地产开发企业特定业务纳税调整明细表》第 7 行确认视同销售收入，在第 17 行结转视同销售成本。同时在 A105000《纳税调整明细表》第 29 行"其他"按照视同销售收入确认金额对捐赠支出扣除金额进行调整。

本例中，A 企业纳税申报时应在表 A105010 第 7 行确认视同销售收入 10 000 元，在第 17 行结转视同销售成本 8 000 元。在表 A105000 第 29 行"其他"填写 2 000 元。

（2）企业发生的非公益性捐赠支出不允许税前扣除，在 A105070《捐赠支出纳税调整明细表》第 6 列按受赠单位名称进行明细填报，第 6 列合计数参与纳税调增计算；一般情况下，主表第 13 行企业年度会计利润小于零时，

A105070《捐赠支出纳税调整明细表》第 3 列"按税收规定的扣除限额"为 0，第 4 列"税收金额"为 0，第 2 列"账载金额"合计数全额参与纳税调增；年度会计利润大于零时，在年度利润总额 12% 以内的公益性捐赠支出允许税前扣除，超过部分参与纳税调增。

本例中，A 企业纳税申报时应在表 A105070 第 2 列填写 10 000 元，第 3 列合计数为 6 000 元，第 4 列合计数为 6 000 元，第 5 列和第 7 列合计数均为 4 000 元。

关键点 66　非营利组织捐赠支出税务处理实务

某协会为非营利组织，未取得非营利免税资格，其发生的捐赠支出是否可以在税前全额扣除？

按照《中华人民共和国公益捐赠法》第十七条和第十八条的规定，作为受赠人的公益性社会团体应当将受赠财产用于资助符合其宗旨的活动和事业。其与捐赠人订立了捐赠协议的，应当按照协议约定的用途使用捐赠财产，不得擅自改变捐赠财产的用途。因此，对于公益性社会团体按照《中华人民共和国公益捐赠法》等相关规定发生的资助支出，属于公益性社会团体正常的支出，不受捐赠支出不得超过当年利润总额 12% 的限制。

4.3.6　利息支出（调整项目有变化）

利息收支利润计算及纳税调整对照提示表

在利润总额计算中的位置	A104000《期间费用明细表》第 21 行"利息收支"
在纳税调整中的位置	A105000《纳税调整项目明细表》第 18 行"利息支出"
风险管理提示	永久性差异调整

关键点 67　利息支出政策要点

1. 允许扣除的利息支出。

《企业所得税法实施条例》第二十八条规定，企业发生的支出应当区分收益性支出和资本性支出。收益性支出在发生当期直接扣除；资本性支出应当分期扣除或者计入有关资产成本，不得在发生当期直接扣除。

企业的不征税收入用于支出所形成的费用或者财产，不得扣除或者计算对应的折旧、摊销扣除。

《企业所得税法实施条例》第三十八条规定，企业在生产经营活动中发生的下列利息支出，准予扣除：

（一）非金融企业向金融企业借款的利息支出、金融企业的各项存款利息支出和同业拆借利息支出、企业经批准发行债券的利息支出；

（二）非金融企业向非金融企业借款的利息支出，不超过按照金融企业同期同类贷款利率计算的数额的部分。

《企业所得税法实施条例》第四十九条规定，企业之间支付的管理费、企业内营业机构之间支付的租金和特许权使用费，以及非银行企业内营业机构之间支付的利息，不得扣除。

2. 资本化支出和费用化支出。

国家税务总局 2012 年第 15 号公告规定，企业通过发行债券、取得贷款、吸收保户储金等方式融资而发生的合理的费用支出，符合资本化条件的，应计入相关资产成本；不符合资本化条件的，应作为财务费用，准予在企业所得税前据实扣除。

3. 售后回购的利息支出。

国税函〔2008〕875 号文件规定，采用售后回购方式销售商品的，销售的商品按售价确认收入，回购的商品作为购进商品处理。有证据表明不符合销售收入确认条件的，如以销售商品方式进行融资，收到的款项应确认为负债，回购价格大于原售价的，差额应在回购期间确认为利息费用。

4. 融资性售后回租。

国家税务总局 2010 年第 13 号公告规定，根据现行企业所得税法及有关收入确定规定，融资性售后回租业务中，承租人出售资产的行为，不确认为销售收入，对融资性租赁的资产，仍按承租人出售前原账面价值作为计税基础计提折旧。租赁期间，承租人支付的属于融资利息的部分，作为企业财务费用在税前扣除。

5. 关于金融企业同期同类贷款利率确定问题。

国家税务总局 2011 年第 34 号公告规定，根据《实施条例》第三十八条规定，非金融企业向非金融企业借款的利息支出，不超过按照金融企业同期同类贷款利率计算的数额的部分，准予税前扣除。鉴于目前我国对金融企业利率要求的具体情况，企业在按照合同要求首次支付利息并进行税前扣除时，应提供"金融企业的同期同类贷款利率情况说明"，以证明其利息支出的合理性。

"金融企业的同期同类贷款利率情况说明"中，应包括在签订该借款合同当时，本省任何一家金融企业提供同期同类贷款利率情况。该金融企业应为经政府有关部门批准成立的可以从事贷款业务的企业，包括银行、财务公司、信托公司等金融机构。"同期同类贷款利率"是指在贷款期限、贷款金额、贷款担保以及企业信誉等条件基本相同下，金融企业提供贷款的利率。既可以是金融企业公布的同期同类平均利率，也可以是金融企业对某些企业提供的实际贷款利率。

6. 国税函〔2009〕777 号：企业向自然人借款的利息支出。

一、企业向股东或其他与企业有关联关系的自然人借款的利息支出，应根据《中华人民共和国企业所得税法》（以下简称税法）第四十六条及《财政部、国家税务总局关于企业关联方利息支出税前扣除标准有关税收政策问题的通知》（财税〔2008〕121 号）规定的条件，计算企业所得税扣除额。

二、企业向除第一条规定以外的内部职工或其他人员借款的利息支出，其借款情况同时符合以下条件的，其利息支出在不超过按照金融企业同期同类贷款利率计算的数额的部分，根据税法第八条和税法实施条例第二十七条规定，准予扣除。

（一）企业与个人之间的借贷是真实、合法、有效的，并且不具有非法集资目的或其他违反法律、法规的行为；

（二）企业与个人之间签订了借款合同。

7. 国税函〔2009〕312 号：企业投资者投资未到位而发生的利息支出。

凡企业投资者在规定期限内未缴足其应缴资本额的，该企业对外借款所发生的利息，相当于投资者实缴资本额与在规定期限内应缴资本额的差额应计付的利息，其不属于企业合理的支出，应由企业投资者负担，不得在计算企业应纳税所得额时扣除。

具体计算不得扣除的利息，应以企业一个年度内每一账面实收资本与借款余额保持不变的期间作为一个计算期，每一计算期内不得扣除的借款利息按该期间借款利息发生额乘以该期间企业未缴足的注册资本占借款总额的比例计算，公式为：

$$\text{企业每一计算期不得扣除的借款利息} = \text{该期间借款利息额} \times \text{该期间未缴足注册资本额} \div \text{该期间借款额}$$

企业一个年度内不得扣除的借款利息总额为该年度内每一计算期不得扣除的借款利息额之和。

8. 国家税务总局公告 2013 年第 41 号：混合性投资被投资企业利息支出。

一、企业混合性投资业务，是指兼具权益和债权双重特性的投资业务。

同时符合下列条件的混合性投资业务，按本公告进行企业所得税处理：

（一）被投资企业接受投资后，需要按投资合同或协议约定的利率定期支付利息（或定期支付保底利息、固定利润、固定股息，下同）；

（二）有明确的投资期限或特定的投资条件，并在投资期满或者满足特定投资条件后，被投资企业需要赎回投资或偿还本金；

（三）投资企业对被投资企业净资产不拥有所有权；

（四）投资企业不具有选举权和被选举权；

（五）投资企业不参与被投资企业日常生产经营活动。

二、符合本公告第一条规定的混合性投资业务，按下列规定进行企业所得税处理：

（一）对于被投资企业支付的利息，投资企业应于被投资企业应付利息的日期，确认收入的实现并计入当期应纳税所得额；被投资企业应于应付利息的日期，确认利息支出，并按税法和《国家税务总局关于企业所得税若干问题的公告》（2011 年第 34 号）第一条的规定，进行税前扣除。

9. 关联方借款利息扣除。

《企业所得税法》第四十六条规定，企业从其关联方接受的债权性投资与权益性投资的比例超过规定标准而发生的利息支出，不得在计算应纳税所得额时扣除。

财税〔2008〕121 号文件规定，企业实际支付给关联方的利息支出，除符合本通知第二条规定外，其接受关联方债权性投资与其权益性投资比例为：

（一）金融企业，为 5：1；

（二）其他企业，为 2：1。

二、企业如果能够按照税法及其实施条例的有关规定提供相关资料，并证明相关交易活动符合独立交易原则的；或者该企业的实际税负不高于境内关联方的，其实际支付给境内关联方的利息支出，在计算应纳税所得额时准予扣除。

关联方利息支出（资本弱化管理）——特别纳税调整（第 41 行）。

关键点 68　利息支出项目相关实务问题探讨

1. 委托贷款利息支出扣除问题。

企业通过银行取得委托人为非金融企业的委托贷款，其发生的利息支出按照向金融企业取得贷款发生的利息支出进行税务处理，还是按向非金融企业取得贷款发生的利息支出进行税务处理？

委托贷款是由委托人提供合法来源的资金，委托业务银行根据委托人的贷款对象、用途、期限、利率等代为发放、监督使用并协助收回的贷款业务。借款人从银行取得的委托贷款，实质是委托人贷给借款人。因此，企业通过银行取得委托人为非金融企业的委托贷款，应按向非金融企业取得借款发生的利息支出进行税务处理，其不超过按照金融企业同期同类贷款利率计算数额部分的利息支出准予从税前扣除。

2. 实务中的利息支出资本化与费用化问题辨析——建造固定资产发生利息支出的扣除问题。

企业为建造厂房，2011 年 9 月 1 日向银行借款用于建造一幢建设期为 2 年的厂房，从银行专门借入款项 5 000 万元，借款期限为 2011 年 9 月 1 日至 2013 年 8 月 31 日，年利率 6.31%。2013 年 2 月 28 日，该企业厂房建造完成并投入使用，2013 年 8 月 31 日向银行偿还借款和利息。该企业将 2011 年 9 月 1 日至 2013 年 2 月 28 日发生的利息支出予以资本化，计入厂房的计税基础，将 2013 年 3 月 1 日以后发生的利息支出费用化，计入当期损益从税前扣除。厂房投入使用后，企业发生的利息支出是计入当期损益从税前扣除，还是应资本化计入厂房的计税基础？

按照《企业所得税法实施条例》第三十七条的规定，企业为购置、建造固定资产、无形资产和经过 12 个月以上的建造才能达到预定可销售状态的存货发生借款的，在有关资产购置、建造期间发生的合理的借款费用，应当作为资本性支出计入有关资产的成本。参照《企业会计准则》的规定，购建或者生产符合资本化条件的资产达到预定可使用或者可销售状态时，借款费用应当停止资本化。因此，企业借款发生的利息支出，在建造厂房期间发生的利息支出应资本化计入厂房的计税基础，厂房已达到预定使用状态时不需再将利息支出资本化，而应费用化，计入当期损益，在所得税前扣除。

3. 企业向非金融企业借款发生的利息支出或资金占用费的扣除凭据问题。

企业向非金融企业借款发生的利息支出或资金占用费应以什么票据作为扣除凭证？

应凭发票作为扣除凭证，没有发票可以到税务局代开。企业应以相关协议作为支付利息的相关证明材料，协议中应明确约定利息所属时间、利息金额等内容。

关键点 69　利息支出填报方法

A105000《纳税调整项目明细表》第 18 行填表说明规定，第 18 行"（六）利息支出"：第 1 列"账载金额"填报纳税人向非金融企业借款，会计核算计入当期损益的利息支出的金额；第 2 列"税收金额"填报按照税法规定允许税前扣除的利息支出的金额；若第 1 列≥第 2 列，将第 1 列减第 2 列余额填入第 3 列"调增金额"，若第 1 列＜第 2 列，将第 1 列减第 2 列余额的绝对值填入第 4 列"调减金额"。

2008 版申报表《纳税调整项目明细表》填表说明规定，第 29 行"9. 利息支出"：第 1 列"账载金额"填报纳税人按照国家统一会计制度实际发生的向非金融企业借款计入财务费用的利息支出的金额；第 2 列"税收金额"填报纳税人按照税收规定允许税前扣除的利息支出的金额。如本行第 1 列≥第 2 列，第 1 列减去第 2 列的差额填入本行第 3 列"调增金额"，第 4 列"调减金额"不填；如本行第 1 列＜第 2 列，第 3 列"调增金额"、第 4 列"调减金额"均不填。

根据上述规定，2014 版企业所得税年度纳税申报表扩大了 2008 版申报表"利息支出"的调整范围——不局限于计入财务费用的利息支出，并且新增了"利息支出"纳税调减的情况，实务中，应结合具体政策规定分析填列。

案例 14 股东未缴足出资利息支出填报案例

企业在 2012 年 12 月 19 日注资，按章程及公司法规定两年内全部注册资本金到位，即 2014 年 12 月 19 日。而截止到 2014 年 12 月 19 日仍有部分注册资本金没有到位。2014 年不允许企业所得税税前扣除的利息是：从 2014 年 12 月 20 日至 2014 年 12 月 31 日此 10 天的借款利息×该期间未缴足注册资本额÷该期间借款额（假设该 10 天的借款余额无变化）。如果 2015 年 6 月 30 日注册资本金全部到位，则 2015 年此半年期的借款利息×该期间未缴足注册资本额÷该期间借款额不得抵扣。

4.3.7 罚金、罚款和没收财产的损失

罚金、罚款和没收财产的损失利润计算及纳税调整对照提示表

在利润总额计算中的位置	A102010《一般企业成本明细表》第 23 行"罚没支出"
在纳税调整中的位置	A105000《纳税调整项目明细表》第 19 行"罚金、罚款和被没收财物的损失"
风险管理提示	永久性差异调整

关键点 70 罚金、罚款和没收财产的损失

1. 政策要点。

《企业所得税法》第十条规定，计算应纳税所得额时，下列支出不得扣除：

（一）向投资者支付的利息、红利等权益性投资收益款项；

（二）企业所得税税款；

（三）税收滞纳金；

（四）罚金、罚款和被没收财物的损失；

（五）本法第九条规定以外的捐赠支出；

（六）赞助支出；

（七）未经核定的准备金支出；

（八）与取得收入无关的其他支出。

2. 填报说明。

企业税前列支的罚金、罚款和没收财产损失，应在 A105000《纳税调整项目明细表》第 19 行"（七）罚金、罚款和被没收财物的损失"中，作为永久性税会差异全额调增。

4.3.8　税收滞纳金、加收利息

税收滞纳金、加收利息利润计算及纳税调整对照提示表

在利润总额计算中的位置	A102010《一般企业成本明细表》第 26 行"其他"
在纳税调整中的位置	A105000《纳税调整项目明细表》第 20 行"税收滞纳金、加收利息"
风险管理提示	永久性差异调整

关键点 71　税收滞纳金、加收利息（调整项目有变化）

1. 政策要点。

《企业所得税法》第十条规定，计算应纳税所得额时，下列支出不得扣除：

（一）向投资者支付的利息、红利等权益性投资收益款项；

（二）企业所得税税款；

（三）税收滞纳金；

（四）罚金、罚款和被没收财物的损失；

（五）本法第九条规定以外的捐赠支出；

（六）赞助支出；

（七）未经核定的准备金支出；

（八）与取得收入无关的其他支出。

《企业所得税法实施条例》一百二十一条规定，税务机关根据税收法律、

行政法规的规定，对企业做出的特别纳税调整的，应当对补征的税款，自税款所属纳税年度的次年 6 月 1 日起至补缴税款之日止的期间，按日加收利息。按该规定加收的利息不得在计算应纳税所得额时扣除。

2. 填报说明。

税收滞纳金、加收利息应在 A105000《纳税调整项目明细表》第 20 行，作为永久性税会差异全额调增。

此处应区分，企业加工贸易保税货物未出口而转内销的，海关依法征收税款并加征的缓税利息近似于资金占用费，不属于税收滞纳金，可以从税前扣除，不属于本项目调整的内容。

4.3.9 赞助支出

赞助支出利润计算及纳税调整对照提示表

在利润总额计算中的位置	A102010《一般企业成本明细表》第 22 行"赞助支出"
在纳税调整中的位置	A105000《纳税调整项目明细表》第 21 行"赞助支出"
风险管理提示	永久性差异调整

关键点 72　赞助支出

1. 政策要点。

《企业所得税法》第十条规定，计算应纳税所得额时，下列支出不得扣除：

（一）向投资者支付的利息、红利等权益性投资收益款项；

（二）企业所得税税款；

（三）税收滞纳金；

（四）罚金、罚款和被没收财物的损失；

（五）本法第九条规定以外的捐赠支出；

（六）赞助支出；

（七）未经核定的准备金支出；

（八）与取得收入无关的其他支出。

2. 填报说明。

赞助支出应在 A105000《纳税调整项目明细表》第 20 行"（八）税收滞纳金、加收利息"中，作为永久性税会差异全额调增。

4.3.10　未实现融资收益在当期确认的财务费用

未实现融资收益在当期确认的财务费用利润计算及纳税调整对照提示表

在利润总额计算中的位置	A104000《期间费用明细表》第 21 行"利息收支"或第 24 行"其他"
在纳税调整中的位置	A105000《纳税调整项目明细表》第 22 行"与未实现融资收益相关在当期确认的财务费用"
风险管理提示	时间性差异调整

关键点 73　未实现融资收益在当期确认的财务费用相关企业所得税政策要点

《企业所得税法实施条例》第二十三条规定，以分期收款方式销售货物的，按照合同约定的收款日期确认收入的实现。

第四十七条规定，以融资租赁方式租入固定资产发生的租赁费支出，按照规定构成融资租入固定资产价值的部分应当提取折旧费用，分期扣除。

第五十八条规定，融资租入的固定资产，以租赁合同约定的付款总额和承租人在签订租赁合同过程中发生的相关费用为计税基础，租赁合同未约定付款总额的，以该资产的公允价值和承租人在签订租赁合同过程中发生的相关费用为计税基础。

国税发〔2009〕31 号文件规定，采取分期收款方式销售开发产品的，应按销售合同或协议约定的价款和付款日确认收入的实现。付款方提前付款的，在实际付款日确认收入的实现。

案例 15　分期收（付）款销售（购进）商品填报案例

1. 情况说明。

2014 年 1 月 1 日，A 公司采用分期收款方式向 B 公司销售大型设备，合同价格 1 000 万元，分 5 年于每年年末收取，设备成本 600 万元。假定该设备不采用分期收款方式的销售价格为 800 万元，不考虑增值税。

2. 会计处理（单位：万元）。

（1）A 公司会计处理如下：

2014 年销售时：

　借：长期应收款　　　　　　　　　　　　　　　　　　1 000

　　　贷：主营业务收入　　　　　　　　　　　　　　　　　　　800

       未实现融资收益   200

同时，结转成本：

   借：主营业务成本   600

     贷：库存商品   600

2014 年末收款时：

   借：银行存款   200

     贷：长期应收款   200

   借：未实现融资收益   63.44

     贷：财务费用   63.44（实际利率法计算结果）

（2）B 公司会计处理如下：

2014 年购入时：

   借：固定资产   800

      未实现融资费用   200

     贷：长期应付款   1 000

2014 年末付款时：

   借：长期应付款   200

     贷：银行存款   200

   借：财务费用   63.44（实际利率法计算结果）

     贷：未实现融资费用   63.44

3. 填报方法。

（1）对 A 公司而言：

调整收入税会差异：会计当年确认收入 800 万元，税收按合同约定确认收入 200 万元，在表 A105020 第 6 行第 6 列调减 600 万元。以后每年在表 A105020 第 6 行第 6 列进行纳税调增 200 万元。

调整财务费用税会差异：会计确认的财务费用为－63.44 万元，税收为 0，应在表 A105000 第 22 行第 4 列"与未实现融资收益相关在当期确认的财务费用"调减 63.44 万元。

（2）对 B 公司而言：

调整财务费用税会差异：会计确认的财务费用为 63.44 万元，税收为 0，应在表 A105000 第 22 行第 4 列"与未实现融资收益相关在当期确认的财务费用"调增 63.44 万元。

B 公司购进的固定资产账面价值为 800 万元，计税基础为 1 000 万元。

4.3.11　佣金和手续费支出

佣金和手续费支出利润计算及纳税调整对照提示表

在利润总额计算中的位置	A104000《期间费用明细表》第 6 行"佣金和手续费"
在纳税调整中的位置	A105000《纳税调整项目明细表》第 23 行"佣金和手续费支出"
风险管理提示	有扣除限额的项目、永久性差异调整

关键点 74　佣金和手续费支出（新增调整项目）

财税〔2009〕29 号文件规定，企业发生与生产经营有关的手续费及佣金支出，不超过以下规定计算限额以内的部分，准予扣除；超过部分，不得扣除。

（1）保险企业：财产保险企业按当年全部保费收入扣除退保金等后余额的 15%（含本数，下同）计算限额；人身保险企业按当年全部保费收入扣除退保金等后余额的 10%计算限额。

（2）其他企业：按与具有合法经营资格中介服务机构或个人（不含交易双方及其雇员、代理人和代表人等）所签订服务协议或合同确认的收入金额的 5%计算限额。

国家税务总局 2012 年第 15 号公告规定，电信企业在发展客户、拓展业务等过程中（如委托销售电话入网卡、电话充值卡等），需向经纪人、代办商支付手续费及佣金的，其实际发生的相关手续费及佣金支出，不超过企业当年收入总额 5%的部分，准予在企业所得税前据实扣除。

4.3.12　不征税收入用于支出形成的费用

不征税收入用于支出形成的费用利润计算及纳税调整对照提示表

在利润总额计算中的位置	A104000《期间费用明细表》
在纳税调整中的位置	A105000《纳税调整项目明细表》第 24 行"不征税收入用于支出所形成的费用" A105040《专项用途财政性资金纳税调整明细表》
风险管理提示	跨年度事项、时间性差异调整

关键点 75　不征税收入用于支出形成的费用（跨年度事项）

"其中：专项用途财政性资金用于支出形成的费用"为原调整项目，单设附表 A105040。

本项目填报案例参见专项用途财政性资金收入和研发费加计扣除案例。

4.3.13 跨期扣除的项目

跨期扣除项目利润计算及纳税调整对照提示表

在利润总额计算中的位置	A101010《一般企业收入明细表》，A102010《一般企业成本支出明细表》，A104000《期间费用明细表》
在纳税调整中的位置	A105000《纳税调整项目明细表》第 26 行"跨期扣除项目"
风险管理提示	永久性差异调整、时间性差异调整

关键点 76 跨期扣除的项目（新增调整项目）

本项目填报维简费、安全生产费用、预提费用、预计负债等跨期扣除项目调整情况。

1. 政策要点。

《国家税务总局关于煤矿企业维简费和高危行业企业安全生产费用企业所得税税前扣除问题的公告》（国家税务总局公告 2011 年第 26 号）规定，煤矿企业实际发生的维简费支出和高危行业企业实际发生的安全生产费用支出，属于收益性支出的，可直接作为当期费用在税前扣除；属于资本性支出的，应计入有关资产成本，并按企业所得税法规定计提折旧或摊销费用在税前扣除。企业按照有关规定预提的维简费和安全生产费用，不得在税前扣除。

《国家税务总局关于企业维简费支出企业所得税税前扣除问题的公告》（国家税务总局公告 2013 年第 67 号）规定，企业实际发生的维简费支出，属于收益性支出的，可作为当期费用税前扣除；属于资本性支出的，应计入有关资产成本，并按企业所得税法规定计提折旧或摊销费用在税前扣除。企业按照有关规定预提的维简费，不得在当期税前扣除。

2. 会计处理。

《企业会计准则解释第 3 号》规定，高危行业企业按照国家规定提取的安全生产费，应当计入相关产品的成本或当期损益，同时记入"专项储备"科目。

企业使用提取的安全生产费时，属于费用性支出的，直接冲减专项储备。企业使用提取的安全生产费形成固定资产的，应当通过"在建工程"科目归集所发生的支出，待安全项目完工达到预定可使用状态时确认为固定资产；同时，按照形成固定资产的成本冲减专项储备，并确认相同金额的累计折旧。该固定资产在以后期间不再计提折旧。

企业提取的维简费（"维持简单再生产资金"的简称）和其他具有类似性质的费用，比照上述规定处理。

4.3.14 与取得收入无关的支出

与取得收入无关的支出利润计算及纳税调整对照提示表

在利润总额计算中的位置	A102010《一般企业成本支出表》，A104000《期间费用明细表》
在纳税调整中的位置	A105000《纳税调整项目明细表》第 27 行"与取得收入无关的支出"
风险管理提示	永久性差异调整

关键点 77 与取得收入无关的支出

《企业所得税法》第十条规定，在计算应纳税所得额时，下列支出不得扣除：

（一）向投资者支付的股息、红利等权益性投资收益款项；

（二）企业所得税税款；税收滞纳金；

（三）罚金、罚款和被没收财物的损失；

（四）本法第九条规定以外的捐赠支出；

（五）赞助支出；

（六）未经核定的准备金支出；

（七）与取得收入无关的其他支出。

2014 版企业所得税年度纳税申报表填表说明规定，A105000《纳税调整项目明细表》第 27 行"（十四）与取得收入无关的支出"：第 1 列"账载金额"填报纳税人会计核算计入当期损益的与取得收入无关的支出的金额。笔者认为，纳税申报时，此处"计入当期损益的与取得收入无关的支出"包括与取得收入无关、计入主营业务成本和其他业务成本的支出以及计入期间费用的支出。其中因固定资产折旧、无形资产和长期待摊费用摊销形成的支出，既可以在表 A105000 第 27 行进行调增，也可以在 A105080《资产折旧、摊销情况及纳税调整明细表》通过确认相关资产计税基础和账面价值之间的差额进行纳税调增。

4.3.15 境外所得分摊的共同支出

境外所得分摊的共同支出利润计算及纳税调整对照提示表

在利润总额计算中的位置	A104000《期间费用明细表》
在纳税调整中的位置	A105000《纳税调整项目明细表》第 28 行"境外所得分摊的共同支出"
风险管理提示	重大事项

关键点 78　境外所得分摊的共同支出

本项目第 3 列"调增金额"为 A108010《境外所得纳税调整后所得明细表》第 10 行第 16＋17 列的金额（境外分支机构调整分摊扣除的有关成本费用＋境外所得对应调整的相关成本费用）。具体调整政策及计算案例请参见本书境外所得部分内容。

4.4　资产类调整项目

企业所得税税收制度未对"资产"进行明确定义，《企业所得税法实施条例》第五十六条列举了资产的具体类型，包括固定资产、生物资产、无形资产、长期待摊费用、投资资产、存货等。《企业会计准则第 18 号——所得税》对资产的、和账面价值进行了区分。规定资产的计税基础是指企业收回资产账面价值过程中，计算应纳税所得额时按照税法规定可以自应税经济利益中抵扣的金额。资产事项的税会差异主要体现在以下三个环节。

一是资产初始确认时账面价值与计税基础的差异，主要体现为税收制度对部分资产计税基础初始确认的规定与会计入账价值存在差异。包括交易性金融资产初始成本确认、权益法核算的长期股权投资初始成本调整、研发支出资本化条件、固定资产改扩建支出与修理支出的界限、商誉计税基础的确认等。此外，税收政策中规定的重组类事项会产生资产计税基础与账面价值确认的时间性差异。

二是资产持有期间账面价值与计税基础的差异，差异成因是税收制度对资产一般采用历史成本计量，而会计制度基于核算信息准确性的要求选择公允价值、可变现净值、预计未来现金流量现值等多种计量模式。表现为税收制度不确认资产减值损失、公允价值变动损益对资产计税基础的影响。

三是资产折旧、摊销、处置环节账面价值与计税基础的差异，主要体现为折旧、摊销、处置时会计确认的成本费用金额不等于税收确认的税前扣除金额。

上述税会差异调整不仅局限于在"资产类调整项目"中进行申报计算。本部分讨论的"资产类调整项目"可实现的功能包括：（1）通过附表 A105080 及其附表 A105081，采集纳税人账面全部固定资产、无形资产、生产性生物资产、长期待摊费用在一个纳税年度内会计口径与税收口径核算台账；实现资产折旧、摊销税会差异调整；实现折旧、摊销类税收优惠的计算。（2）通过"资产减值准备金"项目，调整一般企业资产减值准备的计提和转回。（3）通过附表 A105090 及其附表 A105091 采集企业账面全部资产损失扣除信息，并对资产损失扣除税会差异进行调整。

4.4.1　资产折旧、摊销

资产折旧、摊销利润计算及纳税调整对照提示表

在利润总额计算中的位置	A102010《一般企业成本支出明细表》，A104000《期间费用明细表》第 7 行"资产折旧摊销费"
在纳税调整中的位置	A105080《资产折旧、摊销情况及纳税调整明细表》
风险管理提示	跨年度事项、永久性差异调整、时间性差异调整

关键点 79　资产折旧、摊销（跨年度事项）（调整项目有变化，附表 A105080）

A105080《资产折旧、摊销情况及纳税调整明细表》应填写企业账面所有固定资产、无形资产、长期待摊费用等使用期限超过一个纳税年度的资产会计处理、税务处理的折旧、摊销情况。

本表发挥资产折旧、摊销汇总台账的作用。填报时：一是应注意无论单项资产的折旧摊销是否存在需在申报所属年度进行调整的税会差异，都要将其纳入本表填报范围，即本表信息采集范围是账面折旧、摊销资产"全口径"。二是本表按分类资产而不是单项资产采集数据信息，填报前需先通过底稿进行汇总计算。

本表同时发挥"固定资产缩短折旧年限、加速折旧、无形资产缩短摊销年限"等税收优惠申报表的作用，2014 版企业所得税年度纳税申报表在设计上将税会差异调整和税收优惠作为两个申报序列分别设置。本表是将两者结合起来的特殊情况。2014 版企业所得税年度纳税申报表列示了"折旧年限"、"折旧方法"、"计提原值"三类调整原因。其中既包括税会差异形成的调整事

项，也包括税收优惠形成的调整事项。下文将以表格的形式进行梳理列示，纳税人可对照自身实际情况作为参考。表中涉及的具体政策文件规定在表后给出了具体摘录。

1. 填报要点。

A105080《资产折旧、摊销情况及纳税调整明细表》填报要点——资产折旧、摊销税会差异调整具体情况如表 4-6 所示。

应特别注意的是，第 6 列"本年加速折旧额"填写按加速方法计算的折旧、摊销全额，而非按加速方法计算的折旧、摊销额和按税收一般规定计算的折旧、摊销额之间的差额。对同一项资产而言，在同一所属期间，A105080《资产折旧、摊销情况及纳税调整明细表》第 5 列"按税收一般规定计算的本年折旧、摊销额"与第 6 列"本年加速折旧额"不同时填报。即一项资产在相同所属期间要么按税收一般规定计算折旧、摊销额，要么按加速方法计算折旧、摊销额，二者只能选择其一。

表 4-6　　　　　　资产折旧、摊销税会差异调整具体情况一览表

调整原因	各类原因税会差异调整可能存在的具体情况
A. 折旧年限	"除国务院财政、税务主管部门另有规定外"，会计估计按直线法对固定资产计提折旧的年限低于企业所得税法实施条例第六十条、第六十四条"固定资产计算折旧的最低年限"、"生产性生物资产最低折旧年限"。
	固定资产改扩建支出、大修理支出未按企业所得税法实施条例第六十八条的规定计算折旧年限。
	享受国税发〔2009〕81 号文件规定的关于固定资产折旧的税收优惠政策，缩短固定资产折旧年限。
	享受国家税务总局 2014 年第 64 号公告关于固定资产折旧的税收优惠政策，缩短固定资产折旧年限。
	无形资产的摊销年限低于 10 年。
	长期待摊费用摊销年限不符合企业所得税法实施条例第六十八条（改扩建）、第六十九条（大修理）、第七十条（其他）的规定。
	享受财税〔2012〕27 号文件规定的企业外购软件和集成电力生产企业生产设备折旧的税收优惠政策，缩短折旧年限。
B. 折旧方法	"除国务院财政、税务主管部门另有规定外"，会计估计未按直线法对固定资产、生产性生物资产计提折旧。
	享受国税发〔2009〕81 号文件规定的关于固定资产折旧的税收优惠政策，用双倍余额递减法或年数总和法加速折旧。
	享受国家税务总局 2014 年第 64 号公告关于固定资产折旧的税收优惠政策，用双倍余额递减法或年数总和法加速折旧。

续表

调整原因		各类原因税会差异调整可能存在的具体情况
C.　计提原值	不得计提折旧	（一）房屋、建筑物以外未投入使用的固定资产；（二）以经营租赁方式租入的固定资产；（三）以融资租赁方式租出的固定资产；（四）已足额提取折旧仍继续使用的固定资产；（五）与经营活动无关的固定资产；（六）单独估价作为固定资产入账的土地；（七）其他不得计算折旧扣除的固定资产。
	不得计算摊销	（一）自行开发的支出已在计算应纳税所得额时扣除的无形资产；（二）自创商誉；（三）与经营活动无关的无形资产；（四）其他不得计算摊销费用扣除的无形资产。
	融资租入固定资产计税基础与账面价值差额	融资租入的固定资产，以租赁合同约定的付款总额和承租人在签订租赁合同过程中发生的相关费用为计税基础，租赁合同未约定付款总额的，以该资产的公允价值和承租人在签订租赁合同过程中发生的相关费用为计税基础。（参见与未实现融资收益相关的财务费用部分的融资租赁案例）
		不征税收入资本化支出形成的固定资产、无形资产不允许计算扣除折旧、摊销。
		国家税务总局 2012 年第 40 号公告生效前已经签订搬迁协议且尚未完成搬迁清算的企业政策性搬迁项目，按国家税务总局 2013 年第 11 号公告规定，从搬迁收入中扣除购进资产成本，该项资产计税基础要扣除搬迁收入部分。
		不符合税收规定条件的利息费用资本化、计入资产成本的工资薪金形成的固定资产、无形资产不允许计算扣除折旧、摊销。
		企业持有各项资产期间资产增值或者减值，除国务院财政、税务主管部门规定可以确认损益外，不得调整该资产的计税基础。
		固定资产计税基础初始确认不符合企业所得税法实施条例第五十八条的规定。无形资产计税基础初始确认不符合企业所得税法实施条例第六十六条的规定。
		按照财税〔2010〕110 号文件的规定，与对符合条件的节能服务公司签订节能效益分享型合同的用能企业按照能源管理合同实际支付给节能服务公司的合理支出，均可以在计算当期应纳税所得额时扣除，不再区分服务费用和资产价款进行税务处理；能源管理合同期满后，节能服务公司转让给用能企业的因实施合同能源管理项目形成的资产，按折旧或摊销期满的资产进行税务处理，用能企业从节能服务公司接受有关资产的计税基础也应按折旧或摊销期满的资产进行税务处理。

2. 政策要点。

（1）不得计算折旧扣除的固定资产。

《企业所得税法》第十一条规定，在计算应纳税所得额时，企业按照规定计算的固定资产折旧，准予扣除。

下列固定资产不得计算折旧扣除：

（一）房屋、建筑物以外未投入使用的固定资产；

（二）以经营租赁方式租入的固定资产；

（三）以融资租赁方式租出的固定资产；

（四）已足额提取折旧仍继续使用的固定资产；

（五）与经营活动无关的固定资产；

（六）单独估价作为固定资产入账的土地；

（七）其他不得计算折旧扣除的固定资产。

（2）不得计算摊销扣除的无形资产。

《企业所得税法》第十二条规定，在计算应纳税所得额时，企业按照规定计算的无形资产摊销费用，准予扣除。

下列无形资产不得计算摊销费用扣除：

（一）自行开发的支出已在计算应纳税所得额时扣除的无形资产；

（二）自创商誉；

（三）与经营活动无关的无形资产；

（四）其他不得计算摊销费用扣除的无形资产。

（3）允许作为长期待摊费用计算摊销的扣除项目。

《企业所得税法》第十三条规定，在计算应纳税所得额时，企业发生的下列支出作为长期待摊费用，按照规定摊销的，准予扣除：

（一）已足额提取折旧的固定资产的改建支出；

（二）租入固定资产的改建支出；

（三）固定资产的大修理支出；

（四）其他应当作为长期待摊费用的支出。

（4）不征税收入对应的资本化支出不允许税前扣除。

《企业所得税法》第二十八条规定，企业的不征税收入用于支出所形成的费用或者财产，不得扣除或者计算对应的折旧、摊销扣除。

（5）融资租赁租入固定资产的折旧扣除。

《企业所得税法》第四十七条规定，以融资租赁方式租入固定资产发生的租赁费支出，按照规定构成融资租入固定资产价值的部分应当提取折旧费用，分期扣除。

《企业所得税法实施条例》第五十八条规定，融资租入的固定资产，以租赁合同约定的付款总额和承租人在签订租赁合同过程中发生的相关费用为计税基础，租赁合同未约定付款总额的，以该资产的公允价值和承租人在签订租赁合同过程中发生的相关费用为计税基础。（参见与未实现融资收益相关的财务费用部分融资租赁案例）

（6）融资性售后租回资产的折旧扣除。

国家税务总局 2010 年第 13 号公告规定，根据现行企业所得税法及有关收入确定规定，融资性售后回租业务中，承租人出售资产的行为，不确认为销售收入，对融资性租赁的资产，仍按承租人出售前原账面价值作为计税基础计提折旧。租赁期间，承租人支付的属于融资利息的部分，作为企业财务费用在税前扣除。

（7）资产价值变动对其计税基础的影响。

企业持有各项资产期间资产增值或者减值，除国务院财政、税务主管部门规定可以确认损益外，不得调整该资产的计税基础。

（8）固定资产计税基础的确定方法。

《企业所得税法实施条例》第五十八条规定，固定资产按照以下方法确定计税基础：

（一）外购的固定资产，以购买价款和支付的相关税费以及直接归属于使该资产达到预定用途发生的其他支出为计税基础；

（二）自行建造的固定资产，以竣工结算前发生的支出为计税基础；

（四）盘盈的固定资产，以同类固定资产的重置完全价值为计税基础；

（五）通过捐赠、投资、非货币性资产交换、债务重组等方式取得的固定资产，以该资产的公允价值和支付的相关税费为计税基础；

（六）改建的固定资产，除企业所得税法第十三条第（一）项和第（二）项规定的支出外，以改建过程中发生的改建支出增加计税基础。

（9）税收一般规定固定资产的折旧方法。

《企业所得税法实施条例》第五十九条规定，固定资产按照直线法计算的折旧，准予扣除。

企业应当自固定资产投入使用月份的次月起计算折旧；停止使用的固定资产，应当自停止使用月份的次月起停止计算折旧。

企业应当根据固定资产的性质和使用情况，合理确定固定资产的预计净残值。固定资产的预计净残值一经确定，不得变更。

（10）税收一般规定固定资产的折旧年限。

《企业所得税法实施条例》第六十条规定，除国务院财政、税务主管部门另有规定外，固定资产计算折旧的最低年限如下：

（一）房屋、建筑物，为 20 年；

（二）飞机、火车、轮船、机器、机械和其他生产设备，为 10 年；

（三）与生产经营活动有关的器具、工具、家具等，为 5 年；

（四）飞机、火车、轮船以外的运输工具，为 4 年；

（五）电子设备，为 3 年。

（11）无形资产计税基础的确定方法。

《企业所得税法实施条例》第六十五条规定，企业所得税法第十二条所称无形资产，是指企业为生产产品、提供劳务、出租或者经营管理而持有的、没有实物形态的非货币性长期资产，包括专利权、商标权、著作权、土地使用权、非专利技术、商誉等。

《企业所得税法实施条例》第六十六条规定，无形资产按照以下方法确定计税基础：

（一）外购的无形资产，以购买价款和支付的相关税费以及直接归属于使该资产达到预定用途发生的其他支出为计税基础；

（二）自行开发的无形资产，以开发过程中该资产符合资本化条件后至达到预定用途前发生的支出为计税基础；

（三）通过捐赠、投资、非货币性资产交换、债务重组等方式取得的无形资产，以该资产的公允价值和支付的相关税费为计税基础。

（12）税收一般规定无形资产的摊销方法。

《企业所得税法实施条例》第六十七条规定，无形资产按照直线法计算的摊销费用，准予扣除。

（13）税收一般规定无形资产的摊销年限。

无形资产的摊销年限不得低于 10 年。

作为投资或者受让的无形资产，有关法律规定或者合同约定了使用年限的，可以按照规定或者约定的使用年限分期摊销。

（14）外购商誉的扣除规定。

外购商誉的支出，在企业整体转让或者清算时，准予扣除。

（15）固定资产改扩建形成长期待摊费用的摊销扣除规定。

《企业所得税法实施条例》第六十八条规定，企业所得税法第十三条第（一）项和第（二）项所称固定资产的改建支出，是指改变房屋或者建筑物结构、延长使用年限等发生的支出。

《企业所得税法》第十三条第（一）项规定的支出，按照固定资产预计尚可使用年限分期摊销；第（二）项规定的支出，按照合同约定的剩余租赁期限分期摊销。

（16）非"租入、已提足折旧"两类情形的房屋、建筑物固定资产改扩建的税务处理。

改建的固定资产延长使用年限的，除企业所得税法第十三条第（一）项和第（二）项规定外，应当适当延长折旧年限。

国家税务总局 2011 年第 34 号公告规定，企业对房屋、建筑物固定资产在未足额提取折旧前进行改扩建的，如属于推倒重置的，该资产原值减除提取折旧后的净值，应并入重置后的固定资产计税成本，并在该固定资产投入使用后的次月起，按照税法规定的折旧年限，一并计提折旧；如属于提升功能、增加面积的，该固定资产的改扩建支出，并入该固定资产计税基础，并从改扩建完工投入使用后的次月起，重新按税法规定的该固定资产折旧年限计提折旧，如该改扩建后的固定资产尚可使用的年限低于税法规定的最低年限的，可以按尚可使用的年限计提折旧。

（17）固定资产大修理支出形成长期待摊费用的摊销扣除规定。

《企业所得税法实施条例》第六十九条规定，企业所得税法第十三条第（三）项所称固定资产的大修理支出，是指同时符合下列条件的支出：

（一）修理支出达到取得固定资产时的计税基础 50% 以上；

（二）修理后固定资产的使用年限延长 2 年以上。

《企业所得税法》第十三条第（三）项规定的支出，按照固定资产尚可使用年限分期摊销。

（18）其他长期待摊费用的摊销扣除规定。

《企业所得税法实施条例》第七十条规定，企业所得税法第十三条第（四）项所称其他应当作为长期待摊费用的支出，自支出发生月份的次月起，分期摊销，摊销年限不得低于 3 年。

（19）"政策性搬迁"搬迁资产相关税务处理。

国家税务总局 2012 年第 40 号公告第十一条规定，企业搬迁的资产，简单安装或不需要安装即可继续使用的，在该项资产重新投入使用后，就其净值按《企业所得税法》及其实施条例规定的该资产尚未折旧或摊销的年限，继续计提折旧或摊销。

第十二条规定，企业搬迁的资产，需要进行大修理后才能重新使用的，应就该资产的净值，加上大修理过程所发生的支出，为该资产的计税成本。在该项资产重新投入使用后，按该资产尚可使用的年限，计提折旧或摊销。

第十三条规定，企业搬迁中被征用的土地，采取土地置换的，换入土地的计税成本按被征用土地的净值，以及该换入土地投入使用前所发生的各项费用支出，为该换入土地的计税成本，在该换入土地投入使用后，按《企业所得税法》及其实施条例规定年限摊销。

第十四条规定，企业搬迁期间新购置的各类资产，应按《企业所得税法》及其实施条例等有关规定，计算确定资产的计税成本及折旧或摊销年限。企业发生的购置资产支出，不得从搬迁收入中扣除。

国家税务总局 2013 年第 11 号公告规定，企业政策性搬迁被征用的资产，采取资产置换的，其换入资产的计税成本按被征用资产的净值，加上换入资产所支付的税费（涉及补价，还应加上补价款）计算确定。

（20）新税法实施后固定资产预计净残值的调整确认。

国税函〔2009〕98 号文件规定，新税法实施前已投入使用的固定资产，企业已按原税法规定预计净残值并计提的折旧，不做调整。新税法实施后，对此类继续使用的固定资产，可以重新确定其残值，并就其尚未计提折旧的余额，按照新税法规定的折旧年限减去已经计提折旧的年限后的剩余年限，按照新税法规定的折旧方法计算折旧。新税法实施后，固定资产原确定的折旧年限不违背新税法规定原则的，也可以继续执行。

（21）技术进步、强震荡、高腐蚀造成的固定资产加速折旧。

《企业所得税法实施条例》第三十二条规定，企业的固定资产由于技术进步等原因，确需加速折旧的，可以缩短折旧年限或者采取加速折旧的方法。

国税发〔2009〕81 号文件规定，根据《企业所得税法》第三十二条及《实施条例》第九十八条的相关规定，企业拥有并用于生产经营的主要或关键的固定资产，由于以下原因确需加速折旧的，可以缩短折旧年限或者采取加速折旧的方法：

（一）由于技术进步，产品更新换代较快的；

（二）常年处于强震动、高腐蚀状态的。

企业过去没有使用过与该项固定资产功能相同或类似的固定资产，但有充分的证据证明该固定资产的预计使用年限短于《实施条例》规定的计算折旧最低年限的，企业可根据该固定资产的预计使用年限和本通知的规定，对该固定资产采取缩短折旧年限或者加速折旧的方法。企业在原有的固定资产未达到《实施条例》规定的最低折旧年限前，使用功能相同或类似的新固定资产替代旧固定资产的，企业可根据旧固定资产的实际使用年限和本通知的规定，对新替代的固定资产采取缩短折旧年限或者加速折旧的方法。

对于采取缩短折旧年限的固定资产，足额计提折旧后继续使用而未进行处置（包括报废等情形）超过 12 个月的，今后对其更新替代、改造改建后形成的功能相同或者类似的固定资产，不得再采取缩短折旧年限的方法。

（22）固定资产缩短折旧年限的折旧扣除计算方法。

企业采取缩短折旧年限方法的，对其购置的新固定资产，最低折旧年限不得低于《实施条例》第六十条规定的折旧年限的 60％；若为购置已使用过的固定资产，其最低折旧年限不得低于《实施条例》规定的最低折旧年限减去已使用年限后剩余年限的 60％。最低折旧年限一经确定，一般不得变更。

（23）固定资产加速折旧扣除的计算方法。

固定资产采取加速折旧方法的，可以采用双倍余额递减法或者年数总和法。加速折旧方法一经确定，一般不得变更。

双倍余额递减法，是指在不考虑固定资产预计净残值的情况下，根据每期期初固定资产原值减去累计折旧后的金额和双倍的直线法折旧率计算固定资产折旧的一种方法。应用这种方法计算折旧额时，由于每年年初固定资产净值没有减去预计净残值，所以在计算固定资产折旧额时，应在其折旧年限到期前的两年期间，将固定资产净值减去预计净残值后的余额平均摊销。计算公式如下：

年折旧率＝2÷预计使用寿命（年）×100％

月折旧率＝年折旧率÷12

月折旧额＝月初固定资产账面净值×月折旧率

年数总和法，又称年限合计法，是指将固定资产的原值减去预计净残值后的余额，乘以一个以固定资产尚可使用寿命为分子、以预计使用寿命逐年数字之和为分母的逐年递减的分数计算每年的折旧额。计算公式如下：

年折旧率＝尚可使用年限÷预计使用寿命的年数总和×100％

月折旧率＝年折旧率÷12

月折旧额＝（固定资产原值－预计净残值）×月折旧率

3.“资产折旧、摊销”税务处理实务探讨。

（1）未及时取得发票的固定资产计税基础的确认。

公司 2010 年 5 月已投入使用的固定资产，当时未取得发票也未入账，2013 年 6 月份取得了发票并入账，那么，公司可以补提 2010 年 5 月至 2013 年 6 月的固定资产折旧吗？

《企业所得税法实施条例》第五十九条规定，固定资产按照直线法计算的折旧，准予扣除。企业应当自固定资产投入使用月份的次月起计算折旧；停止使用的固定资产，应当自停止使用月份的次月起停止计算折旧。

《国家税务总局关于企业所得税应纳税所得额若干税务处理问题的公告》（国家税务总局公告 2012 年第 15 号）第六条规定，根据《中华人民共和国税收征收管理法》的有关规定，对企业发现以前年度实际发生的、按照税收规定应在企业所得税前扣除而未扣除或者少扣除的支出，企业做出专项申报及说明后，准予追补至该项目发生年度计算扣除，但追补确认期限不得超过5年。

笔者认为，如果符合以上规定，公司可以补提2010年5月至2013年6月的固定资产折旧。

《国家税务总局关于贯彻落实企业所得税法若干税收问题的通知》（国税函〔2010〕79号）第五条规定，企业固定资产投入使用后，由于工程款项尚未结清未取得全额发票的，可暂按合同规定的金额计入固定资产计税基础计提折旧，待发票取得后进行调整。但该项调整应在固定资产投入使用后12个月内进行。对于上述在固定资产投入使用12个月后取得发票的情况，笔者认为应参照《企业会计准则》的规定，为避免税会差异，可调整固定资产的计税基础，但对已计提的折旧不再调整。固定资产的净值（计税基础－已计提折旧）按剩余期限计算折旧从税前扣除。

（2）装修支出的税务处理。

企业租入房屋，发生装修，未改变房屋的结构也不会延长房屋的使用年限，其发生的装修支出如何进行税务处理？是否必须按合同约定的剩余租赁期限分期摊销？还是按受益期进行摊销？

《企业所得税法实施条例》第六十八条规定，租入固定资产的改建支出按合同约定的剩余租赁期限分期摊销，固定资产的改建支出应改变房屋或者建筑物结构、延长使用年限。对于企业租入房屋未改变房屋结构且未延长房屋使用年限的，不属于固定资产改建支出，应按照装修的受益期确认摊销时限。

（3）税法对二手固定资产预计折旧年限的认定。

税法规定，固定资产可以计算折旧从税前扣除是为了补偿固定资产因使用而造成自身价值的损耗，《企业所得税法实施条例》规定的最短折旧年限是对未使用过的固定资产明确的损耗补偿最低年限，对于使用过的固定资产（二手固定资产），应当按尚可使用年限合理确认损耗的补偿年限，即折旧年限。实务中为了防范企业利用此政策避税，一般情况下，该固定资产的已使用期限和尚可使用期限之和不得低于《企业所得税法实施条例》规定的最短折旧年限。

（4）建筑企业"临时设施"税前扣除的实务处理。

考虑到目前财务会计制度和税法均未明确活动板房的处理，有的计入当期支出，有的计入长期待摊费用，有的计入固定资产，因此对于施工企业的临时设施，《企业所得税法实施条例》第二十八条规定，企业发生的支出应当区分收益性支出和资本性支出。收益性支出在发生当期直接扣除；资本性支出应当分期扣除或者计入有关资产成本，不得在发生当期直接扣除。

《企业所得税法实施条例》还规定，受益期在 12 个月以内的可视为收益性支出，在发生当期一次性扣除；受益期超过 12 个月的属于资本性支出，发生当期不得一次性扣除，应按受益期扣除。

4. A105081《固定资产加速折旧、扣除明细表》填报要点。

如下为国家税务总局 2014 年第 64 号公告规定的税收优惠政策——适用于 2014 年及以后纳税年度。

（1）"六大行业"加速折旧税收优惠（分行业填写在 A105081《固定资产加速折旧、扣除明细表》第 2 行至第 7 行）。

对生物药品制造业，专用设备制造业，铁路、船舶、航空航天和其他运输设备制造业，计算机、通信和其他电子设备制造业，仪器仪表制造业，信息传输、软件和信息技术服务业等行业企业（以下简称六大行业），2014 年 1 月 1 日后购进的固定资产（包括自行建造），允许按不低于企业所得税法规定折旧年限的 60％缩短折旧年限，或选择采取双倍余额递减法或年数总和法进行加速折旧。

（2）六大行业中的小型微利企业研发和生产经营共用的仪器、设备一次性扣除税收优惠（填写在 A105081《固定资产加速折旧、扣除明细表》第 10 行和第 11 行）。

企业在 2014 年 1 月 1 日后购进并专门用于研发活动的仪器、设备，单位价值不超过 100 万元的，可以一次性在计算应纳税所得额时扣除。

关注点："六大行业"的确认标准。

六大行业按照国家统计局《国民经济行业分类与代码（GB/4754—2011）》确定。今后国家有关部门更新国民经济行业分类与代码，从其规定。

六大行业企业是指以上述行业业务为主营业务，其固定资产投入使用当年主营业务收入占企业收入总额 50％（不含）以上的企业。所称收入总额，是指企业所得税法第六条规定的收入总额。主管税务机关应对适用本公告规定优惠政策的企业加强后续管理，对预缴申报时享受了优惠政策的企业，年终汇算清缴时应对企业全年主营业务收入占企业收入总额的比例进行重点审核。

（3）研发专用仪器、设备一次性扣除税收优惠（填写在 A105081《固定资产加速折旧、扣除明细表》第 10 行）。

企业在 2014 年 1 月 1 日后购进并专门用于研发活动的仪器、设备，单位价值不超过 100 万元的，可以一次性在计算应纳税所得额时扣除。

（4）研发专用仪器、设备加速折旧税收优惠（填写在 A105081《固定资产加速折旧、扣除明细表》第 8 行）。

企业在 2014 年 1 月 1 日后购进并专门用于研发活动的仪器、设备单位价值超过 100 万元的，允许按不低于企业所得税法规定折旧年限的 60％缩短折旧年限，或选择采取双倍余额递减法或年数总和法进行加速折旧。

用于研发活动的仪器、设备范围口径，按照《国家税务总局关于印发〈企业研究开发费用税前扣除管理办法（试行）〉的通知》（国税发〔2008〕116 号）或《科学技术部-财政部 国家税务总局关于印发〈高新技术企业认定管理工作指引〉的通知》（国科发火〔2008〕362 号）规定执行。

关注点：研发专用仪器设备可以同时享受固定资产加速折旧和研发费加计扣除优惠政策。

企业专门用于研发活动的仪器、设备已享受上述优惠政策的，在享受研发费加计扣除时，按照《国家税务总局关于印发〈企业研发费用税前扣除管理办法（试行）〉的通知》（国税发〔2008〕116 号）、《财政部 国家税务总局关于研究开发费用税前加计扣除有关政策问题的通知》（财税〔2013〕70 号）的规定，就已经进行会计处理的折旧、费用等金额进行加计扣除。

关注点：已使用过的固定资产加速折旧的最低折旧年限。

企业采取缩短折旧年限方法的，对其购置的新固定资产，最低折旧年限不得低于企业所得税法实施条例第六十条规定的折旧年限的 60％；企业购置已使用过的固定资产，其最低折旧年限不得低于实施条例规定的最低折旧年限减去已使用年限后剩余年限的 60％. 最低折旧年限一经确定，一般不得变更。

关注点：加速折旧的适用方法。

企业的固定资产采取加速折旧方法的，可以采用双倍余额递减法或者年数总和法。加速折旧方法一经确定，一般不得变更。所称双倍余额递减法或者年数总和法，按照《国家税务总局关于企业固定资产加速折旧所得税处理有关问题的通知》（国税发〔2009〕81 号）第四条的规定执行。

关注点：同时符合不同税收优惠政策文件中规定的加速折旧优惠标准，只可执行其一，且经选定不得变更。

企业的固定资产既符合本公告优惠政策条件，同时又符合《国家税务总局关于企业固定资产加速折旧所得税处理有关问题的通知》（国税发〔2009〕

81 号）、《财政部　国家税务总局关于进一步鼓励软件产业和集成电路产业发展企业所得税政策的通知》（财税〔2012〕27 号）中相关加速折旧政策条件的，可由企业选择其中最优惠的政策执行，且一经选择，不得改变。

（5）单位价值不超过 5 000 元的固定资产一次性扣除税收优惠。

企业持有的固定资产，单位价值不超过 5 000 元的，可以一次性在计算应纳税所得额时扣除。企业在 2013 年 12 月 31 日前持有的单位价值不超过 5 000 元的固定资产，其折余价值部分，2014 年 1 月 1 日以后可以一次性在计算应纳税所得额时扣除。

关注点：享受优惠的程序性要求。

企业固定资产采取一次性税前扣除、缩短折旧年限或加速折旧方法的，预缴申报时，须同时报送《固定资产加速折旧（扣除）预缴情况统计表》，年度申报时，实行事后备案管理，并按要求报送相关资料。企业应将购进固定资产的发票、记账凭证等有关凭证、凭据（购入已使用过的固定资产，应提供已使用年限的相关说明）等资料留存备查，并应建立台账，准确核算税法与会计差异情况。

A105081《固定资产加速折旧、扣除明细表》是财税〔2014〕75 号文件规定的六大行业固定资产加速折旧、缩短折旧年限，以及其他企业研发仪器、设备，单项固定资产价值低于 5 000 元的一次性扣除等企业所得税税收优惠的政策效应数据统计表。本表申报数据不参与应纳税额计算，但填表过程中容易因理解偏差，出现不符合申报要求的错误数据、无效数据，给纳税人带来修改申报的麻烦。笔者认为纳税人在申报填写该表时，应注意以下几点内容：

第一，A105081《固定资产加速折旧、扣除明细表》中不应存在第 17 列"本期折旧（扣除）额——正常折旧额"大于第 18 列"本期折旧（扣除）额——加速折旧额"的情况。

A105081《固定资产加速折旧、扣除明细表》填表说明规定，为统计加速折旧、扣除政策的优惠数据，固定资产填报按以下情况分别填报：

一是会计处理采取正常折旧方法，税法规定采取缩短年限方法的，按税法规定折旧完毕后，该项固定资产不再填写本表；二是会计处理采取正常折旧方法，税法规定采取年数总和法、双倍余额递减法方法的，从按税法规定折旧金额小于按会计处理折旧金额的年度起，该项固定资产不再填写本表；三是会计处理、税法规定均采取加速折旧方法的，合计栏项下"正常折旧额"，按该类固定资产税法最低折旧年限和直线法估算"正常折旧额"，与税法规定的"加速折旧额"的差额，填报加速折旧的优惠金额。税法规定采取缩短年限方法的，在折旧完毕后，该项固定资产不再填写本表。税法规定采取年数总和法、双倍余额递减法的，加速折旧额小于会计处理折旧额（或正常折旧额）的月份、季度起，该项固定资产不再填写本表。

第二，A105080《资产折旧、摊销情况及纳税调整明细表》第 7 列"其中：2014 年及以后年度新增固定资产加速折旧额"不包括 A105081《固定资产加速折旧、扣除明细表》第 8 行"其他行业"的填报数据。即表 A105080第 7 列"其中：2014 年及以后年度新增固定资产加速折旧额"只统计六大行业固定资产加速折旧、摊销金额，不统计六大行业以外的其他行业研发专用设备加速折旧数据。

第三，A105081《固定资产加速折旧、扣除明细表》第 1 列、第 4 列、第 7 列、第 10 列、第 13 列、第 16 列的"原值"均指的是资产的计税基础而非账面价值。

5. 2014 年固定资产加速折旧新政策热点答疑。

北京国税 12366 热点——固定资产加速折旧政策（第 1 期）

1. 企业在预缴时放弃享受固定资产加速折旧优惠，汇算清缴时能否申请享受？

答：纳税人预缴申报时未享受该优惠，不影响年度汇算清缴时申请享受固定资产加速折旧政策。但为了保证及时、准确地享受税收优惠，充分发挥政策效应，建议符合条件的企业在预缴申报时享受固定资产加速折旧优惠。

2. 企业是否必须填报《固定资产加速折旧（扣除）预缴情况统计表》？

答：《固定资产加速折旧（扣除）预缴情况统计表》是必填表，如您的企业不涉及相关业务，请在该表中全部填零，保存时系统会提示"您是否放弃享受固定资产加速折旧企业所得税优惠？"点击"是"后继续填报其他报表。

3. 分支机构是否需要填写《固定资产加速折旧（扣除）预缴情况表统计》？

答：实行跨地区经营汇总纳税企业的分支机构预缴不填报此表，由其总机构向其所在地主管税务机关备案享受该优惠；视同独立纳税人计算并就地缴纳企业所得税的分支机构，需要填报该表。

4. 预缴申报时可以享受加速折旧税收优惠吗？

答：企业在预缴时就可以享受加速折旧政策。企业在预缴申报时，由于无法取得主营业务收入占收入总额的比重数据，可以由企业合理预估，先行享受。到年底时如果不符合规定比例，则在汇算清缴时一并进行纳税调整。

为了便于税务机关能够及时准确了解企业享受此项优惠政策的实际情况，要求企业在预缴申报时，应报送《固定资产加速折旧（扣除）预缴情况统计表》。

5. 如何在预缴申报时填报报表，享受固定资产加速折旧政策？

答：企业会计税收上都采取加速折旧方式的，预缴申报时根据企业会计利润直接填列。

企业会计上正常折旧，税收上采取加速折旧方式的，预缴申报时将会计与税收的差异暂填列在预缴申报表第 8 行"减征、免征的应纳税所得额"栏次。

北京国税 12366 热点——固定资产加速折旧政策（第 2 期）

1. 对允许一次性扣除的价值不超过 5 000 元的固定资产，其预计净残值能否在计算应纳税所得额时扣除？

答：企业持有的固定资产，单位价值不超过 5 000 元的，允许一次性扣除是指全部单位价值可一次性在税前扣除，不需考虑会计上是否设定了预计净残值。

2. 享受加速折旧税收优惠需要税务机关审批吗？

答：为方便纳税人，企业享受此项加速折旧企业所得税优惠不需要税务机关审批，而是实行事后备案管理。总、分机构汇总纳税的企业对所属分支机构享受加速折旧政策的，由其总机构向其所在地主管税务机关备案。

纳税人事后备案后，发票等原始凭证、记账凭证等无须报送税务机关，留存企业备查即可。同时，为加强管理，企业应建立台账，准确核算税法与会计差异情况。

3. 新购进的固定资产中"新"和"购进"如何理解？

答：这里"新购进"中的"新"字，只是区别于原已购进的固定资产，不是规定非要购进全新的固定资产，即包括企业 2014 年以后购进的已使用过的固定资产。公告明确的"购进"是指：以货币购进的固定资产和自行建造的固定资产。

4. 新购进固定资产的时间点如何把握？

答：新购进的固定资产，是指 2014 年 1 月 1 日以后购买，并且在此后投入使用。设备购置时间应以设备发票开具时间为准。采取分期付款或赊销方式取得设备的，以设备到货时间为准。企业自行建造的固定资产，其购置时间点原则上应以建造工程竣工决算的时间点为准。

5. 会计处理上未加速折旧，是否影响企业享受加速折旧税收优惠政策？

答：《国家税务总局关于企业所得税应纳税所得额若干问题的公告》（国家税务总局公告 2014 年第 29 号）规定，企业按税法规定实行加速折旧的，其按加速折旧办法计算的折旧额可全额在税前扣除。也就是说，企业会计处理上是否采取加速折旧方法，不影响企业享受加速折旧税收优惠政策，企业在享受加速折旧税收优惠政策时，不需要会计上也同时采取与税收上相同的折旧方法。

6. 企业新购进的可以一次性扣除的固定资产，可否购进当年不享受，以后年度再扣除？

答：对于《财政部 国家税务总局关于完善固定资产加速折旧企业所得税政策的通知》（财税〔2014〕75 号）规定的可以一次性扣除的情形，纳税人可以自行选择是否享受一次性扣除优惠。但如果选择享受一次性扣除优惠的，在 2014 年 1 月 1 日以后新购进的固定资产需在购进当年一次性扣除。

北京国税 12366 热点——固定资产加速折旧政策（第 3 期）

1. 企业购进的可以一次性扣除的固定资产，其成本费用是允许在购入当月还是固定资产使用的次月一次性扣除？（如在 2014 年 12 月购入的固定资产，是在 2014 年 12 月扣除还是 2015 年 1 月扣除？）

答：在 2014 年 1 月 1 日以后新购进的固定资产符合一次性扣除条件的，在购进当年一次性扣除，如企业在 2014 年 12 月的固定资产，应在 2014 年度扣除。

2. 企业在 2013 年 12 月 31 日前持有的价值不超过 5 000 元的固定资产，能否在 2014 年仍然计提折旧，以后年度再一次性扣除？

答：企业可以自行选择是否享受一次性扣除优惠，但如果选择享受一次性扣除优惠的，企业在 2013 年 12 月 31 日前持有的单位价值不超过 5 000 元的固定资产，应在 2014 年将余额一次性扣除。

3. 企业持有两个单位价值不超过 5 000 元的固定资产，可以一个享受一次性扣除另一个仍旧按照直线法计算折旧扣除吗？

答：固定资产加速折旧属于税收优惠项目，企业可以选择放弃。

4. 企业在 2014 年 1 月 1 日后购进并专门用于研发活动的设备，当年一次性税前扣除，如以后改变用途不再用于研发，应如何处理？

答：考虑到政策鼓励企业研发的本意，企业购进的固定资产改变用途，不再用于研发的，不得享受固定资产加速折旧税收优惠政策，应从购进资产并投入使用的当年开始调整，按照税法规定的最低折旧年限采用直线折旧法计提折旧。

5. 事业单位能否适用"三、对所有行业企业持有的单位价值不超过 5 000 元的固定资产，允许一次性计入当期成本费用在计算应纳税所得额时扣除，不再分年度计算折旧"的规定？

答：凡是固定资产产权属于事业单位且符合《财政部 国家税务总局关于完善固定资产加速折旧企业所得税政策的通知》（财税〔2014〕75 号）和《国家税务总局关于固定资产加速折旧税收政策有关问题的公告》（国家税务总局公告 2014 年第 64 号）规定条件的，可以享受固定资产加速折旧税收优惠政策。凡是固定资产产权不属于事业单位的，不得享受固定资产加速折旧税收优惠政策。

4.4.2 资产减值准备金

资产减值准备金利润计算及纳税调整对照提示表

在利润总额计算中的位置	A100000《中华人民共和国企业所得税年度纳税申报表》第 7 行"资产减值损失"
在纳税调整中的位置	A105000《纳税调整项目明细表》第 32 行"资产减值准备金"
风险管理提示	跨年度事项、永久性差异调整

关键点 80　资产减值准备金（跨年度事项）（保留项目，不设附表）

1. 政策要点。

《企业所得税法实施条例》第五十六条规定，企业的各项资产，包括固定资产、生物资产、无形资产、长期待摊费用、投资资产、存货等，以历史成本为计税基础。

前款所称历史成本，是指企业取得该项资产时实际发生的支出。

企业持有各项资产期间资产增值或者减值，除国务院财政、税务主管部门规定可以确认损益外，不得调整该资产的计税基础。

2. 会计处理。

表 4-7　　　　　　　　　　资产减值准备金的会计处理

企业会计准则规定允许 计提资产减值准备金的资产	减值准备计提和转回
固定资产、无形资产、生产性生物资产、长期股权投资、成本模式计量的投资性房地产	按成本与可收回金额（公允价值减处置费用和预计未来现金流量现值较高者）进行比较计提减值，一经计提不得转回。
持有至到期投资	摊余成本与预计未来现金流量现值比较计提减值，减值可转回并计入当期损益。
可供出售金融资产	债权类：摊余成本与预计未来现金流量现值比较计提减值，减值可转回并计入当期损益。
	权益类：公允价值减去处置费用与成本进行比较计提减值，减值可转回但不能计入当期损益。
应收账款、预付账款、短期借款、长期借款	按可收回金额和入账价值比较计提减值，减值允许转回计入当期损益。
存货	按可变现净值减销售费用与成本比较计提减值，减值可转回计入当期损益。

3. 填报方法。

表 A105000 第 32 行"资产减值准备金"：填报坏账准备、存货跌价准备、理赔费用准备金等不允许税前扣除的各类资产减值准备金纳税调整情况。第 1 列"账载金额"填报纳税人会计核算计入当期损益的资产减值准备金金额（因价值恢复等原因转回的资产减值准备金应予以冲回）；第 1 列，若≥0，填入第 3 列"调增金额"；若<0，将绝对值填入第 4 列"调减金额"。

注意区分转回和转销的资产减值准备（转销的资产减值准备不能在"资产减值损失"项目进行调减）。

案例 16　资产减值准备金填报案例

1. 情况说明。

某企业 2014 年 12 月 31 日核销一笔坏账，该项应收账款初始入账金额为 10 000 元，企业 2012 年底针对该笔应收账款提取坏账准备 3 000 元，2013 年转回上述坏账准备 1000 元，2014 年收回该笔应收账款 5 000 元，其余做损失处理。

2. 会计处理（单位：元）。

2012 年计提坏账准备时：

| 借：资产减值损失 | 3 000 |
| 贷：坏账准备 | 3 000 |

2013 年转回上述坏账准备时：

| 借：坏账准备 | 1 000 |
| 贷：资产减值损失 | 1 000 |

2014 年对坏账进行核销时：

借：坏账准备	2 000
营业外支出	3 000
银行存款	5 000
贷：应收账款	10 000

3. 填报方法。

因损失实际发生进行"资产减值损失"转销，应填写 A105090《资产损失税前扣除及纳税调整明细表》。

4.4.3 资产损失（重大事项）（原调整项目，单设附表 A105010）

资产损失利润计算及纳税调整对照提示表

在利润总额计算中的位置	A102010《一般企业成本支出明细表》第 17 行"非流动资产处置损失"，第 18 行"非货币性资产交换损失"，第 19 行"债务重组损失"，第 20 行"非常损失"，第 24 行"坏账损失"，第 25 行"无法收回的债券股权投资损失"，A104000《期间费用明细表》第 8 行"财产损耗、盘亏及毁损损失"
在纳税调整中的位置	A105090《资产损失税前扣除及纳税调整明细表》
风险管理层级	重大事项、永久性差异调整、时间性差异调整

A105090《资产损失税前扣除及纳税调整明细表》作为 2014 版《企业所得税年度纳税申报表》纳税调整系列的例外，不论是否存在纳税调整，发生资产损失税前扣除事项（包括清单申报、专项申报）都要在本表及其附表 A105091《资产损失（专项申报）税前扣除及纳税调整明细表》进行填写申报。

同时应关注的是，国家税务总局 2011 年第 25 号公告规定，企业在进行企业所得税年度汇算清缴申报时，可将资产损失申报材料和纳税资料作为企业所得税年度纳税申报表的附件一并向税务机关报送。属于清单申报的资产损失，企业可按会计核算科目进行归类、汇总，然后再将汇总清单报送税务机关，有关会计核算资料和纳税资料留存备查；属于专项申报的资产损失，企业应逐项（或逐笔）报送申请报告，同时附送会计核算资料及其他相关的纳税资料。

企业在填写 2014 版《企业所得税年度纳税申报表》进行纳税申报之前,应先与主管税务机关沟通了解资产损失证据资料报送、留存的时间及程序要求。

资产损失税前申报扣除的企业所得税专项政策文件包括:《财政部 国家税务总局关于企业资产损失税前扣除政策的通知》(财税〔2009〕57 号)、《国家税务总局关于发布〈企业资产损失所得税税前扣除管理办法〉的公告》(国家税务总局公告 2011 年第 25 号)、《国家税务总局关于商业零售企业存货损失税前扣除问题的公告》(国家税务总局公告 2014 年第 3 号)、《国家税务总局关于企业因国务院决定事项形成的资产损失税前扣除问题的公告》(国家税务总局公告 2014 年第 18 号)。以下是对几个资产损失税前扣除政策执行中的问题的梳理和总结。

关键点 81 不得作为资产损失在企业所得税税前扣除的股权和债权

纳税人应特别注意,以下债权和股权损失不允许税前扣除:债务人或者担保人有经济偿还能力,未按期偿还的企业债权;违反法律、法规的规定,以各种形式、借口逃废或悬空的企业债权;行政干预逃废或悬空的企业债权;企业未向债务人和担保人追偿的债权;企业发生非经营活动的债权;其他不应当核销的企业债权和股权。

关键点 82 不按出资比例和持股比例分配清算剩余财产造成资产损失问题

《中华人民共和国公司法》第一百八十六条规定,清算组在清理公司财产、编制资产负债表和财产清单后,应当制定清算方案,并报股东会、股东大会或者人民法院确认。

公司财产在分别支付清算费用、职工的工资、社会保险费用和法定补偿金,缴纳所欠税款,清偿公司债务后的剩余财产,有限责任公司按照股东的出资比例分配,股份有限公司按照股东持有的股份比例分配。

不按出资比例和持股比例分配清算剩余财产,造成纳税人分得的被投资人清算剩余资产少于按照公司法规定的应分得的金额,从而形成资产损失,不应当在企业所得税税前进行扣除。

关键点 83 投资人撤回、减少投资造成的股权投资损失

《中华人民共和国公司法》第一百七十七条规定,公司需要减少注册资本时,必须编制资产负债表及财产清单。

公司应当自做出减少注册资本决议之日起十日内通知债权人，并于三十日内在报纸上公告。债权人自接到通知书之日起三十日内，未接到通知书的自公告之日起四十五日内，有权要求公司清偿债务或者提供相应的担保。

国家税务总局 2012 年第 25 号公告未对纳税人撤回、减少投资造成股权投资损失做出具体规定，笔者认为纳税人在申报相关资产损失时，应事先与主管税务机关沟通。

关键点 84　企业境外所得中包含的资产损失税前扣除问题

财税〔2009〕57 号文件规定，企业境内、境外营业机构发生的资产损失应分开核算，对境外营业机构由于发生资产损失而产生的亏损，不得在计算境内应纳税所得额时扣除。

纳税人境外经营产生的资产损失，包括参与境外分支机构营业利润计算资产损失，被投资企业所在地为境外的股权投资损失，债务人在境外的债权投资损失，应收及预付款损失，应收票据、各类垫款、往来款损失，固定资产所在地为境外的固定资产损失等。

按照现行申报表的逻辑结构，纳税人境外所得为负数时，应在主表第 14 行"境外所得"填写负数，与境内应纳税所得额计算相分离。其中形成分支机构亏损的损失以"分国不分项"的原则进行弥补，境内机构的上述股权投资、债权投资、应收预付款、财产转让损失不能用境内所得弥补，目前也没有明确的申报受理标准。实务操作中，纳税人对该部分损失进行申报前，应与主管税务机关进行沟通，确认是否予以受理。

关键点 85　汇总纳税企业发生资产损失的申报扣除

总机构及二级分支机构发生的资产损失，除应按专项申报和清单申报的有关规定各自向所在地主管税务机关申报外，二级分支机构还应同时上报总机构；三级及以下分支机构发生的资产损失不需向所在地主管税务机关申报，应并入二级分支机构，由二级分支机构统一申报。

总机构对各分支机构上报的资产损失，除税务机关另有规定外，应以清单申报的形式向所在地主管税务机关申报。

总机构将分支机构所属资产捆绑打包转让所发生的资产损失，由总机构向所在地主管税务机关专项申报。

关键点 86　应进行"清单申报"的资产损失在当年度未申报扣除的处理办法

根据《国家税务总局关于发布〈企业资产损失所得税税前扣除管理办

法〉的公告》(国家税务总局公告 2011 年第 25 号)第六条的规定,企业以前年度发生的资产损失未能在当年税前扣除的,可以按照本办法的规定,向税务机关说明并进行专项申报扣除。企业以前年度发生的应进行清单申报的资产损失在当年度未申报扣除的,在以后年度进行申报扣除时应进行专项申报。考虑到以前年度属于清单申报的资产损失均情况简单、损失金额易确定,因此纳税人可与主管税务机关沟通,在以后年度采取专项申报时能否仅报送《申请报告》和《专项申报表》,有关会计核算等证据资料留存企业备查,不需报送。在填报 A105091《资产损失(专项申报)税前扣除及纳税调整明细表》时,纳税人可将以前年度未申报扣除的上述资产损失归类在"其他"项目中。

关键点 87 "存货正常损失"不包含不得抵扣的增值税进项税额

《国家税务总局关于商业零售企业存货损失税前扣除问题的公告》(国家税务总局公告 2014 年第 3 号)中规定的"存货正常损失"是否包含不得抵扣的增值税进项税额?

根据《财政部 国家税务总局关于企业资产损失税前扣除政策的通知》(财税〔2009〕57 号)第十条的规定,企业因存货盘亏、毁损、报废、被盗等原因不得从增值税销项税额中抵扣的进项税额,可以与存货损失一起在计算应纳税所得额时扣除。因此,企业因存货盘亏、毁损、报废、被盗等原因不得从增值税销项税额中抵扣的进项税额不属于资产损失,国家税务总局 2014 年第 3 号公告中规定的存货正常损失不包括不得抵扣的增值税进项税额。

4.5 特殊事项调整项目

4.5.1 企业重组(跨年度事项、重大事项、高风险事项)(原调整项目,单设附表 A105100)

企业重组利润计算及纳税调整对照提示表

在利润总额计算中的位置	A101010《一般企业收入明细表》第 19 行"债务重组利得",第 26 行"其他",A100000《中华人民共和国企业所得税年度纳税申报表(A 类)》第 9 行"投资收益"
在纳税调整中的位置	A105100《企业重组纳税调整明细表》
风险管理层级	跨年度事项、重大事项、高风险事项

A105100《企业重组纳税调整明细表》是 2014 版企业所得税年度纳税申报表新增的附表，专门针对纳税人重组类事项处理中的税会差异进行调整。笔者认为该表的申报填写主要应把握以下几个方面的内容。

4.5.1.1　重组事项的税务处理

企业重组，是指企业在日常经营活动以外发生的法律结构或经济结构重大改变的交易，包括企业法律形式改变、债务重组、股权收购、资产收购、合并、分立等。

企业法律形式改变，是指企业注册名称、住所以及企业组织形式等的简单改变。

债务重组，是指在债务人发生财务困难的情况下，债权人按照其与债务人达成的书面协议或者法院裁定书，就其债务人的债务做出让步的事项。

股权收购，是指一家企业（以下称为收购企业）购买另一家企业（以下称为被收购企业）的股权，以实现对被收购企业控制的交易。

资产收购，是指一家企业（以下称为受让企业）购买另一家企业（以下称为转让企业）实质经营性资产的交易。

合并，是指一家或多家企业（以下称为被合并企业）将其全部资产和负债转让给另一家现存或新设企业（以下称为合并企业），实现两个或两个以上企业的依法合并。

分立，是指一家企业（以下称为被分立企业）将部分或全部资产分离转让给现存或新设的企业（以下称为分立企业），实现企业的依法分立。

重组事项的税务处理主要涉及以下几个方面。

一是资产负债事项的原所有者在重组环节需确认的应税损益。资产负债，既包括重组事项的标的，也包括为标的支付的对价。

二是重组事项发生后，资产负债事项的新所有者对资产负债计税基础的确认。资产负债，既包括重组事项的标的，也包括为标的支付的对价。

三是合并、分立事项，且被合并、分立企业的亏损能否在重组后新成立或存续企业继续弥补。

四是合并、分立事项，且合并、分立后存续企业的税收优惠事项能否在重组完成后继续享受。

2014 版企业所得税年度纳税申报表 A105100 仅就上述第一项内容"重组环节各方应税损益确认"进行申报和纳税调整。对股权收购、资产收购、企业合并、企业分立而言，表 A105100 调整的是重组日所属纳税年度的税会差异。对债务重组、非货币性资产投资而言，表 A105100 调整的是重组日所属纳税年度及以后年度的税会差异。

上述其他三项内容的申报和调整不在表 A105100 中进行。

以下对重组事项的一般性税务处理和特殊性税务处理，重组环节应税损益确认、重组后资产负债计税基础确认、亏损和优惠事项的承继相关政策进行梳理。

重组事项涉及一般性税务处理和特殊性税务处理。其中，一般性税务处理涉及的政策文件包括国税函〔2009〕1 号、财税〔2009〕59 号、国家税务总局 2014 年第 29 号公告。特殊性税务处理涉及的政策文件包括国税函〔2009〕1 号、财税〔2009〕59 号、财税〔2014〕109 号、财税〔2014〕116 号。

关键点 88　重组事项的特殊性税务处理不是税收优惠

重组事项的特殊性税务处理不是税收优惠，而是意在维持税收中性——一是部分重组事项不实现经济效益。对最终控制方不发生改变的重组事项（如同一控制下的企业合并）而言，重组的目的通常在于优化资源配置，分拆、整合上市，减少内部竞争等，而不是处置资产负债获利，财务核算采用权益结合法，标的资产负债的对价以原账面价值计量。二是企业重组可能涉及股份支付对价，不产生现金流。对改变资产负债最终控制方的重组事项（如非同一控制下的企业合并）而言，财务核算采用购买法，按标的资产负债的公允价值计算交易对价，但对价的股份支付部分不产生现金流。如果要求纳税人在重组环节就资产负债公允价值与计税基础之间的差额计算缴纳税款，征税金额可能非常大，从而阻碍企业重组。特殊性税务处理打破上述阻碍，维持税收中性，手段是纳税义务的递延。

企业所得税制度的一般规定是，资产负债从一个法人主体转移至另一个法人主体，纳税人应就资产负债计税基础与公允价值之间的差额计算履行纳税义务。重组事项涉及上述纳税义务，并不因特殊性税务处理而免除，只可能是部分纳税义务从由重组日所属纳税年度递延到以后纳税年度（主要涉及债务重组债务人的纳税义务、非货币性资产投资投资者的纳税义务），或者纳税义务由重组环节递延下一个交易环节，从一个法人主体转移到另一个法人主体（主要涉及股权收购、资产收购、企业合并、企业分立）。

国家税务总局 2010 年第 4 号公告规定，同一重组业务的当事各方应采取一致税务处理原则，即统一按一般性或特殊性税务处理。该文件进一步明确了特殊性税务处理不导致纳税义务的免除。

关键点 89　重组事项一般性税务处理

一般性税务处理相对特殊性税务处理而言，不涉及纳税义务的递延。对不符合特殊性税务处理条件，或未按要求履行特殊性税务处理备案手续的重组事项，都应按照一般性税务处理进行申报纳税。

（1）应进行一般性税务处理股权收购，视同被收购企业股东将被收购企业股权转让给收购企业，被收购企业股东将股权公允价值与计税基础之间的差额确认为应税所得。收购企业按被收购企业股权公允价值确认该项股权的计税基础。

（2）应进行一般性税务处理债务重组，对债权债务计税基础与重组确认金额之间的差额，债务人确认为应税所得，债权人确认为资产损失。该资产损失申报及税会差异调整不在表 A105100 中进行填写，而是在 A105090《资产损失税前扣除及纳税调整明细表》中进行申报调整。

（3）应进行一般性税务处理资产收购，视同被收购企业将资产转让给收购企业，被收购企业将资产公允价值与计税基础之间的差额确认为应税所得。收购企业按被收购企业资产公允价值确认资产的计税基础。

（4）应进行一般性税务处理的企业合并，视同被合并企业进行清算税务处理，将资产负债转让给合并企业，重组环节被合并企业应将资产负债公允价值与原计税基础之间的差额确认为应税所得。合并企业按标的资产负债公允价值确认资产负债的计税基础。一般性税务处理被合并企业的亏损不得在合并企业结转弥补。在企业吸收合并中，合并后的存续企业性质及适用税收优惠的条件未发生改变的，可以继续享受合并前该企业剩余期限的税收优惠，其优惠金额按存续企业合并前一年的应纳税所得额（亏损计为零）计算。

（5）应进行一般性税务处理的企业分立，视同被分立企业将资产负债转让给分立企业，重组环节应将资产负债公允价值与原计税基础之间的差额确认为应税所得。如果被分立企业不再存续，那么应进行清算税务处理，确认清算的资产处置与负债清偿所得，并履行纳税义务。分立企业按标的资产负债公允价值确认资产负债的计税基础。一般性税务处理企业分立相关企业的亏损不得相互结转弥补。在企业存续分立中，分立后的存续企业性质及适用税收优惠的条件未发生改变的，可以继续享受分立前该企业剩余期限的税收优惠，其优惠金额按该企业分立前一年的应纳税所得额（亏损计为零）乘分立后存续企业资产占分立前该企业全部资产的比例计算。

（6）企业法律形式改变，是指未同时符合上述债务重组、股权收购、资产收购、企业合并、企业分立的情形的，企业注册名称、住所以及企业组织形式等的简单改变。企业法律形式改变的一般性税务处理主要应注意法律形式的改变是否造成了企业所得税应税主体的消失。我国企业所得税纳税主体包括境内成立或境外成立但实际管理机构在境内的企业（即居民企业），个人独资企业和合伙企业所得不属于企业所得税的征税范围。因此当企业由法人转变为个人独资企业、合伙企业等非法人组织，或将登记注册地转移至中华人民共和国境外（包括港澳台地区），应视同企业进行清算、分配，股东重新投资成立新企业。企业的全部资产以及股东投资的计税基础均应以公允价值为基础确定。企业发生其他法律形式简单改变的，可直接变更税务登记，除另有规定外，有关企业所得税纳税事项（包括亏损结转、税收优惠等权利和义务）由变更后企业承继。企业法律形式改变不涉及特殊性税务处理。

根据上述规定，实务中经常遇到的是国有企业股份制改革的问题。企业组织形式发生变化时，比如由全民所有制企业改制为股份有限公司，就需要进行资产评估。当资产评估增值导致企业注册资本变化时，笔者认为，此处纳税人在进行"应税所得确认"和"计税基础调整"时，税务处理应保持一致。一般情况下，股份制改革导致资产评估增值，纳税人会按评估价值调整资产负债的账面价值。但进行税务处理时如果未将评估增值额确认为应税所得，又未能保持评估前后资产负债计税基础确认的延续性，会造成较大的涉税风险。

（7）一般性税务处理的资产划转。按照国家税务总局 2014 年第 29 号公告的规定，政府部门对企业划转资产，属于权益性投入的，划入企业按政府规定的接收价值确认资产计税基础。政府无偿划入企业的资产（不属于权益性或债权性投入的），划入企业应按政府规定的接收价格（没有规定接收价格按公允价值）确认收入。其中符合不征税收入税务处理条件的，可按照不征税收入进行税务处理。股东划入企业的资产，属于权益性投入的，划入企业按公允价值确认资产计税基础。股东划入企业的资产做收入处理的，划入企业按公允价值确认收入和资产的计税基础。

（8）一般性税务处理的非货币性资产投资。按照财税〔2014〕116 号文件的规定，企业以非货币性资产对外投资，应对非货币性资产进行评估并按评估后的公允价值扣除计税基础后的余额，计算确认非货币性资产转让所得。

非货币性资产投资，会计上没有确认非货币性资产视同销售收入时，可在 A105010《视同销售和房地产开发企业特定业务纳税调整明细表》第 8 行"用于对外投资项目视同销售收入"和第 18 行"用于对外投资项目视同销售成本"做视同销售纳税调整，同时调整广告费和业务宣传费、业务招待费的扣除限额计算基数。也可在 A105100《企业重组纳税调整明细表》第 2 行或第 5 行进行确认。

关键点 90　重组事项特殊性税务处理

特殊性税务处理相对一般性税务处理而言，主要涉及纳税义务在不同纳税年度、不同交易环节、不同法人主体之间递延。对符合特殊性税务处理条件，纳税人选择进行特殊性税务处理，并向主管税务机关履行了特殊性税务处理备案手续的重组事项，可以按特殊性税务处理申报纳税。

财税〔2009〕59 号文件规定，本通知所称股权支付，是指企业重组中购买、换取资产的一方支付的对价中，以本企业或其控股企业的股权、股份作为支付的形式。

股权收购中收购企业以其自身股权对被收购企业股东进行支付，对被收购股权而言，股权支付部分仍受被收购企业股东控制，最终控制权未发生改变。资产收购中收购企业以其自身股权对被收购企业进行支付，对被收购资产而言，股权支付部分仍受被收购企业控制，最终控制权未发生改变。但如果收购企业以其控股企业股权、股份进行支付，股权收购中被收购企业股东对标的股权不再具有控制能力，资产收购中被收购企业对标的资产也不再具有控制能力。重组事项导致标的资产不再具有"权益连续性"。实务中，该规定较易造成政策执行者的疑惑，笔者认为，不应排除后续税收政策会对上述问题进行进一步的规范和明确。因此纳税人在进行相关重组事项的筹划安排时，应注意做好风险防范。

（1）可进行特殊性税务处理债务重组，债权债务计税基础与重组确认金额之间的差额对债务人而言，债务重组确认的应纳税所得额占该企业当年应纳税所得额 50% 以上，可以在 5 个纳税年度内，均匀计入各年度的应纳税所得额。税会差异主要是债务重组利得确认的时间性差异，一般在债务重组当年，进行纳税调减，以后年度逐年调增。债权人确认为资产损失。该资产损失申报及税会差异调整不在表 A105100 进行填写，在 A105090《资产损失税前扣除及纳税调整明细表》中进行申报调整。

（2）可进行特殊性税务处理股权收购，收购股权不低于被收购企业全部股权的 50%，且股权支付金额不低于其交易支付总额的 85%，被收购企业的股东取得收购企业股权的计税基础，以被收购股权的原有计税基础确定。收购企业取得被收购企业股权的计税基础，以被收购股权的原有计税基础确定。

（3）可进行特殊性税务处理资产收购，受让企业收购的资产不低于转让企业全部资产的 50％，且受让企业在该资产收购发生时的股权支付金额不低于其交易支付总额的 85％，转让企业取得受让企业股权的计税基础，以被转让资产的原有计税基础确定。受让企业取得转让企业资产的计税基础，以被转让资产的原有计税基础确定。

应当注意的是，对可进行特殊性税务处理资产收购，政策规定要求"受让企业收购的资产不低于转让企业全部资产的 50％，且股权支付金额不低于其交易支付总额的 85％"，在实务操作中，"净资产收购"的情况较为常见，纳税人往往按照被收购企业"净资产"（即资产减去负债），而非"资产总额"的 50％作为上述比例的计算标准。上述"交易支付总额"同样面临按"净资产价值"计算还是应按"资产总额价值"计算的问题。财税〔2009〕59 号文件规定，"承担债务"是非股份支付的一种形式。收购方在资产收购的同时承继被收购方债务，是否应作为"非股份支付"的一部分？笔者认为，政策规定的"全部资产"按"净资产"进行计算确认，能够满足"收购企业获得被收购企业控制权"的政策意图。而"全部资产"按照"资产总额"进行计算确认，则会使特殊性税务处理的确认条件变得更加苛刻，对部分纳税人来说很难达成。但在政策进一步做出明确规定之前，纳税人还是应与主管税务机关就上述问题进行充分沟通，以规避涉税风险。

（4）可进行特殊性税务处理企业合并，是指企业股东在该企业合并发生时取得的股权支付金额不低于其交易支付总额的 85％，以及同一控制下且不需要支付对价的企业合并。被合并企业股东取得合并企业股权的计税基础，以其原持有的被合并企业股权的计税基础确定。合并企业接受被合并企业资产和负债的计税基础，以被合并企业的原有计税基础确定。

在企业吸收合并中，合并后的存续企业性质及适用税收优惠的条件未发生改变的，可以继续享受合并前该企业剩余期限的税收优惠，其优惠金额按存续企业合并前一年的应纳税所得额（亏损计为零）计算。

（5）可进行特殊性税务处理企业分立，被分立企业所有股东按原持股比例取得分立企业的股权，分立企业和被分立企业均不改变原来的实质经营活动，且被分立企业股东在该企业分立发生时取得的股权支付金额不低于其交易支付总额的 85％。

分立企业接受被分立企业资产和负债的计税基础，以被分立企业的原有计税基础确定。

被分立企业的股东取得分立企业的股权（以下简称"新股"），如需部分或全部放弃原持有的被分立企业的股权（以下简称"旧股"），"新股"的计税基础应以放弃"旧股"的计税基础确定。如不需放弃"旧股"，则其取得"新股"的计税基础可从以下两种方法中选择确定：①直接将"新股"的计税基础确定为零；②以被分立企业分立出去的净资产占被分立企业全部净资产的比例先调减原持有的"旧股"的计税基础，再将调减的计税基础平均分配到"新股"上。

上述政策是基于企业分立的实际情形规定的。企业分立有两种基本类型，即存续分立和新设分立。

存续分立主要采取让产分股式分立和让产赎股式分立两种技术方式。让产分股式分立，是指将公司没有法人资格部分营业机构分立出去，成立给新公司或转让给现存公司，将接受资产的公司的股权分给全部股东；让产赎股式分立是指将公司没有法人资格的部分营业机构分立出去成立新的子公司或转让给现存公司，将接受资产的公司的股权分配给部分股东，换回股东持有的原公司股权。

在企业存续分立中，分立后的存续企业性质及适用税收优惠的条件未发生改变的，可以继续享受分立前该企业剩余期限的税收优惠，其优惠金额按该企业分立前一年的应纳税所得额（亏损计为零）乘分立后存续企业资产占分立前该企业全部资产的比例计算。

新设分立采用的技术方式主要是股本分割式分立。股本分割式分立，是指将公司分割组成两家以上的新公司，公司解散。股本分割的两种典型做法，一是被分立企业全部股东按原持股比例均衡的同时取得全部分立企业的股权，原被分立企业的股票依法注销，被分立企业依公司法规定只解散不清算；二是被分立企业的几个股东集团分别取得几个分立企业的股票，被分立企业依公司法规定只解散不清算，被分立企业股票依法注销。

被分立企业未超过法定弥补期限的亏损额可按分立资产占全部资产的比例进行分配，由分立企业继续弥补。

（6）特殊性税务处理的资产划转，按照财税〔2014〕109 号文件的规定，对 100％直接控制的居民企业之间，以及受同一或相同多家居民企业 100％直接控制的居民企业之间按账面净值划转股权或资产，凡具有合理商业目的、不以减少、免除或者推迟缴纳税款为主要目的，股权或资产划转后连续 12 个月内不改变被划转股权或资产原来实质性经营活动，且划出方企业和划入方企业均未在会计上确认损益的，可以选择按以下规定进行特殊性税务处理：

划出方企业和划入方企业均不确认所得。划入方企业取得被划转股权或资产的计税基础，以被划转股权或资产的原账面净值确定。划入方企业取得的被划转资产，应按其原账面净值计算折旧扣除。

该项政策执行过程中，一是应注意资产"原账面净值"和"原计税基础"之间可能存在差额。笔者认为实务处理中，划入资产的计税基础以其"原计税基础"进行确认更为合理。该事项有待政策文件进一步规范。二是应关注"划出方和划入方均未在会计上确认损益"的执行标准。实务中有纳税人采用的会计处理方法是，资产划出方按照划出资产账面净值借记"资本公积"，贷记相关资产，资产划入方按照划入资产原账面净值借记相关资产，贷记"资本公积"。笔者认为不同法人主体之间的资产划转应区分权益性、债权性、捐赠三类情形。如果是与权益性投资相关的资产划转，应分别实际情形作为增加投资、撤回投资、股利分配进行处理，增加投资、撤回投资应调整长期股权投资的计税基础。"借记'资本公积'"在会计制度规定上存在将其他综合收益转入当期损益、同一控制下的企业合并，投资资产账面价值大于被投资企业账面净资产时，差额冲减资本溢价或股本溢价等情形。资产划转中划出方借记"资本公积"的合理性是值得商榷的。三是上述资产划转事项是否既适用于将资产划入现存企业，又同时适用于将资产划转成立新的全资子公司，或用划转资产新成立 100% 同一控制的关联公司，尚待政策规定进一步明确。

（7）特殊性税务处理的非货币性资产投资，按照财税〔2014〕116 号文件的规定，居民企业（以下简称企业）以非货币性资产对外投资确认的非货币性资产转让所得，可在不超过 5 年期限内，分期均匀计入相应年度的应纳税所得额，按规定计算缴纳企业所得税。企业以非货币性资产对外投资而取得被投资企业的股权，应以非货币性资产的原计税成本为计税基础，加上每年确认的非货币性资产转让所得，逐年进行调整。被投资企业取得非货币性资产的计税基础，应按非货币性资产的公允价值确定。

应特别注意的是，"本通知所称非货币性资产投资，限于以非货币性资产出资设立新的居民企业，或将非货币性资产注入现存的居民企业。"因此非货币性资产支付股权收购对价不适用上述政策。

4.5.1.2　重组事项税务处理的关注要点

关键点 91　重组资产负债账载金额与计税基础之间的差异调整

特殊性税务处理确认的重组损益，应当是标的资产负债原有计税基础与标的资产负债账面价值之间的差额。会计核算的重组损益，可能是交易公允价值与标的资产负债原有账面价值之间的差额（购买法核算），也可能是对价原有账面价值与标的资产负债原有账面价值之间的差额（权益结合法核算）。需调整的税会差异是税收金额与账载金额之间的差额。

应当注意的是，在实务中，重组事项特殊性税务处理的税会差异调整的是纳税人财务核算与特殊性税务处理之间的差异，而不一定是会计制度规定与特殊性税务处理之间的差异。这是由于实际操作中，纳税人的财务核算可能并未执行会计制度规定。比如，部分纳税人对同一控制下的企业合并采用购买法进行会计处理。

另外，资产负债原有的计税基础不一定等于资产负债的账面价值。在实务中，纳税人提供资产评估报告，报告内容针对的是资产负债的账面价值和公允价值。无论采用一般性还是特殊性税务处理，资产负债的账面价值和计税基础之间都可能存在差额。因此，应综合考虑标的资产负债在初始确认和持有期间是否有计提资产减值准备、公允价值变动损益、长期股权投资权益法核算、资产折旧、摊销原值、期限、方法等税会差异事项，造成重组环节资产负债计税基础与账面价值之间存在差异，并对差异进行调整。

关键点 92　特殊性税务处理非股权支付部分的损益确认

使用特殊性税务处理的股权收购、资产收购、企业合并、企业分立等重组事项，对交易支付总额中的非股权支付部分，非股权支付仍应在交易当期确认相应的资产转让所得或损失，并调整相应资产的计税基础。

$$\text{非股权支付对应的资产转让所得或损失} = \left(\text{被转让资产的公允价值} - \text{被转让资产的计税基础}\right) \times \frac{\text{非股权支付金额}}{\text{被转让资产的公允价值}}$$

关键点 93　股权收购一般性税务处理被收购方股东股权转让形成的资产损失

股权收购或资产收购以收购方控股企业股权作为对价进行股权支付，无论采用一般性税务处理还是特殊性税务处理，对收购方而言，该项股权的账面价值和计税基础之间都可能存在差异，且会计处理和税务处理对交易价格的确认也可能存在差异。因此，作为股权或资产收购方的纳税人应同时分析确认处置该项股权的应税所得。在一般性税务处理中，如果用于支付对价股权的计税基础大于其处置金额，而形成了资产损失，应在 A105090《资产损失税前扣除及纳税调整明细表》中进行填报，且应在 A105091《资产损失（专项申报）税前扣除及纳税调整明细表》中进行填报。

关键点 94　公司法对合并分立的相关规定

公司合并，应当由合并各方签订合并协议，并编制资产负债表及财产清单。公司应当自做出合并决议之日起十日内通知债权人，并于三十日内在报纸上公告。债权人自接到通知书之日起三十日内，未接到通知书的自公告之日起四十五日内，可以要求公司清偿债务或者提供相应的担保。公司合并时，合并各方的债权、债务，应当由合并后存续的公司或者新设的公司承继。

公司分立，其财产作相应的分割。公司分立，应当编制资产负债表及财产清单。公司应当自做出分立决议之日起十日内通知债权人，并于三十日内在报纸上公告。公司分立前的债务由分立后的公司承担连带责任。但是，公司在分立前与债权人就债务清偿达成的书面协议另有约定的除外。

公司合并或者分立，登记事项发生变更的，应当依法向公司登记机关办理变更登记；公司解散的，应当依法办理公司注销登记；设立新公司的，应当依法办理公司设立登记。

根据《公司法》第一百八十条的规定，公司因下列原因解散：

（一）公司章程规定的营业期限届满或者公司章程规定的其他解散事由出现；

（二）股东会或者股东大会决议解散；

（三）因公司合并或者分立需要解散；

（四）依法被吊销营业执照、责令关闭或者被撤销；

（五）人民法院依照本法第一百八十三条的规定予以解散。

公司因第（一）项、第（二）项、第（四）项、第（五）项规定而解散的，应当在解散事由出现之日起十五日内成立清算组，开始清算。

综上所述，因合并、分立造成的公司解散，不要求对公司的剩余财产进行清算。

案例 17　股权收购填报案例

1. 情况说明。

甲企业向乙企业收购 B 公司 75% 的股权，交易支付总额为 600 万元。其中现金支付 60 万元，其余部分以甲企业持有的 A 公司股权支付。重组发生时，甲企业持有 A 公司 100% 的股权，计税基础为 200 万元，账面价值为 300 万元，公允价值为 1 000 万元。乙企业持有 B 公司 100% 股权，计税基础为 400 万元，账面价值为 500 万元，公允价值为 600 万元。假设除上述事项外，重组事项符合特殊性税务处理的其他确认条件。假设甲企业和乙企业对上述股权收购事项的会计核算采用购买法。

上述案例中股份支付金额占交易支付总额的比例为：（600－60）/600＝90%，大于特殊性税务处理要求的85%，重组事项可进行一般性税务处理，也可进行特殊性税务处理。

2. 会计处理（单位：万元）。

甲企业的会计处理如下：

借：长期股权投资——B公司　　　　　　　　　　　　　　　600

　　贷：银行存款　　　　　　　　　　　　　　　　　　　　　60

　　　　长期股权投资——A公司　　　　　　162（300×540/1 000）

　　　　投资收益　　　　　　　　　　　　　　　　　　　　 378

乙企业的会计处理如下：

借：长期股权投资——A公司　　　　　　　　　　　　　　　540

　　银行存款　　　　　　　　　　　　　　　　　　　　　　 60

　　贷：长期股权投资——B公司　　　　　　　375（500×75%）

　　　　投资收益　　　　　　　　　　　　　　　　　　　　 225

3. 一般性税务处理申报表填写方法。

对乙企业而言，A105100《企业重组纳税调整明细表》第4行第1列"一般性税务处理——账载金额"填写会计核算确认的重组损益金额为：600－500×75%＝225（万元），第4行第2列"一般性税务处理——税收金额"填写税务处理确认的重组所得金额为：600－400×75%＝300（万元）。第4行第3列"一般性税务处理——纳税调整金额"填写税收金额与账载金额之间的差额为：300－225＝75（万元）。

乙企业确认甲企业用于支付对价的A公司股权的计税基础为：600－60＝540（万元）。

对甲企业而言，A105100《企业重组纳税调整明细表》第4行第1列"一般性税务处理——账载金额"填写会计核算确认的重组损益金额为：600－60－300×540/1 000＝378（万元），第4行第2列"一般性税务处理——税收金额"填写税务处理确认的重组所得金额为：600－60－200×540/1 000＝432（万元）。第4行第3列"一般性税务处理——纳税调整金额"填写税收金额与账载金额之间的差额为：432－378＝54（万元）。

A企业确认收购B公司股权的计税基础为600万元。

4. 特殊性税务处理申报表填写方法。

对乙企业而言，A105100《企业重组纳税调整明细表》第4行第4列"特殊性税务处理——账载金额"填写会计核算确认的重组损益金额为：600－500×75％＝225（万元），第 4 行第 2 列"特殊性税务处理——税收金额"填写税务处理确认的重组所得金额为：（600－400×75％）×60/600＝30（万元）。第 4 行第 3 列"特殊性税务处理——纳税调整金额"填写税收金额与账载金额之间的差额为：30－225＝－195（万元）。

乙企业确认甲企业用于支付对价的 A 公司股权的计税基础为：400×75％×（1－60/600）＝270（万元）。

对甲企业而言，A105100《企业重组纳税调整明细表》第 4 行第 1 列"特殊性税务处理——账载金额"填写会计核算确认的重组损益金额为：600－60－300×540/1000＝378（万元），第 4 行第 2 列"特殊性税务处理——税收金额"填写税务处理确认的重组所得金额为：400×75％－60－200×540/1 000＝132（万元）。第 4 行第 3 列"一般性税务处理——纳税调整金额"填写税收金额与账载金额之间的差额为：132－378＝54（万元）。

A 企业确认收购 B 公司股权的计税基础为：60＋400×75％×（1－60/600）＝330（万元）。

4.5.2 政策性搬迁

政策性搬迁利润计算及纳税调整对照提示表

在利润总额计算中的位置	A101010《一般企业收入明细表》第 17 行"非流动资产处置利得"，第 18 行"非货币性资产交换利得"，第 20 行"政府补助利得"，A102010《一般企业成本支出明细表》第 17 行"非流动资产处置损失"，第 18 行"非货币性资产交换损失"
在纳税调整中的位置	A105110《政策性搬迁纳税调整明细表》
风险管理提示	跨年度事项、时间性差异调整

关键点 95　政策性搬迁政策要点（跨年度事项）（新增调整项目，附表 A105110）

A105110《政策性搬迁纳税调整明细表》适用于发生政策性搬迁纳税调整项目的纳税人在完成搬迁年度及以后进行损失分期扣除的年度填报。

A105110《政策性搬迁纳税调整明细表》第 1 行至第 17 行填报按照税收政策规定应确认的搬迁收入和搬迁支出，并核算得出搬迁所得或损失。调整的一是政策性搬迁完成，进行清算时搬迁所得确认的税会差异。二是搬迁损失递延确认的税会差异。第 18 行至第 23 行填报搬迁结束年度及以后年度税务处理和会计处理分别确认的搬迁所得或损失，并进行税会差异调整。本表参与申报年度应纳税额计算的行次为第 24 行"纳税调整金额"，其他行次的申报数据为纳税调整金额的计算依据。

按照会计制度进行账务处理的"政策性搬迁"事项在搬迁过程中一般不产生需调整的税会差异。特殊情况例如搬迁过程中某一纳税年度搬迁处置资产形成损益时，在 A105000《纳税调整项目明细表》的"其他"行次进行税会差异调整。

"搬迁资产"相关的税会差异调整在 A105080《资产折旧、摊销情况及纳税调整明细表》进行填报。

政策性搬迁相关的政策文件主要包括：《国家税务总局关于发布〈企业政策性搬迁所得税管理办法〉的公告》（国家税务总局公告 2012 年第 40 号）、《国家税务总局关于企业政策性搬迁所得税有关问题的公告》（国家税务总局公告 2013 年第 11 号）。

本部分内容主要对政策性搬迁相关企业所得税政策要点进行梳理，并结合案例对国家税务总局 2013 年第 11 号公告规定的搬迁购置资产的两种税务处理方法进行探讨。

（1）"政策性搬迁"税务处理的征管要求。

国家税务总局 2012 年第 40 号公告第二十二条规定，企业应当自搬迁开始年度，至次年 5 月 31 日前，向主管税务机关（包括迁出地和迁入地）报送政策性搬迁依据、搬迁规划等相关材料。逾期未报的，除特殊原因并经主管税务机关认可外，按非政策性搬迁处理，不得执行本办法的规定。

第二十三条规定，企业应向主管税务机关报送的政策性搬迁依据、搬迁规划等相关材料，包括：

（一）政府搬迁文件或公告；

（二）搬迁重置总体规划；

（三）拆迁补偿协议；

（四）资产处置计划；

（五）其他与搬迁相关的事项。

第二十四条规定，企业迁出地和迁入地主管税务机关发生变化的，由迁入地主管税务机关负责企业搬迁清算。

第二十五条规定，企业搬迁完成当年，其向主管税务机关报送企业所得税年度纳税申报表时，应同时报送《企业政策性搬迁清算损益表》及相关材料。

（2）政策性搬迁的界定。

政策性搬迁，是指由于社会公共利益的需要，在政府主导下企业进行整体搬迁或部分搬迁。企业由于下列需要之一，提供相关文件证明资料的，属于政策性搬迁：

（一）国防和外交的需要；

（二）由政府组织实施的能源、交通、水利等基础设施的需要；

（三）由政府组织实施的科技、教育、文化、卫生、体育、环境和资源保护、防灾减灾、文物保护、社会福利、市政公用等公共事业的需要；

（四）由政府组织实施的保障性安居工程建设的需要；

（五）由政府依照《中华人民共和国城乡规划法》有关规定组织实施的对危房集中、基础设施落后等地段进行旧城区改建的需要；

（六）法律、行政法规规定的其他公共利益的需要。

（3）政策性搬迁中搬迁收入的确认。

企业的搬迁收入，包括搬迁过程中从本企业以外（包括政府或其他单位）取得的搬迁补偿收入，以及本企业搬迁资产处置收入等。企业取得的搬迁补偿收入，是指企业由于搬迁取得的货币性和非货币性补偿收入。具体包括：

（一）对被征用资产价值的补偿；

（二）因搬迁、安置而给予的补偿；

（三）对停产停业形成的损失而给予的补偿；

（四）资产搬迁过程中遭到毁损而取得的保险赔款；

（五）其他补偿收入。

企业搬迁资产处置收入，是指企业由于搬迁而处置企业各类资产所取得的收入。企业由于搬迁处置存货而取得的收入，应按正常经营活动取得的收入进行所得税处理，不作为企业搬迁收入。

（4）政策性搬迁中搬迁支出的确认。

企业的搬迁支出，包括搬迁费用支出以及由于搬迁所发生的企业资产处置支出。搬迁费用支出，是指企业搬迁期间所发生的各项费用，包括安置职工实际发生的费用、停工期间支付给职工的工资及福利费、临时存放搬迁资产而发生的费用、各类资产搬迁安装费用以及其他与搬迁相关的费用。资产处置支出，是指企业由于搬迁而处置各类资产所发生的支出，包括变卖及处置各类资产的净值、处置过程中所发生的税费等支出。

企业由于搬迁而报废的资产，如无转让价值，其净值作为企业的资产处置支出。

（5）购置资产支出扣除的税务处理。

对 2012 年 10 月 1 日以前已经签订搬迁协议且尚未完成搬迁清算的企业政策性搬迁项目，发生的企业购置资产支出，《国家税务总局关于企业政策性搬迁所得税有关问题的公告》（国家税务总局公告 2013 年第 11 号）规定了两种税务处理方法。

一是"企业在重建或恢复生产过程中购置的各类资产，可以作为搬迁支出，从搬迁收入中扣除。"填报在 A105110《政策性搬迁纳税调整明细表》第 16 行"（二）搬迁资产处置支出"。购置的上述资产，应剔除该搬迁补偿收入后，作为该资产的计税基础，并按规定计算折旧或费用摊销，在 A105080《资产折旧、摊销情况及纳税调整明细表》进行税会差异调整。

此外，纳税人也可选择执行国家税务总局 2012 年第 40 号公告的有关规定，即企业搬迁期间新购置的各类资产，应按《企业所得税法》及其实施条例等有关规定，计算确定资产的计税成本及折旧或摊销年限。企业发生的购置资产支出，不得从搬迁收入中扣除。

对 2012 年 10 月 1 日以前已经签订搬迁协议且尚未完成搬迁清算的企业政策性搬迁项目，发生的企业购置资产支出，则只能按国家税务总局 2012 年第 40 号公告有关规定执行。

（6）政策性搬迁结束年度的判断。

国家税务总局 2012 年第 40 号公告规定，企业的搬迁收入，扣除搬迁支出后的余额，为企业的搬迁所得。企业应在搬迁完成年度，将搬迁所得计入当年度企业应纳税所得额计算纳税。下列情形之一的，为搬迁完成年度，企业应进行搬迁清算，计算搬迁所得：

（一）从搬迁开始，5 年内（包括搬迁当年度）任何一年完成搬迁的。

（二）从搬迁开始，搬迁时间满 5 年（包括搬迁当年度）的年度。

企业同时符合下列条件的，视为已经完成搬迁：

（一）搬迁规划已基本完成。

（二）当年生产经营收入占规划搬迁前年度生产经营收入 50％以上。

企业边搬迁、边生产的，搬迁年度应从实际开始搬迁的年度计算。

（7）政策性搬迁损失的递延。

企业搬迁收入扣除搬迁支出后为负数的，应为搬迁损失。搬迁损失可在下列方法中选择其一进行税务处理：

（一）在搬迁完成年度，一次性作为损失进行扣除。

（二）自搬迁完成年度起分 3 个年度，均匀在税前扣除。

上述方法由企业自行选择，但一经选定，不得改变。

关键点 96　政策性搬迁的会计处理方法探讨

《财政部关于印发企业会计准则解释第 3 号的通知》（财会〔2009〕8 号）对搬迁补偿的会计处理方法做出了具体规定：

四、企业收到政府给予的搬迁补偿款应当如何进行会计处理。

答：企业因城镇整体规划、库区建设、棚户区改造、沉陷区治理等公共利益进行搬迁，收到政府从财政预算直接拨付的搬迁补偿款，应作为专项应付款处理。其中，属于对企业在搬迁和重建过程中发生的固定资产和无形资产损失、有关费用性支出、停工损失及搬迁后拟新建资产进行补偿的，应自专项应付款转入递延收益，并按照《企业会计准则第 16 号——政府补助》进行会计处理。企业取得的搬迁补偿款扣除转入递延收益的金额后如有结余的，应当作为资本公积处理。

企业收到除上述之外的搬迁补偿款，应当按照《企业会计准则第 4 号——固定资产》、《企业会计准则第 16 号——政府补助》等会计准则进行处理。

财会〔2009〕8 号文件是对企业会计准则适用的解释。上述文件引用内容对企业收到政府给予的搬迁补偿款，分别两种情况进行会计处理的要求进行了说明。

第一种情况是企业"收到政府从财政预算直接拨付的搬迁补偿款"，作为专项应付款处理。

第二种情况是"除上述之外的搬迁补偿款"，按固定资产、政府补助准则进行处理。

按照会计准则相关规定，专项应付款科目的核算范围是"企业取得政府作为企业所有者投入的具有专项或特定用途的款项"。

根据《企业会计准则第 16 号——政府补助》第三条的规定，政府补助分为与资产相关的政府补助和与收益相关的政府补助。与资产相关的政府补助，是指企业取得的、用于购建或以其他方式形成长期资产的政府补助。与收益相关的政府补助，是指除与资产相关的政府补助之外的政府补助。

第七条规定，与资产相关的政府补助，应当确认为递延收益，并在相关资产使用寿命内平均分配，计入当期损益。

同时，《〈企业会计准则第 16 号——政府补助〉应用指南》指出，政府资本性投入不属于政府补助。政府以投资者身份向企业投入资本，享有企业相应的所有权，企业有义务向投资者分配利润，政府与企业之间是投资者与被投资者的关系。政府拨入的投资补助等专项拨款中，国家相关文件规定作为"资本公积"处理的，也属于资本性投入的性质。政府的资本性投入无论采用何种形式，均不属于政府补助。

会计处理方法如下：

第一种情况：政府财政直接拨付，应作为专项应付款核算的搬迁补偿收入。

对"属于企业在搬迁和重建过程中发生的固定资产和无形资产损失、有关费用性支出、停工损失及搬迁后拟新建资产进行补偿的"：

　　借：专项应付款
　　　　贷：递延收益

上述损失、费用实际发生时：

　　借：管理费用（或其他损益类科目）
　　　　贷：银行存款
　　借：递延收益
　　　　贷：营业外收入

实际发生新建资产时：

　　借：固定资产
　　　　贷：银行存款

固定资产折旧时：

　　借：管理费用
　　　　贷：累计折旧

与之相匹配的是：

　　借：递延收益
　　　　贷：营业外收入

扣除转入递延收益的部分有结余时：

　　借：专项应付款
　　　　贷：资本公积

未转入递延收益的专项应付款需返还时：

　　借：专项应付款
　　　　贷：银行存款

第二种情况：非政府财政直接拨付的搬迁补偿款。

收到补偿款时：

　　借：银行存款
　　　　贷：递延收益

损失、费用实际发生时：

借：管理费用（或其他损益类科目）

贷：银行存款

借：递延收益

贷：营业外收入

购置设备、建造厂房、购买土地使用权时：

借：固定资产（在建工程、无形资产）

贷：银行存款

资产使用过程中，分期对资产计提折旧、摊销，并按照上述折旧、摊销年限，将搬迁补偿款用于资产重置的部分对应的递延收益匹配结转至营业外收入。

借：累计折旧（累计摊销）

贷：固定资产（无形资产）

借：营业外收入

贷：递延收益

案例 18　政策性搬迁购置资产两种税务处理填报案例

1. 情况说明。

2012 年 8 月，A 公司进行政府政策性搬迁，按当月签订的《搬迁补偿协议》约定，2012 年 9 月收到政府拨付的 5 000 万元用于异地重建，土地使用权由政府收回。2012 年 11 月，A 公司被搬迁当月固定资产账面原值 1 500 万元，累计折旧 500 万元；无形资产（土地使用权）账面价值 600 万元（按税法规定摊销后的余额）；处置相关资产取得收入 50 万元。按照企业重建计划，A 公司在实施搬迁过程中，2012 年 12 月共购置管理部门使用固定资产 2 000 万元投入使用，预计使用 10 年，按直线法计提折旧（不考虑残值）；2014 年 1 月新购置土地使用权 500 万元，50 年摊销。2012 年 12 月支付职工安置费 100 万元。2014 年 12 月搬迁完成。

2. 会计处理（单位：万元）。

(1) 2012 年 8 月，收到政府补偿款时：

借：银行存款	5 000
贷：专项应付款	5 000

(2) 2012 年 11 月，处置被搬迁资产时：

将固定资产转入清理：

借：固定资产清理	1 000
累计折旧	500

　　　贷：固定资产　　　　　　　　　　　　　　　　　　　1 500

收到处置资产收入 50 万元：

　　借：银行存款　　　　　　　　　　　　　　　　　　　　50

　　　贷：固定资产清理　　　　　　　　　　　　　　　　　50

结转固定资产处置净损失：

　　借：营业外支出　　　　　　　　　　　　　　　　　　　950

　　　贷：固定资产清理　　　　　　　　　　　　　　　　　950

处置无形资产时：

　　借：营业外支出　　　　　　　　　　　　　　　　　　　600

　　　贷：无形资产　　　　　　　　　　　　　　　　　　　600

对搬迁过程中发生的资产损失，自专项应付款转入递延收益：

　　借：专项应付款　　　　　　　　　　　　　　　　　　1 550

　　　贷：递延收益　　　　　　　　　　　　　　　　　　1 550

　　借：递延收益　　　　　　　　　　　　　　　　　　　1 550

　　　贷：营业外收入　　　　　　　　　　　　　　　　　1 550

（3）2012 年 12 月支付职工安置费：

　　借：管理费用　　　　　　　　　　　　　　　　　　　　100

　　　贷：银行存款　　　　　　　　　　　　　　　　　　　100

将搬迁中有关费用性支出自专项应付款转入递延收益：

　　借：专项应付款　　　　　　　　　　　　　　　　　　　100

　　　贷：递延收益　　　　　　　　　　　　　　　　　　　100

　　借：递延收益　　　　　　　　　　　　　　　　　　　　100

　　　贷：营业外收入　　　　　　　　　　　　　　　　　　100

（4）2012 年 12 月购置固定资产：

　　借：固定资产　　　　　　　　　　　　　　　　　　　2 000

　　　贷：银行存款　　　　　　　　　　　　　　　　　　2 000

　　借：专项应付款　　　　　　　　　　　　　　　　　　2 000

　　　贷：递延收益　　　　　　　　　　　　　　　　　　2 000

2013 年计提折旧时：

　　借：管理费用　　　　　　　　　　　　　　　　　　　　200

　　　贷：累计折旧　　　　　　　　　　　　　　　　　　　200

结转递延收益时：

　　借：递延收益　　　　　　　　　　　　　　　　　　　　200

贷：营业外收入		200

（5）2014 年 1 月购置土地使用权：

借：无形资产		500
贷：银行存款		500

同时，结转专项应付款：

借：专项应付款		500
贷：递延收益		500

（6）2014 年计提固定资产折旧（无形资产摊销）：

借：管理费用		210
贷：累计折旧		200
累计摊销		10

递延收益金额在相关资产使用期间内平均摊销：

借：递延收益		210
贷：营业外收入		210

（7）2014 年搬迁完成，企业将专项应付款转入资本公积：

借：专项应付款		850
贷：资本公积		850

3. 填报方法。

上述案例中，企业在国家税务总局 2012 年第 40 号公告生效前已经签订搬迁协议且尚未完成搬迁清算的企业政策性搬迁项目，企业在重建或恢复生产过程中购置的各类资产，可以作为搬迁支出，从搬迁收入中扣除。但购置的各类资产，应剔除该搬迁补偿收入后作为该资产的计税基础，并按规定计算折旧或费用摊销。

在 2014 年完成搬迁的年度，对搬迁收入和支出进行汇总清算。相关数据填报如表 4-8 所示。

$$搬迁收入 = 政府拨付的 5\,000 万元 + 处置相关资产取得收入 50 万元$$
$$= 5\,050（万元）$$

$$搬迁支出 = \frac{处置固定资产}{损失 1\,000 万元} + \frac{处置无形资产}{损失 600 万元} + \frac{安置职工}{费用 100 万元}$$
$$+ \frac{购置固定资产}{支出 2\,000 万元} + \frac{购置土地使用}{权支出 500 万元}$$
$$= 4\,200（万元）$$

因此，搬迁所得 = 5\,050 - 4\,200 = 850（万元），搬迁所得应计入 2014 年度企业所得税额计算纳税。

表 4-8　　　　　　　　　　　　　　政策性搬迁纳税调整明细表

行次	项目	金额
1	一、搬迁收入（2＋8）	5 050
2	（一）搬迁补偿收入（3＋4＋5＋6＋7）	5 000
3	1. 对被征用资产价值的补偿	5 000
4	2. 因搬迁、安置而给予的补偿	
5	3. 对停产停业形成的损失而给予的补偿	
6	4. 资产搬迁过程中遭到毁损而取得的保险赔款	
7	5. 其他补偿收入	
8	（二）搬迁资产处置收入	50
9	二、搬迁支出（10＋16）	4 200
10	（一）搬迁费用支出（11＋12＋13＋14＋15）	100
11	1. 安置职工实际发生的费用	100
12	2. 停工期间支付给职工的工资及福利费	
13	3. 临时存放搬迁资产而发生的费用	
14	4. 各类资产搬迁安装费用	
15	5. 其他与搬迁相关的费用	
16	（二）搬迁资产处置支出	4 100
17	三、搬迁所得或损失（1－9）	850
18	四、应计入本年应纳税所得额的搬迁所得或损失（19＋20＋21）	850
19	其中：搬迁所得	850
20	搬迁损失一次性扣除	
21	搬迁损失分期扣除	
22	五、计入当期损益的搬迁收益或损失	
23	六、以前年度搬迁损失当期扣除金额	
24	七、纳税调整金额（18－22－23）	850

在本案中，如果企业按照国家税务总局 2012 年第 40 号公告的规定执行，则企业搬迁期间新购置的各类资产，应按《企业所得税法》及其实施条例等有关规定，计算确定资产的计税成本及折旧或摊销年限。企业发生的购置资产支出，不得从搬迁收入中扣除。

在 2014 年完成搬迁的年度，对搬迁收入和支出进行汇总清算。相关数据填报如表 4-9 所示。

$$搬迁收入＝政府拨付的 5\,000 万元＋处置相关资产取得收入 50 万元$$
$$＝5\,050（万元）$$

$$搬迁支出＝\frac{处置固定资产}{损失 1\,000 万元}＋\frac{处置无形资产}{损失 600 万元}＋\frac{安置职工费用}{100 万元}$$
$$＝1\,700（万元）$$

因此，搬迁所得＝5 050－1 700＝3 350（万元），搬迁所得应计入 2014 年度企业所得税额计算纳税。

表 4-9　　　　　　　　　政策性搬迁纳税调整明细表

行次	项目	金额
1	一、搬迁收入（2＋8）	5 050
2	（一）搬迁补偿收入（3＋4＋5＋6＋7）	5 000
3	1. 对被征用资产价值的补偿	5 000
4	2. 因搬迁、安置而给予的补偿	
5	3. 对停产停业形成的损失而给予的补偿	
6	4. 资产搬迁过程中遭到毁损而取得的保险赔款	
7	5. 其他补偿收入	
8	（二）搬迁资产处置收入	50
9	二、搬迁支出（10＋16）	1 700
10	（一）搬迁费用支出（11＋12＋13＋14＋15）	100
11	1. 安置职工实际发生的费用	100
12	2. 停工期间支付给职工的工资及福利费	
13	3. 临时存放搬迁资产而发生的费用	
14	4. 各类资产搬迁安装费用	
15	5. 其他与搬迁相关的费用	
16	（二）搬迁资产处置支出	1 600
17	三、搬迁所得或损失（1－9）	3 350
18	四、应计入本年应纳税所得额的搬迁所得或损失（19＋20＋21）	3 350
19	其中：搬迁所得	3 350
20	搬迁损失一次性扣除	
21	搬迁损失分期扣除	
22	五、计入当期损益的搬迁收益或损失	
23	六、以前年度搬迁损失当期扣除金额	
24	七、纳税调整余额（18－22－23）	3 350

4.5.3　特殊行业准备金（原调整项目，单设附表 A105120）

特殊行业准备金利润计算及纳税调整对照提示表

在利润总额计算中的位置	A100000《中华人民共和国企业所得税年度纳税申报表（A类）》第 7 行"资产减值损失"
在纳税调整中的位置	A105120《特殊行业准备金纳税调整明细表》
风险管理提示	永久性差异调整

关键点 97　允许在企业所得税税前扣除的各类准备金

（1）关于证券行业准备金支出。

依据《财政部　国家税务总局关于证券行业准备金支出企业所得税税前扣除有关问题的通知》（财税〔2009〕33 号）规定。

（2）关于保险公司准备金支出。

依据《财政部　国家税务总局关于保险公司准备金支出企业所得税税前扣除有关问题的通知》（财税〔2009〕48 号）规定。

（3）关于中小企业信用担保机构准备金支出。

依据《财政部　国家税务总局关于中小企业信用担保机构有关准备金税前扣除问题的通知》（财税〔2009〕62 号）规定。

（4）关于金融企业贷款损失准备金支出。

依据《财政部　国家税务总局关于金融企业贷款损失准备金企业所得税前扣除有关问题的通知》（财税〔2009〕64 号）规定。

（5）关于金融企业涉农和中小企业贷款损失准备金支出。

依据《财政部　国家税务总局关于金融企业涉农和中小企业贷款损失准备金税前扣除政策的通知》（财税〔2009〕99 号）规定。

（6）关于保险公司提取农业巨灾风险准备金支出。

依据《财政部　国家税务总局关于保险公司提取农业巨灾风险准备金企业所得税税前扣除问题的通知》（财税〔2009〕110 号）规定。

4.5.4　房地产开发企业特定业务计算的纳税调整额

房地产开发企业特定业务计算的纳税调整额利润计算及纳税调整对照提示表

在利润总额计算中的位置	A101010《一般企业收入明细表》第 3 行"销售商品收入"，A104000《期间费用明细表》各项税费
在纳税调整中的位置	A105010《视同销售和房地产开发企业特定业务纳税调整明细表》
风险管理提示	重点行业

关键点 98　房地产开发企业特定业务计算的纳税调整额（重点行业）（原调整项目，单设附表 A105010）

房地产开发企业特定业务计算的纳税调整额企业所得税政策要点如下：

国税发〔2009〕31 号文件第九条规定，企业销售未完工开发产品取得的收入，应先按预计计税毛利率分季（或月）计算出预计毛利额，计入当期应纳税所得额。

$$预计毛利额＝销售未完工产品的收入×当地税务机关规定的计税毛利率$$

第十二条规定，企业发生的期间费用、已销开发产品计税成本、营业税金及附加、土地增值税准予当期按规定扣除。

（1）房地产开发企业特定业务——销售未完工产品。

①关于表中税金扣除问题"实际发生的营业税金及附加、土地增值税"：在会计核算中未计入当期损益的金额，才填报。（一般认为在会计核算时，当年预售收入不符合收入确认条件，按照预售收入计算的营业税金及附加、土地增值税，也不确认为当年的"营业税金及附加"科目，只暂时保留在"应交税费"科目中。）

②若在会计上已计入当期损益，则本行不填报，否则会造成税金的重复扣除。

（2）房地产开发企业特定业务——未完工产品结转完工产品。

①基本按销售未完工产品进行反向填报，消除重复计算问题。

②第 27 行"1. 销售未完工产品转完工产品确认的销售收入"填报说明：第 1 列"税收金额"填报房地产企业销售的未完工产品，此前年度已按预计毛利额征收所得税，本年度结转为完工产品，会计上符合收入确认条件，当年会计核算确认的销售收入金额。

案例 19　房地产开发预售填报案例

1. 情况说明。

某房地产开发企业，发生 2 个开发项目。

开发项目 A：2012 年、2013 年预售收入 7 000 万元，2014 年结转开发产品收入 7 000 万元，结转开发产品成本 5 000 万元，实际发生营业税金及附加 525 万元，会计上在 2014 年转入当期损益。

开发项目 B：2014 年新开发项目，当年预售收入 8 000 万元，实际发生营业税金及附加 600 万元，会计上在 2014 年计入当期损益。（假定 A、B 开发项目的预计毛利率都为 15%，不考虑土地增值税因素。）

2. 会计处理（单位：万元）。

（1）开发项目 A。2014 年结转开发产品收入、成本时：

借：预收账款　　　　　　　　　　　　　　　　　　　　7 000
　　贷：主营业务收入　　　　　　　　　　　　　　　　　　7 000

借：主营业务成本 5 000
　　贷：开发产品 5 000
借：营业税金及附加 525
　　贷：应交税费 525

（2）开发项目 B。2014 年预售收入时：

借：银行存款 8 000
　　贷：预收账款 8 000
借：应交税费 600
　　贷：银行存款 600
借：营业税金及附加 600
　　贷：应交税费 600

3. 填报方法。

开发项目 A：2014 年结转完工产品收入、成本，对原已进行纳税调增的预计毛利额 1 050 万元（7 000×15%）在表 A105010 第 28 行进行纳税调减，对已转入当期损益的营业税金及附加 525 万元在表 A105010 第 28 行进行纳税调增。

开发项目 B：2014 年销售未完工产品，预计毛利额 1 200 万元（8 000×15%）在 A105010 表第 24 行进行纳税调增，其缴纳的 600 万元营业税金及附加在会计上已计入当期损益，不再进行纳税调整。

05

第5章

亏损弥补表（A106000）
填报关键点

5.1 合并分立转入（出）亏损数额的填报

关键点 99 《企业所得税弥补亏损明细表》（A106000）第 3 列分立转出亏损数额的填报（修改表格项目名称）

1. 税收政策。

分立，是指一家企业（以下称为被分立企业）将部分或全部资产分离转让给现存或新设的企业（以下称为分立企业），被分立企业股东换取分立企业的股权或非股权支付，实现企业的依法分立。

企业分立，一般性税务处理，企业分立相关企业的亏损不得相互结转弥补。特殊性税务处理，被分立企业未超过法定弥补期限的亏损额可按分立资产占全部资产的比例进行分配，由分立企业继续弥补。

合并，是指一家或多家企业（以下称为被合并企业）将其全部资产和负债转让给另一家现存或新设企业（以下称为合并企业），被合并企业股东换取合并企业的股权或非股权支付，实现两个或两个以上企业的依法合并。

企业合并一般性税务处理，被合并企业的亏损不得在合并企业结转弥补。特殊性税务处理，可由合并企业弥补的被合并企业亏损的限额＝被合并企业净资产公允价值×截至合并业务发生当年年末国家发行的最长期限的国债利率。

2. 填报规则。

（1）若第 2 列＜0，第 4 列＝第 2＋3 列，否则第 4 列＝第 3 列。

（2）若第 3 列＞0 且第 2 列＜0，第 3 列＜第 2 列的绝对值。

5.2 政策性搬迁停止生产经营期间弥补亏损年限计算的中止

关键点 100 政策性搬迁停止生产经营期间弥补亏损年限计算的中止

政策搬迁期间，停止生产经营活动年度从法定亏损结转弥补年限中减除。国家税务总局 2012 年第 40 号公告规定，企业以前年度发生尚未弥补的亏损的，凡企业由于搬迁停止生产经营无所得的，从搬迁年度次年起，至搬迁完成年度前一年度止，可作为停止生产经营活动年度，从法定亏损结转弥补年限中减除。

5.3 "纳税调整后所得"的填报口径

关键点 101　"纳税调整后所得"的填报口径

A106000《企业所得税弥补亏损明细表》第 2 列"纳税调整后所得"填报口径如下：

（1）2008 版企业所得税年度纳税申报表《弥补亏损明细表》对应列名称为"盈利额或亏损额"，2014 版申报表修改为"纳税调整后所得"。

（2）本列以前年度（前五年度至前一年度）行取数为 2008 版企业所得税年度纳税申报表主表第 23 行（2013 纳税年度前）或 2014 版企业所得税年度纳税申报表 A100000 第 19 行（2014 纳税年度后）"纳税调整后所得"的金额（亏损额以"—"号表示）。

（3）本列"本年度"填报金额为主表中纳税调整后所得相关数据的计算值。不能直接引自主表。

表 A100000 第 19 行"纳税调整后所得">0，第 20 行"所得减免">0，则本表第 2 列第 6 行＝本年度表 A100000 第 19－20－21 行，且减至 0 止。

第 20 行"所得减免"<0，填报此处时，填写负数。

表 A100000 第 19 行"纳税调整后所得"<0，则本表第 2 列第 6 行＝本年度表 A100000 第 19 行。

5.4 纳税调整后所得弥补以前年度亏损及享受应纳税所得额抵免的先后顺序

关键点 102　纳税调整后所得弥补以前年度亏损及享受应纳税所得额抵免的先后顺序

1. 税收政策。

《企业所得税法》第五条规定，企业每一纳税年度的收入总额，减除不征税收入、免税收入、各项扣除以及允许弥补的以前年度亏损后的余额，为应纳税所得额。

第十八条规定，企业纳税年度发生的亏损，准予向以后年度结转，用以后年度的所得弥补，但结转年限最长不得超过五年。

第三十一条规定，创业投资企业从事国家需要重点扶持和鼓励的创业投资，可以按投资额的一定比例抵扣应纳税所得额。企业纳税年度发生的亏损，准予向以后年度结转，用以后年度的所得弥补，但结转年限最长不得超过五年。

《企业所得税法实施条例》第九十七条规定，企业所得税法第三十一条所称抵扣应纳税所得额，是指创业投资企业采取股权投资方式投资于未上市的中小高新技术企业 2 年以上的，可以按照其投资额的 70％在股权持有满 2 年的当年抵扣该创业投资企业的应纳税所得额；当年不足抵扣的，可以在以后纳税年度结转抵扣。

2. 2014 版申报表相关设置。

A107030《抵扣应纳税所得额明细表》填报说明如下：

"第 5 行'本年可抵扣的股权投资额'：本行填报第 3 行'本年新增的可抵扣的股权投资额'＋第 4 行'以前年度结转的尚未抵扣的股权投资余额'。

第 6 行'本年可用于抵扣的应纳税所得额'：本行填报表 A100000 第 19 行'纳税调整后所得'－20 行'所得减免'－22 行'弥补以前年度亏损'的金额，若金额小于 0，则填报 0。

第 7 行'本年实际抵扣应纳税所得额'：若第 5 行≤第 6 行，则本行＝第 5 行；第 5 行＞第 6 行，则本行＝第 6 行。

第 8 行'结转以后年度抵扣的股权投资余额'：第 5 行＞第 6 行，则本行＝第 5－7 行；第 5 行≤第 6 行，则本行＝0。"

3. 待明确的问题。

2014 版企业所得税年度纳税申报表的相关填报说明规定，表 A100000 第 19 行"纳税调整后所得"＞0，第 20 行"所得减免"＞0，A106000《企业所得税纳税弥补亏损明细表》第 2 列第 6 行"纳税调整后所得"＝本年度表 A100000 第 19－20－21 行，且减至 0 止。A107030《抵扣应纳税所得额明细表》第 6 行"本年可用于抵扣的应纳税所得额"：本行填报表 A100000 第 19 行"纳税调整后所得"－20 行"所得减免"－22 行"弥补以前年度亏损"的金额，若金额小于 0，则填报 0。笔者认为，这两处规定看似存在相互之间的循环计算，实则是在应纳税所得额先用于"弥补以前年度亏损"还是先"享受抵扣应纳税所得额"上给纳税人留下了选择的空间。纳税人根据自身利益填写上述两项金额，最终稿申报结果符合上述两项等式关系即可，并没有"循环计算"的问题。

税收政策未对抵扣应纳税所得额和弥补亏损的先后次序进行明确。勘误后的 2014 版申报表删去了上述"－22 行'弥补以前年度亏损'"内容，造成了企业必须按照先抵扣应纳税所得额再弥补以前年度亏损的顺序进行应纳税所得额计算。

但弥补以前年度亏损有五年的时间限制,抵扣应纳税所得额结转以后年度计算的优惠则没有时间限制。因此上述勘误会影响纳税人利益。

06

第6章

税收优惠表填报关键点

6.1 收入、扣除优惠（A107010）（免税收入、减记收入、加计扣除、加速折旧）

6.1.1 国债利息收入

国债利息收入利润计算及纳税调整对照提示表

在利润总额计算中的位置	A100000《中华人民共和国企业所得税年度纳税申报表（A类）》第9行"投资收益"
在纳税调整中的位置	A105020《未按权责发生制确认收入纳税调整明细表》第3行"利息"
	A105030《投资收益纳税调整明细表》第1行"交易性金融资产"、第3行"持有至到期投资"
在免税收入计算中的位置	A107010《免税、减计收入及加计扣除优惠明细表》第2行"国债利息收入"

1. 相关知识。

（1）国债又称国家公债，是国家以其信用为基础，按照债的一般原则，通过向社会筹集资金所形成的债权债务关系。国债是由国家发行的债券，是中央政府为筹集财政资金而发行的一种政府债券，是中央政府向投资者出具的、承诺在一定时期支付利息和到期偿还本金的债权债务凭证。由于国债的发行主体是国家，所以它具有最高的信用度，被公认为是最安全的投资工具。

（2）国债市场按照国债交易的层次或阶段可分为两个部分：一是国债发行市场；二是国债流通市场。国债发行市场指国债发行场所，又称国债一级市场或初级市场，是国债交易的初始环节。一般是政府与证券承销机构，如银行、金融机构和证券经纪人之间的交易，通常由证券承销机构一次全部买下发行的国债。国债流通市场又称国债二级市场，是国债交易的第二阶段。一般是国债承销机构与认购者之间的交易，也包括国债持有者与政府或国债认购者之间的交易。它又分证券交易所交易和场外交易两类。证券交易所交易指在指定的交易所营业厅从事的交易，不在交易所营业厅从事的交易即为场外交易。

（3）国债净价交易是一种在现券买卖时，以不含有自然增长应计利息的价格报价并成交的交易方式。也就是说，将国债成交价格与国债的应计利息分解，让交易价格随行就市，而应计利息则根据票面利率按天计算，从而使国债的持有人享有持有期间应得的利息收入。

2. 政策要点。

参见投资收益项目调整。

3. 填报案例。

参见投资收益项目调整。

关键点 103 "国债利息"免税优惠涉税风险描述

（1）免税的国债利息收入不包括持有外国政府国债取得的利息收入，也不包括持有企业发行的债券取得的利息收入，而仅限于持有中国中央政府发行的国债取得的利息收入。

（2）企业购买国债，不论是在一级市场（发行市场）还是在二级市场（流通市场）购买，其利息收入均享受免税优惠。国债净价交易时，交割单上列示的国债利息收入，可作为企业取得的免税收入处理。但需要注意的是，对于企业在二级市场转让国债获得的收入，即成交金额与国债面值、利息的差额，应作为转让财产收入计算缴纳企业所得税。

（3）除有些金融企业外，一般企业的债券投资无论是利息收入还是转让所得，都通过"投资收益"科目来核算，在计算征免税收入时要注意进行区分。

6.1.2 居民企业间的股息红利等权益性投资收益免税

居民企业间的股息红利等权益性投资收益免税政策要点参见投资收益项目调整。

关键点 104 居民企业间的股息红利等权益性投资收益免税实务问题探讨

（1）连续持有居民企业公开发行并上市流通的股票，不足 12 个月取得的投资收益在持有期限满 12 个月后能否免税？

《企业所得税法实施条例》第八十三条规定，企业所得税法所称股息、红利等权益性投资收益，不包括连续持有居民企业公开发行并上市流通的股票不足 12 个月取得的投资收益。实务中纳税人对于连续持有居民企业公开发行并上市流通的股票不足 12 个月时取得的投资收益不得作为免税的股息红利收入，但笔者认为纳税人应与主管税务机关沟通，待连续持有该企业股票满 12 个月后，能否再将此部分股息红利收入作为免税收入，以保障自身利益。

（2）企业从"新三板"购买的股票是否属于"公开上市发行"？取得分回

的股息红利是否可以按照居民企业间免税收益处理?

"新三板"上市需要满足的要求之一为: 新三板上市公司必须是非上市股份有限公司, 不属于《企业所得税法实施条例》第八十三条规定的"公开发行并上市流通"的情形。企业投资于新三板挂牌企业所取得的股息红利, 符合《企业所得税法》第二十六条第二项及《企业所得税法实施条例》第八十三条规定的, 可以作为免税收入, 享受税收优惠。

关键点 105 "沪港通"相关股息红利权益性投资收益免税优惠的申报

1. 相关知识。

"沪港通"是指上海证券交易所和香港联合交易所允许两地投资者通过当地证券公司(或经纪商)买卖规定范围内的对方交易所上市的股票。包括沪股通和港股通两部分。正式启动时间为 2014 年 11 月 17 日。试点初期, 香港证监会要求参与港股通的境内投资者仅限于机构投资者, 以及证券账户和资金账户余额不低于 50 万元的个人投资者。对参与沪股通的香港投资者不设准入条件。

境内证券交易所包括上海证券交易所和深圳证券交易所(创业板)。

A 股: 人民币普通股票、境内上市交易、只允许本国投资者以人民币认购(2005 年底, 特批的境外机构也可以认购)。

B 股: 人民币特种股票、境内上市交易、境外投资者以外币认购(沪市以美元计价、深市以港币计价)。

H 股: 境内公司在香港证券交易所上市、以港币计价。

2. "港股通"涉及的企业所得税问题。

"港股通"的实质是权益性(股票)投资, 股息红利、转让所得"遵从一般原理"。

《财政部 国家税务总局 证监会关于沪港股票市场交易互联互通机制试点有关税收政策的通知》(财税〔2014〕81 号)第一条第(二)项规定, 对内地企业投资者通过沪港通投资香港联交所上市股票取得的转让差价所得, 计入其收入总额, 依法征收企业所得税。

第一条第(四)项规定:

1. 对内地企业投资者通过沪港通投资香港联交所上市股票取得的股息红利所得, 计入其收入总额, 依法计征企业所得税。其中, 内地居民企业连续持有 H 股满 12 个月取得的股息红利所得, 依法免征企业所得税。

2. 香港联交所上市 H 股公司应向中国结算提出申请, 由中国结算向 H

股公司提供内地企业投资者名册，H 股公司对内地企业投资者不代扣股息红利所得税款，应纳税款由企业自行申报缴纳。

3. 内地企业投资者自行申报缴纳企业所得税时，对香港联交所非 H 股上市公司已代扣代缴的股息红利所得税，可依法申请税收抵免。

3. 年度纳税申报表填报。

内地居民企业连续持有 H 股满 12 个月取得的股息红利所得：填写 A107011《符合条件的居民企业之间的股息、红利等权益性投资收益优惠明细表》，同时填写 A107010《免税、减计收入及加计扣除优惠明细表》第 3 行 "符合条件的居民企业之间的股息、红利等权益性投资收益" 以及 A100000《中华人民共和国企业所得税年度纳税申报表（A 类）》第 17 行 "免税、减计收入及加计扣除"。

对内地企业投资者通过沪港通投资香港联交所非 H 股上市公司上市股票取得的股息、红利等权益性投资收入和转让差价所得，作为境外所得，填报 A108000《境外所得税收抵免明细表》和 A108010《境外所得纳税调整后所得明细表》。

案例 20　股权转让所得、从被投资企业分回清算所得、从被投资企业撤回或减少投资三种处理方法的差异填报案例

（1）股权转让：A 企业将控股 30% 的 B 企业以 800 万元的价格转让给 C 企业，其中 B 企业有 1000 万元的累计未分配利润。A 企业的投资成本 600 万元，股权转让所得＝800－600＝200（万元）。

（2）收回被清算企业资产：B 企业清算，A 企业分回清算资产同上，即：

$$清算所得（损失）=800-(1\,000×30\%)-600=-100（万元）$$

A107011《符合条件的居民企业之间的股息、红利等权益性投资收益优惠情况明细表》相关项目的填写如下：

第 7 列 "分得的被投资企业清算剩余资产"：800 万元；

第 8 列 "被清算企业累计未分配利润和累计盈余公积应享有部分"：300 万元；

第 9 列 "应确认的股息所得"：300 万元。

（3）撤资收回资产：A 企业从控股 30% 的 B 企业撤资，A 企业收回投资 800 万元，其中，B 企业有 1 000 万元的累计未分配利润。A 企业的投资成本 600 万元。

①A 企业首先确认收回成本 600 万元；

②再考虑 800 万元中相当于 B 企业累计未分配利润的 200 万元（800－600＜1 000×30％）；

③撤回投资的股权转让所得（损失）＝800－600－200＝0。

A107011《符合条件的居民企业之间的股息、红利等权益性投资收益优惠情况明细表》相关项目的填写如下：

第 10 列"从被投资企业撤回或减少投资取得的资产"：800 万元；

第 11 列"减少投资比例"：100％；

第 12 列"收回初始投资成本"：600 万元；

第 13 列"取得资产中超过收回初始投资成本部分"：200 万元；

第 14 列"撤回或减少投资应享有被投资企业累计未分配利润和累计盈余公积"：300 万元；

第 15 列"应确认的股息所得"：200 万元。

6.1.3 符合条件的非营利组织收入［《免税、减计收入及加计扣除优惠明细表》（A107010）第 4 行"符合条件的非营利组织收入"］

关键点 106 符合条件的非营利组织收入政策要点

1. 优惠待遇。

《企业所得税法》第二十六条规定，符合条件的非营利组织收入免征企业所得税。

《企业所得税法实施条例》第八十四条规定，企业所得税法第二十六条第（四）项所称符合条件的非营利组织，是指同时符合下列条件的组织：

（一）依法履行非营利组织登记手续；

（二）从事公益性或者非营利性活动；

（三）取得的收入除用于与该组织有关的、合理的支出外，全部用于登记核定或者章程规定的公益性或者非营利性事业；

（四）财产及其孳息不用于分配；

（五）按照登记核定或者章程规定，该组织注销后的剩余财产用于公益性或者非营利性目的，或者由登记管理机关转赠给与该组织性质、宗旨相同的组织，并向社会公告；

（六）投入人对投入该组织的财产不保留或者享有任何财产权利；

（七）工作人员工资福利开支控制在规定的比例内，不变相分配该组织的财产。

前款规定的非营利组织的认定管理办法由国务院财政、税务主管部门会同国务院有关部门制定。

2. 符合条件的非营利组织免税收入的范围。

《财政部　国家税务总局关于非营利组织企业所得税免税收入问题的通知》（财税〔2009〕122 号）规定，根据《中华人民共和国企业所得税法》第二十六条及《中华人民共和国企业所得税法实施条例》（国务院令第 512 号）第八十五条的规定，现将符合条件的非营利组织企业所得税免税收入范围明确如下：

非营利组织的下列收入为免税收入：

（一）接受其他单位或者个人捐赠的收入；

（二）除《中华人民共和国企业所得税法》第七条规定的财政拨款以外的其他政府补助收入，但不包括因政府购买服务取得的收入；

（三）按照省级以上民政、财政部门规定收取的会费；

（四）不征税收入和免税收入孳生的银行存款利息收入；

（五）财政部、国家税务总局规定的其他收入。

6.1.4　证券投资基金相关免税收入［《免税、减计收入及加计扣除优惠明细表》（A107010）第 7 行至第 9 行］

关键点 107　证券投资基金相关免税收入政策要点

《财政部　国家税务总局关于企业所得税若干优惠政策的通知》（财税〔2008〕1 号）规定，对证券投资基金从证券市场中取得的收入，包括买卖股票、债券的差价收入，股权的股息、红利收入，债券的利息收入及其他收入，暂不征收企业所得税。对证券投资基金管理人运用基金买卖股票、债券的差价收入，暂不征收企业所得税。对投资者从证券投资基金分配中取得的收入，暂不征收企业所得税。

证券投资基金相关知识如下：

（1）采用封闭式运作方式的基金（简称封闭式基金），是指经核准的基金份额总额在基金合同期限内固定不变，基金份额可以在依法设立的证券交易场所交易，但基金份额持有人不得申请赎回的基金。

封闭式基金的基金份额，经基金管理人申请，国务院证券监督管理机构核准，可以在证券交易所上市交易。

国务院证券监督管理机构可以授权证券交易所依照法定条件和程序核准基金份额上市交易。

（2）采用开放式运作方式的基金（简称开放式基金），是指基金份额总额不固定，基金份额可以在基金合同约定的时间和场所申购或者赎回的基金。

开放式基金的基金份额的申购、赎回和登记，由基金管理人负责办理；基金管理人可以委托经国务院证券监督管理机构认定的其他机构代为办理。

（3）基金管理人由依法设立的基金管理公司担任。担任基金管理人，应当经国务院证券监督管理机构核准。

基金管理人以管理费为主要收入来源。管理费一般按照基金合同中约定的比例（一般按基金净值的一定比例）及方式进行提取、支付。

（4）基金托管人由依法设立并取得基金托管资格的商业银行担任。基金托管人与基金管理人不得为同一人，不得相互出资或者持有股份。

（5）基金管理人运用基金财产进行证券投资，应当采用资产组合的方式。资产组合的具体方式和投资比例，依照本法和国务院证券监督管理机构的规定在基金合同中约定。基金财产及运用基金进行投资所获收益属于基金份额持有人（即投资人）。

关键点 108　证券投资基金免税实务问题探讨

目前很多企业以货币基金形式进行投资，基金根据每日基金收益情况，以每万份基金已实现收益为基准，"每日分配、按日支付"形式为投资人每日计算当日收益并分配，且每日进行支付。基金根据每日收益情况，将当日收益全部分配，若当日已实现收益大于零时，为投资人记正收益；若当日已实现收益小于零时，为投资人记负收益；若当日已实现收益等于零时，当日投资人不记收益。基金每日进行收益计算并分配时，每日收益支付方式只采用红利再投资（即红利转基金份额）方式，投资人可通过赎回基金份额获得现金收益；投资人在当日收益支付时，若当日净收益大于零时，则增加投资人基金份额；若当日净收益等于零时，则保持投资人基金份额不变；基金管理人将采取必要措施尽量避免基金净收益小于零，若当日净收益小于零时，不缩减投资人基金份额，待其后累计净收益大于零时，即增加投资人基金份额。

企业投资货币基金，对于采用红利再投资方式取得的收益应在什么时点确认缴纳企业所得税，以及是否可以享受免税优惠政策？

企业投资于证券投资基金，从证券投资基金分配中取得的收入应参照《国家税务总局关于贯彻落实企业所得税法若干税收问题的通知》（国税函〔2010〕79 号）第四条的规定，在证券投资基金做出分配决定时确认收入的实现。具体到上述案例，应在每日分配时确认收入。

"每日分配、按日支付"属于特殊的分配、投资形式，其分配的收入为从基金分配中取得的收入。上述案例中的货币基金为证券投资基金的，按照《财政部 国家税务总局关于企业所得税若干优惠政策的通知》（财税〔2008〕1 号）的规定，投资者从基金分配中取得的收入，暂不征收企业所得税。

6.1.5 综合利用资源生产产品取得的收入［《综合利用资源生产产品取得的收入优惠明细表》（A107012）］

关键点 109 综合利用资源生产产品取得的收入政策要点

按照《国家税务总局关于资源综合利用企业所得税优惠管理问题的通知》（国税函〔2009〕185 号）的规定，资源综合利用企业所得税优惠，是指企业自 2008 年 1 月 1 日起以《资源综合利用企业所得税优惠目录（2008 年版）》（以下简称《目录》）规定的资源作为主要原材料，生产国家非限制和非禁止并符合国家及行业相关标准的产品取得的收入，减按 90％计入企业当年收入总额。

经资源综合利用主管部门按《目录》规定认定的生产资源综合利用产品的企业（不包括仅对资源综合利用工艺和技术进行认定的企业），取得《资源综合利用认定证书》，可按本通知规定申请享受资源综合利用企业所得税优惠。

企业资源综合利用产品的认定程序，按《国家发展改革委 财政部 国家税务总局关于印发〈国家鼓励的资源综合利用认定管理办法〉的通知》（发改环资〔2006〕1864 号）的规定执行。

2008 年 1 月 1 日之前经资源综合利用主管部门认定取得《资源综合利用认定证书》的企业，应重新办理认定并取得《资源综合利用认定证书》，方可申请享受资源综合利用企业所得税优惠。

企业从事非资源综合利用项目取得的收入与生产资源综合利用产品取得的收入没有分开核算的，不得享受资源综合利用企业所得税优惠。

6.1.6 安置残疾人员及国家鼓励安置的其他就业人员所支付的工资加计扣除

关键点 110 安置残疾人员及国家鼓励安置的其他就业人员所支付的工资加计扣除政策要点

《财政部 国家税务总局关于安置残疾人员就业有关企业所得税优惠政策问题的通知》（财税〔2009〕70 号）规定，企业安置残疾人员的，在按照支付给残疾职工工资据实扣除的基础上，可以在计算应纳税所得额时按照支付给残疾职工工资的 100％加计扣除。企业就支付给残疾职工的工资，在进行企业所得税预缴申报时，允许据实计算扣除；在年度终了进行企业所得税年度申报和汇算清缴时，再计算加计扣除。残疾人员的范围适用《中华人民共和国残疾人保障法》的有关规定。企业享受安置残疾职工工资 100％加计扣除应同时具备如下条件：依法与安置的每位残疾人签订了 1 年以上（含 1 年）的劳动合同或服务协议，并且安置的每位残疾人在企业实际上岗工作。为安置的每位残疾人按月足额缴纳了企业所在区县人民政府根据国家政策规定的基本养老保险、基本医疗保险、失业保险和工伤保险等社会保险。定期通过银行等金融机构向安置的每位残疾人实际支付了不低于企业所在区县适用的经省级人民政府批准的最低工资标准的工资。具备安置残疾人上岗工作的基本设施。已安置残疾职工应具备《中华人民共和国残疾人证》或《中华人民共和国残疾军人证（1 至 8 级）》。

6.1.7　研发费用加计扣除

研发费用加计扣除利润计算及纳税调整对照提示表

在利润总额计算中的填报位置	A104000《期间费用明细表》第 19 行"研究费用"
可能存在的税会差异在纳税调整中的位置	A105040《专项用途财政性资金纳税调整明细表》
	A105080《资产折旧、摊销情况及纳税调整明细表》
在加计扣除优惠计算中的位置	A107014《研发费用加计扣除优惠明细表》

关键点 111　研发费用加计扣除政策要点

（1）研究开发活动符合规定的范围。

研究开发活动是指企业为获得科学与技术（不包括人文、社会科学）新知识，创造性运用科学技术新知识，或实质性改进技术、工艺、产品（服务）而持续进行的具有明确目标的研究开发活动。

创造性运用科学技术新知识，或实质性改进技术、工艺、产品（服务），是指企业通过研究开发活动在技术、工艺、产品（服务）方面的创新取得了有价值的成果，对本地区（省、自治区、直辖市或计划单列市）相关行业的技术、工艺领先具有推动作用，不包括企业产品（服务）的常规性升级或对公开的科研成果直接应用等活动（如直接采用公开的新工艺、材料、装置、产品、服务或知识等）。

（2）可加计扣除的研究开发费用范围。

①新产品设计费、新工艺规程制定费以及与研发活动直接相关的技术图书资料费、资料翻译费。

②从事研发活动直接消耗的材料、燃料和动力费用。

③在职直接从事研发活动人员的工资、薪金、奖金、津贴、补贴。

④专门用于研发活动的仪器、设备的折旧费或租赁费。

⑤专门用于研发活动的软件、专利权、非专利技术等无形资产的摊销费用。

⑥专门用于中间试验和产品试制的模具、工艺装备开发及制造费。

⑦勘探开发技术的现场试验费。

⑧研发成果的论证、评审、验收费用。

⑨企业依照国务院有关主管部门或者省级人民政府规定的范围和标准为在职直接从事研发活动人员缴纳的基本养老保险费、基本医疗保险费、失业保险费、工伤保险费、生育保险费和住房公积金。

⑩专门用于研发活动的仪器、设备的运行维护、调整、检验、维修等费用。

⑪不构成固定资产的样品、样机及一般测试手段购置费。

⑫新药研制的临床试验费。

⑬研发成果的鉴定费用。

（3）对企业共同合作开发的项目，凡符合上述条件的，由合作各方就自身承担的研发费用分别按照规定计算加计扣除。

（4）对企业委托给外单位进行开发的研发费用，凡符合上述条件的，由委托方按照规定计算加计扣除，受托方不得再进行加计扣除。

对委托开发的项目，受托方应向委托方提供该研发项目的费用支出明细情况，否则，该委托开发项目的费用支出不得实行加计扣除。

（5）企业根据财务会计核算和研发项目的实际情况，对发生的研发费用进行收益化或资本化处理的，可按下述规定计算加计扣除：

①研发费用计入当期损益未形成无形资产的，允许再按其当年研发费用实际发生额的50%，直接抵扣当年的应纳税所得额。

②研发费用形成无形资产的，按照该无形资产成本的150%在税前摊销。除法律另有规定外，摊销年限不得低于10年。

③法律、行政法规和国家税务总局规定不允许企业所得税前扣除的费用

和支出项目，均不允许计入研究开发费用。

(6) 有关研发费加计扣除和固定资产加速折旧政策的衔接。

国家税务总局 2014 年第 64 号公告规定，企业在 2014 年 1 月 1 日后购进并专门用于研发活动的仪器、设备，单位价值不超过 100 万元的，可以一次性在计算应纳税所得额时扣除；单位价值超过 100 万元的，允许按不低于企业所得税法规定折旧年限的 60％缩短折旧年限，或选择采取双倍余额递减法或年数总和法进行加速折旧。

企业专门用于研发活动的仪器、设备享受国家税务总局 2014 年第 64 号公告规定的优惠政策的，在享受研发费加计扣除时，按照国税发〔2008〕116 号、财税〔2013〕70 号等文件的规定，就已经进行会计处理的折旧、费用等金额进行加计扣除。此处应特别注意的是，国税发〔2008〕116 号文件第四条明确了允许在计算应纳税所得额时按照规定实行加计扣除的研发费用应该是在一个纳税年度中实际发生的费用支出。

(7) 有关企业集团集中研究开发项目分摊研究开发费用的特殊规定。

企业集团根据生产经营和科技开发的实际情况，对技术要求高、投资数额大，需要由集团公司进行集中开发的研究开发项目，其实际发生的研究开发费，可以按照合理的分摊方法在受益集团成员公司间进行分摊。

企业集团采取合理分摊研究开发费的，企业集团应提供集中研究开发项目的协议或合同，该协议或合同应明确规定参与各方在该研究开发项目中的权利和义务、费用分摊方法等内容。如不提供协议或合同，研究开发费不得加计扣除。

企业集团采取合理分摊研究开发费的，企业集团集中研究开发项目实际发生的研究开发费，应当按照权利和义务、费用支出和收益分享一致的原则，合理确定研究开发费用的分摊方法。

企业集团采取合理分摊研究开发费的，企业集团母公司负责编制集中研究开发项目的立项书、研究开发费用预算表、决算表和决算分摊表。

税企双方对企业集团集中研究开发费的分摊方法和金额有争议的，如企业集团成员公司设在不同省、自治区、直辖市和计划单列市的，企业按照国家税务总局的裁决意见扣除实际分摊的研究开发费；企业集团成员公司在同一省、自治区、直辖市和计划单列市的，企业按照省税务机关的裁决意见扣除实际分摊的研究开发费。

(8) 注意以委托、合作等研发形式而形成的无形资产的所有权归属问题，如相互之间是否支付特许权使用费，则不得享受加计扣除政策。

（9）如果研发经费符合不征税收入的政策规定且在计算企业所得税时按不征税收入处理的，不得在税前扣除及加计扣除。形成无形资产的也不能扣除。

（10）企业在一个纳税年度内进行多个研究开发活动的，应按照不同开发项目分别归集可加计扣除的研究开发费用额。

案例 21　研发费用加计扣除填报案例

1. 情况说明。

A 企业 2014 年进行某一研发项目的研制开发活动，A 企业共投入 85 万元。其中：直接消耗的材料费用 10 万元，直接从事研发活动的本企业在职人员工资 30 万元，专门用于研发活动的有关折旧费 15 万元，专门用于研发活动的无形资产摊销费 10 万元，中间试验费用 20 万元。以前年度研发费用资本化本年结转无形资产的金额为 55 万元，其中 20 万元符合不征税收入条件且已做不征税收入处理，本年度研发费用资本化本年结转无形资产的金额为 45 万元，本年费用化支出 40 万元。

本年项目总投入 85 万元。其中财政拨款 40 万元符合不征税条件并且已做不征税收入处理，且 40 万元财政拨款中，10 万元资本化并结转形成无形资产，30 万元进行了费用化处理。2011 年研发形成的无形资产 200 万元，每年摊销 20 万元，已摊销 3 年。A 企业研发形成的无形资产按直线法分 10 年摊销。

2. 会计处理（单位：万元）。

（1）发生研发支出。

借：研发支出——费用化支出	40
——资本化支出	45
贷：原材料	10
应付职工薪酬	30
固定资产折旧	15
无形资产摊销	10
中间试验费用	20

（2）期末计入费用或达到预计可使用状态。

借：管理费用	40
贷：研发支出——费用化支出	40
借：无形资产	100
贷：研发支出——资本化支出	100

（3）2014 年摊销无形资产。

借：管理费用　　　　　　　　　　　　　　　30[(100÷10)＋20]

贷：累计摊销　　　　　　　　　　　　　　　　　　　　　　30

3. 填报方法。

（1）加计扣除额的填报。

第一步，计算本年度可扣除的研发费用：

表 A107014 第 2 列"研发活动直接消耗的材料、燃料和动力费用"：10 万元；

表 A107014 第 3 列"直接从事研发活动的本企业在职人员费用"：30 万元；

表 A107014 第 4 列"专门用于研发活动的有关折旧费、租赁费、运行维护费"：15 万元；

表 A107014 第 5 列"专门用于研发活动的有关无形资产摊销费"：10 万元；

表 A107014 第 6 列"中间试验和产品试制的有关费用，样品、样机及一般测试手段购置费"：20 万元；

表 A107014 第 10 列"年度研发费用合计"：85 万元；

表 A107014 第 11 列"减：作为不征税收入处理的财政性资金用于研发的部分"：40 万元（包括本年不征税收入用于研发在"研发支出——资本化支出"和"研发支出——费用化支出"科目核算的金额，不包括以前年度不征税收入用于研发在"研发支出——资本化支出"科目核算本年结转形成无形资产的部分）；

表 A107014 第 12 列"可加计扣除的研发费用合计"：45 万元（85－40）。

第二步，本年度研发支出费用化的加计扣除额：

研发支出费用化计入"管理费用"40 万元中的 30 万元属于不征税收入对应的支出不得税前扣除。

表 A107014 第 13 列"计入本年损益的金额"：10 万元（40－30），即：第 13 列≤第 12 列；

表 A107014 第 14 列"计入本年研发费用加计扣除额"：5 万元（10×50%）。

第三步，本年度研发支出资本化的加计扣除额：

研发支出资本化计入"无形资产"100 万元中的 30 万元属于不征税收入对应的支出不得税前扣除。

表 A107014 第 15 列"本年形成无形资产的金额"：70 万元（45－10＋

55－20)(注意此处要剔除以前年不征税收入用于研发在"研发支出——资本化支出"科目核算本年结转形成无形资产的部分);

表 A107014 第 16 列"本年形成无形资产加计摊销额":3.5 万元 (70÷10×50%);

表 A107014 第 17 列"以前年度形成无形资产本年加计摊销额":10 万元 (20×50%);

表 A107014 第 18 列"无形资产本年加计摊销额":13.5 万元 (3.5＋10)。

第四步,计算本年度可扣除的研发费用加计扣除合计:

第 19 列"本年研发费用加计扣除额合计":18.5 万元 (5＋13.5);

则 A107010《免税、减计收入及加计扣除优惠明细表》第 22 行:18.5 万元。

(2)对本年度损益的调整。

当年度计入"管理费用"的研发费用 70 万元 (40＋20＋10)。

其中,属于不征税收入对应支出形成的费用 33 万元 [30＋(30÷10)]。

则 A105000《纳税调整项目明细表》第 24 行"不征税收入用于支出所形成的费用"的第 3 列"调增金额":30 万元。

该项无形资产对应项目的填报如下:

表 A105080 第 2 列"资产账载金额":100 万元;

表 A105080 第 4 列"资产计税基础":70 万元;

表 A105080 第 9 列"纳税调整金额":3 万元;

表 A105080 第 10 列调整原因为:计提原值。

调整后:

①A 企业 2014 年当期实际在税前扣除的研发支出:37 万元 (70－33);

②加计扣除额:18.5 万元。

6.2　应纳税所得额优惠(减免应纳税所得、抵扣应纳税所得)

6.2.1　减免所得额优惠(A107020)

企业所得税减免所得额优惠项目主要包括农林牧渔业项目、国家重点扶持的公共基础设施项目、符合条件的环境保护、节能节水项目、符合条件的技术转让项目、实施清洁发展机制项目、符合条件的节能服务公司实施合同能源管理项目等。

《企业所得税法实施条例》第一百零二条规定，企业同时从事适用不同企业所得税待遇的项目的，其优惠项目应当单独计算所得，并合理分摊企业的期间费用；没有单独计算的，不得享受企业所得税优惠。

国税函〔2010〕148 号文件（自 2015 年 1 月 1 日起被国家税务总局公告 2014 年第 63 号全文废止）规定，对企业取得的免税收入、减计收入以及减征、免征所得额项目，不得弥补当期及以前年度应税项目亏损；当期形成亏损的减征、免征所得额项目，也不得用当期和以后纳税年度应税项目所得抵补。

笔者认为，结合 2014 版企业所得税年度纳税申报表项目设置的变化，纳税人在申报享受减免所得额优惠时，应关注两方面内容。一是减免所得项目与应税项目之间亏损结转弥补的问题。二是项目所得减半征收与减免税优惠叠加享受的调整问题。

以下将对纳税人申报享受企业所得税所得减免类优惠的政策要点进行梳理，并对上述两类事项的处理方法进行探讨。

关键点 112　减免项目与应税项目纳税调整后所得的亏损结转弥补

《企业所得税法实施条例》第一百零二条规定，企业同时从事适用不同企业所得税待遇的项目的，其优惠项目应当单独计算所得，并合理分摊企业的期间费用；没有单独计算的，不得享受企业所得税优惠。

目前 2014 版企业所得税年度纳税申报表的逻辑和数据信息采集口径，仍与国税函〔2010〕148 号文件（自 2015 年 1 月 1 日起被国家税务总局公告 2014 年第 63 号全文废止）相关规定一致，即：对企业取得的免税收入、减计收入以及减征、免征所得额项目，不得弥补当期及以前年度应税项目亏损；当期形成亏损的减征、免征所得额项目，也不得用当期和以后纳税年度应税项目所得抵补。

当减免项目纳税调整后所得为负数时，主表 A100000 第 20 行填写负数，要求纳税人对负数进行调增处理。即不允许应税项目所得弥补减免项目亏损。当应税项目纳税调整后所得为负数，即 2014 版年度纳税申报表主表 A100000 第 19 行为负数，减免项目纳税调整后所得为正数时，主表 A100000 第 20 行可以填写正数。即不要求用减免项目所得弥补应税项目亏损。

那么，实务中是否会出现减免项目所得为负数的情形？且特殊情况下当法人主体口径的纳税调整后所得为负数时，若对减免项目纳税调整后所得进行调增，会导致纳税人应纳税所得额为正数，从而在纳税人作为法人主体亏损的情况下产生应纳税额，是否合理？

有观点认为，应允许纳税人基于"理性人假设"，在减免项目纳税调整后所得为负数的年度放弃享受"两免三减半"的税收待遇。但笔者认为按照这种观点处理就可能导致出现观点一描述的"纳税人享受优惠的减免所得额超过项目在优惠期间实际的经营成果"的情况。

例如，纳税人作为投资经营者在某公路投入运营第一年持续投入资金，公路项目纳税调整后所得为－500 万元，第二年公路项目纳税调整后所得为1 000 万元。项目享受"两免三减半"的项目优惠，第一年应在主表 A100000第 20 行进行调增 500 万元，第二年调减 1000 万元。享受优惠的所得额与企业两年的实际经营成果一致。但如果纳税人第一年放弃享受优惠，主表A100000第 20 行不针对该项目进行调增，第二年调减 1 000 万元。享受优惠的所得额大于企业两年的实际经营成果。

6.2.1.1　农、林、牧、渔业项目［《所得减免优惠明细表》（A107020）第 1 行至第 16 行］

农、林、牧、渔业项目企业所得税政策要点如下：

《企业所得税法实施条例》第八十六条规定，企业所得税法第二十七条第（一）项规定的企业从事农、林、牧、渔业项目的所得，可以免征、减征企业所得税，是指：

（一）企业从事下列项目的所得，免征企业所得税：

1. 蔬菜、谷物、薯类、油料、豆类、棉花、麻类、糖料、水果、坚果的种植；

2. 农作物新品种的选育；

3. 中药材的种植；

4. 林木的培育和种植；

5. 牲畜、家禽的饲养；

6. 林产品的采集；

7. 灌溉、农产品初加工、兽医、农技推广、农机作业和维修等农、林、牧、渔服务业项目；

8. 远洋捕捞。

（二）企业从事下列项目的所得，减半征收企业所得税：

1. 花卉、茶以及其他饮料作物和香料作物的种植；

2. 海水养殖、内陆养殖。

企业从事国家限制和禁止发展的项目，不得享受本条规定的企业所得税优惠。

农林牧渔所得减免优惠相关的政策文件包括《财政部 国家税务总局关于发布享受企业所得税优惠政策的农产品初加工范围（试行）的通知》（财税〔2008〕149 号）、《国家税务总局关于黑龙江垦区国有农场土地承包费缴纳企业所得税问题的批复》（国税函〔2009〕779 号）、《国家税务总局关于"公司＋农户"经营模式企业所得税优惠问题的公告》（国家税务总局公告 2010 年第 2 号）、《财政部 国家税务总局关于享受企业所得税优惠的农产品初加工有关范围的补充通知》（财税〔2011〕26 号）、《国家税务总局关于实施农林牧渔业项目企业所得税优惠问题的公告》（国家税务总局公告 2011 年第 48 号）等。

6.2.1.2 公共基础设施项目优惠 ［《所得减免优惠明细表》（A107020）第 17 行至第 25 行］

《企业所得税法实施条例》第八十七条规定，企业所得税法第二十七条第（二）项所称国家重点扶持的公共基础设施项目，是指《公共基础设施项目企业所得税优惠目录》规定的港口码头、机场、铁路、公路、城市公共交通、电力、水利等项目。企业从事前款规定的国家重点扶持的公共基础设施项目的投资经营的所得，自项目取得第一笔生产经营收入所属纳税年度起，第一年至第三年免征企业所得税，第四年至第六年减半征收企业所得税。企业承包经营、承包建设和内部自建自用本条规定的项目，不得享受本条规定的企业所得税优惠。

公共基础设施项目减免所得额优惠相关的政策文件包括《财政部 国家税务总局关于执行公共基础设施项目企业所得税优惠目录有关问题的通知》（财税〔2008〕46 号）、《财政部 国家税务总局 国家发展改革委关于公布公共基础设施项目企业所得税优惠目录（2008 年版）的通知》（财税〔2008〕116 号）、《国家税务总局关于实施国家重点扶持的公共基础设施项目企业所得税优惠问题的通知》（国税发〔2009〕80 号）、《财政部 国家税务总局关于公共基础设施项目和环境保护节能节水项目企业所得税优惠政策问题的通知》（财税〔2012〕10 号）、《财政部 国家税务总局关于支持农村饮水安全工程建设运营税收政策的通知》（财税〔2012〕30 号）、《国家税务总局关于电网企业电网新建项目享受所得税优惠政策问题的公告》（国家税务总局公告 2013 年第 26 号）《财政部 国家税务总局关于公共基础设施项目享受企业所得税优惠政策问题的补充通知》（财税〔2014〕55 号）等。

关键点 113　优惠的享受期间

国税发〔2009〕80 号文件规定，对居民企业（以下简称企业）经有关部门批准，从事符合《公共基础设施项目企业所得税优惠目录》（以下简称《目录》）规定范围、条件和标准的公共基础设施项目的投资经营所得，自该项目取得第一笔生产经营收入所属纳税年度起，第一年至第三年免征企业所得税，第四年至第六年减半征收企业所得税。

"公共基础设施项目投资经营所得减免所得优惠"针对的是项目投资者获得的经营回报。项目立项、建设时期是投资项目的投入期，单独核算项目纳税调整后所得很大可能是负数。因此政策规定项目优惠的优惠期间并不是从项目批准、建设开始。而是从项目取得第一笔生产经营收入开始。财税〔2008〕46 号文件规定，第一笔生产经营收入，是指公共基础设施项目已建成并投入运营后所取得的第一笔收入。

关键点 114　优惠对象界定的三个要点：公共基础设施项目、投资经营、纳税调整后所得

一是享受优惠的是投资经营主体，而不是承包经营、承包建设主体。

企业从事承包经营、承包建设和内部自建自用《目录》规定项目的所得，不得享受前款规定的企业所得税优惠。

承包经营，是指与从事该项目经营的法人主体相独立的另一法人经营主体，通过承包该项目的经营管理而取得劳务性收益的经营活动。

承包建设，是指与从事该项目经营的法人主体相独立的另一法人经营主体，通过承包该项目的工程建设而取得建筑劳务收益的经营活动。

二是强调公共基础设施项目，而不是自用项目。

内部自建自用，是指项目的建设仅作为本企业主体经营业务的设施，满足本企业自身的生产经营活动需要，而不属于向他人提供公共服务业务的公共基础设施建设项目。

三是减免所得额指的是纳税调整后所得。

即在会计核算口径收入减去成本费用，得出项目利润额基础上，对所得计算中的收入、扣除项目税会差异进行调整，得到纳税调整后所得，作为免税所得或减半计入应税所得。

关键点 115　减免所得额计算中的期间费用分摊

国税发〔2009〕80 号文件规定，企业同时从事不在《目录》范围的生产经营项目取得的所得，应与享受优惠的公共基础设施项目经营所得分开核算，并合理分摊企业的期间共同费用；没有单独核算的，不得享受上述企业所得税优惠。

期间共同费用的合理分摊比例可以按照投资额、销售收入、资产额、人员工资等参数确定。上述比例一经确定，不得随意变更。凡特殊情况需要改变的，需报主管税务机关核准。

2014 版企业所得税年度纳税申报表填表说明规定，A107020《所得减免优惠明细表》第 4 列"应分摊期间费用"：填报享受所得减免企业所得税优惠的企业，该项目合理分摊的期间费用。合理分摊比例可以按照投资额、销售收入、资产额、人员工资等参数确定。上述比例一经确定，不得随意变更。

关键点 116　优惠期限内税收优惠在不同纳税主体之间的转移

国税发〔2009〕80 号文件规定，企业在减免税期限内转让所享受减免税优惠的项目，受让方承续经营该项目的，可自受让之日起，在剩余优惠期限内享受规定的减免税优惠；减免税期限届满后转让的，受让方不得就该项目重复享受减免税优惠。

关键点 117　一次核准分批次建设的公共基础设施项目优惠

财税〔2014〕55 号文件规定：

一、企业投资经营符合《公共基础设施项目企业所得税优惠目录》规定条件和标准的公共基础设施项目，采用一次核准、分批次（如码头、泊位、航站楼、跑道、路段、发电机组等）建设的，凡同时符合以下条件的，可按每一批次为单位计算所得，并享受企业所得税"三免三减半"优惠：

（一）不同批次在空间上相互独立；

（二）每一批次自身具备取得收入的功能；

（三）以每一批次为单位进行会计核算，单独计算所得，并合理分摊期间费用。

6.2.1.3　符合条件的环境保护、节能节水项目［《所得减免优惠明细表》(A107020) 第 26 行至第 32 行］

《企业所得税法实施条例》第八十八条规定，企业所得税法第二十七条第

（三）项所称符合条件的环境保护、节能节水项目，包括公共污水处理、公共垃圾处理、沼气综合开发利用、节能减排技术改造、海水淡化等。项目的具体条件和范围由国务院财政、税务主管部门商国务院有关部门制订，报国务院批准后公布施行。

企业从事前款规定的符合条件的环境保护、节能节水项目的所得，自项目取得第一笔生产经营收入所属纳税年度起，第一年至第三年免征企业所得税，第四年至第六年减半征收企业所得税。

符合条件的环境保护、节能节水项目优惠相关政策文件包括《财政部 国家税务总局 国家发展改革委关于公布环境保护节能节水项目企业所得税优惠目录（试行）的通知》（财税〔2009〕166 号）、《财政部 国家税务总局关于公共基础设施项目和环境保护节能节水项目企业所得税优惠政策问题的通知》（财税〔2012〕10 号）。

6.2.1.4　符合条件的技术转让项目［《所得减免优惠明细表》（A107020）第 33 行至第 35 行］

《企业所得税法》第九十条规定，企业所得税法第二十七条第（四）项所称符合条件的技术转让所得免征、减征企业所得税，是指一个纳税年度内，居民企业技术转让所得不超过 500 万元的部分，免征企业所得税；超过 500 万元的部分，减半征收企业所得税。

技术转让所得减免优惠相关的政策文件包括《国家税务总局关于技术转让所得减免企业所得税有关问题的通知》（国税函〔2009〕212 号）、《财政部 国家税务总局关于居民企业技术转让有关企业所得税政策问题的通知》（财税〔2010〕111 号）、《国家税务总局关于技术转让所得减免企业所得税有关问题的公告》（国家税务总局公告 2013 年第 62 号）。

关键点 118　技术转让应符合的条件

根据上述文件规定，享受减免企业所得税优惠的技术转让应同时符合以下条件：

（1）享受优惠的技术转让主体是企业所得税法规定的居民企业。

（2）技术转让属于财政部、国家税务总局规定的范围。

财税〔2010〕111 号文件规定，技术转让的范围，包括居民企业转让专利技术、计算机软件著作权、集成电路布图设计权、植物新品种、生物医药新品种，以及财政部和国家税务总局确定的其他技术。其中：专利技术，是指法律授予独占权的发明、实用新型和非简单改变产品图案的外观设计。

（3）技术转让所得须经认定登记或审批。

技术转让应签订技术转让合同。境内的技术转让须经省级以上（含省级）科技部门认定登记，企业发生境内技术转让，应具备以下证据资料：①技术转让合同（副本）；②省级以上科技部门出具的技术合同登记证明。

跨境的技术转让须经省级以上（含省级）商务部门认定登记，企业向境外转让技术，应具备以下证据资料：①技术出口合同（副本）；②省级以上商务部门出具的技术出口合同登记证书或技术出口许可证；③技术出口合同数据表。

涉及财政经费支持产生技术的转让，需省级以上（含省级）科技部门审批。

（4）国务院税务主管部门规定的其他条件。

财税〔2010〕111 号文件规定，技术转让，是指居民企业转让其拥有符合本通知第一条规定技术的所有权或 5 年以上（含 5 年）全球独占许可使用权的行为。

居民企业技术出口应由有关部门按照商务部、科技部发布的《中国禁止出口限制出口技术目录》（商务部、科技部令 2008 年第 12 号）进行审查。居民企业取得禁止出口和限制出口技术转让所得，不享受技术转让减免企业所得税优惠政策。

居民企业从直接或间接持有股权之和达到 100% 的关联方取得的技术转让所得，不享受技术转让减免企业所得税优惠政策。

关键点 119　符合条件的技术转让所得的计算方法

技术转让所得＝技术转让收入－技术转让成本－相关税费

技术转让收入是指当事人履行技术转让合同后获得的价款，不包括销售或转让设备、仪器、零部件、原材料等非技术性收入。不属于与技术转让项目密不可分的技术咨询、技术服务、技术培训等收入，不得计入技术转让收入。

国家税务总局 2013 年第 62 号公告规定，可以计入技术转让收入的技术咨询、技术服务、技术培训收入，是指转让方为使受让方掌握所转让的技术投入使用、实现产业化而提供的必要的技术咨询、技术服务、技术培训所产生的收入，并应同时符合以下条件：在技术转让合同中约定的与该技术转让相关的技术咨询、技术服务、技术培训；技术咨询、技术服务、技术培训收入与该技术转让项目收入一并收取价款。

技术转让成本是指转让的无形资产的净值，即该无形资产的计税基础减除在资产使用期间按照规定计算的摊销扣除额后的余额。

相关税费是指技术转让过程中实际发生的有关税费，包括除企业所得税和允许抵扣的增值税以外的各项税金及其附加、合同签订费用、律师费等相关费用及其他支出。

关键点 120　符合条件的技术转让所得优惠计算管理要求

享受技术转让所得减免企业所得税优惠的企业，应单独计算技术转让所得，并合理分摊企业的期间费用；没有单独计算的，不得享受技术转让所得企业所得税优惠。

企业发生境内技术转让，需单独计算技术转让所得，并具备以下资料：①技术转让所得归集、分摊、计算的相关资料；②实际缴纳相关税费的证明资料；③主管税务机关要求提供的其他资料。

企业向境外转让技术，需单独计算技术转让所得，并具备以下资料：①技术转让所得归集、分摊、计算的相关资料；②实际缴纳相关税费的证明资料；③主管税务机关要求提供的其他资料。

6.2.1.5　实施清洁发展机制项目［《所得减免优惠明细表》（A107020）第 38 行］

关键点 121　实施清洁发展机制项目政策要点

《财政部 国家税务总局关于中国清洁发展机制基金及清洁发展机制项目实施企业有关企业所得税政策问题的通知》（财税〔2009〕30 号）规定：

一、关于中国清洁发展机制基金取得的下列收入，免征企业所得税：

（一）CDM 项目温室气体减排量转让收入上缴国家的部分；

（二）国际金融组织赠款收入；

（三）基金资金的存款利息收入、购买国债的利息收入；

（四）国内外机构、组织和个人的捐赠收入。

二、关于清洁发展机制项目（CDM 项目）实施企业的企业所得税政策：

（一）CDM 项目实施企业按照《清洁发展机制项目运行管理办法》（发展改革委、科技部、外交部、财政部令第 37 号）的规定，将温室气体减排量的转让收入，按照以下比例上缴给国家的部分，准予在计算应纳税所得额时扣除：

1. 氢氟碳化物（HFC）和全氟碳化物（PFC）类项目，为温室气体减排量转让收入的 65%；

2. 氧化亚氮（N2O）类项目，为温室气体减排量转让收入的 30%；

3.《清洁发展机制项目运行管理办法》第四条规定的重点领域以及植树造林项目等类清洁发展机制项目，为温室气体减排量转让收入的 2%。

（二）对企业实施的将温室气体减排量转让收入的 65% 上缴给国家的 HFC 和 PFC 类 CDM 项目，以及将温室气体减排量转让收入的 30% 上缴给国家的 N2O 类 CDM 项目，其实施该类 CDM 项目的所得，自项目取得第一笔减排量转让收入所属纳税年度起，第一年至第三年免征企业所得税，第四年至第六年减半征收企业所得税。企业实施 CDM 项目的所得，是指企业实施 CDM 项目取得的温室气体减排量转让收入扣除上缴国家的部分，再扣除企业实施 CDM 项目发生的相关成本、费用后的净所得。

企业应单独核算其享受优惠的 CDM 项目的所得，并合理分摊有关期间费用，没有单独核算的，不得享受上述企业所得税优惠政策。

6.2.1.6　符合条件的节能服务公司实施合同能源管理项目 [《所得减免优惠明细表》（A107020）第 38 行]

关键点 122　符合条件的节能服务公司实施合同能源管理项目政策要点

节能服务公司实施合同能源管理项目所得减免优惠相关的政策文件包括《财政部 国家税务总局关于促进节能服务产业发展增值税营业税和企业所得税政策问题的通知》（财税〔2010〕110 号）、《国家税务总局 国家发展改革委关于落实节能服务企业合同能源管理项目企业所得税优惠政策有关征收管理问题的公告》（国家税务总局 国家发展改革委公告 2013 年第 77 号）。

节能服务企业应分别核算各项目的成本费用支出额。对在合同约定的效益分享期内发生的期间费用划分不清的，应合理进行分摊，期间费用的分摊应按照项目投资额和销售（营业）收入额两个因素计算分摊比例，两个因素的权重各为 50%。

关键点 123　减免项目与应税项目纳税调整后所得的亏损结转弥补

《企业所得税法实施条例》第一百零二条规定，企业同时从事适用不同企业所得税待遇的项目的，其优惠项目应当单独计算所得，并合理分摊企业的期间费用；没有单独计算的，不得享受企业所得税优惠。

目前，2014 版企业所得税年度纳税申报表的逻辑和数据信息采集口径仍与国税函〔2010〕148 号文件（自 2015 年 1 月 1 日起被国家税务总局公告 2014 年第 63 号全文废止）相关规定一致，即：对企业取得的免税收入、减计收入以及减征、免征所得额项目，不得弥补当期及以前年度应税项目亏损；当期形成亏损的减征、免征所得额项目，也不得用当期和以后纳税年度应税项目所得抵补。

当减免项目纳税调整后所得为负数时，主表 A100000 第 20 行填写负数，要求纳税人对负数进行调增处理。即不允许应税项目所得弥补减免项目亏损。当应税项目纳税调整后所得为负数，减免项目纳税调整后所得为正数时，主表 A100000 第 20 行可以填写正数。即不要求用减免项目所得弥补应税项目亏损。

6.2.2　抵扣所得额优惠［《抵扣应纳税所得额优惠明细表》（A107030）］

关键点 124　抵扣应纳税所得

1. 创业投资企业税收优惠待遇。

创业投资企业采取股权投资方式投资于未上市的中小高新技术企业 2 年（24 个月）以上，凡符合以下条件的，可以按照其对中小高新技术企业投资额的 70%，在股权持有满 2 年的当年抵扣该创业投资企业的应纳税所得额；当年不足抵扣的，可以在以后纳税年度结转抵扣。

2. 享受优惠的创业投资企业应满足的条件。

创业投资企业是指依照《创业投资企业管理暂行办法》（国家发展和改革委员会等 10 部委令 2005 年第 39 号，以下简称《暂行办法》）和《外商投资创业投资企业管理规定》（商务部等 5 部委令 2003 年第 2 号）在中华人民共和国境内设立的专门从事创业投资活动的企业或其他经济组织。经营范围符合《暂行办法》规定，且工商登记为"创业投资有限责任公司"、"创业投资股份有限公司"等专业性法人创业投资企业，按照《暂行办法》规定的条件和程序完成备案，经备案管理部门年度检查核实，投资运作符合《暂行办法》的有关规定。

3. 被投资的中小高新技术企业应满足的条件。

创业投资企业投资的中小高新技术企业，除应按照《科技部 财政部 国家税务总局关于印发〈高新技术企业认定管理办法〉的通知》（国科发火

〔2008〕172 号）和《科技部 财政部 国家税务总局关于印发〈高新技术企业
认定管理工作指引〉的通知》（国科发火〔2008〕362 号）的规定，通过高新
技术企业认定以外，还应符合职工人数不超过 500 人，年销售（营业）额不
超过 2 亿元，资产总额不超过 2 亿元的条件。中小企业接受创业投资之后，
经认定符合高新技术企业标准的，应自其被认定为高新技术企业的年度起，
计算创业投资企业的投资期限。该期限内中小企业接受创业投资后，企业规
模超过中小企业标准，但仍符合高新技术企业标准的，不影响创业投资企业
享受有关税收优惠。

纳税人享受抵扣应纳税所得额优惠和弥补以前年度亏损的先后顺序问题
在本书"境内所得弥补以前年度境内亏损"部分进行了讨论。

6.3 应纳税额优惠（减免所得税、抵免所得税）

6.3.1 国家需要重点扶持的高新技术企业［《高新技术企业优惠情况及明细表》（A107041）］

关键点 125 高新技术企业减免税政策要点

《企业所得税法》第二十八条规定，国家需要重点扶持的高新技术企业，
减按 15％的税率征收企业所得税。

国家重点扶持高新技术企业减免税优惠相关的政策文件包括《科技部 财
政部 国家税务总局关于印发〈高新技术企业认定管理办法〉的通知》（国科
发火〔2008〕172 号）、《科技部 财政部 国家税务总局关于印发〈高新技术企
业认定管理工作指引〉的通知》（国科发火〔2008〕362 号）、《国家税务总局
关于实施高新技术企业所得税优惠有关问题的通知》（国税函〔2009〕203
号）。

1. 收入总额（企业所得税法第六条的概念）。

《企业所得税法实施条例》第九十三条规定，企业所得税法第二十八条第
二款所称国家需要重点扶持的高新技术企业，是指拥有核心自主知识产权，
并同时符合下列条件的企业：

（三）高新技术产品（服务）收入占企业总收入的比例不低于规定比例。

高新技术企业认定管理办法由国务院科技、财政、税务主管部门商国务
院有关部门制订，报国务院批准后公布施行。

国科发火〔2008〕172 号文件规定，高新技术企业认定须同时满足以下

条件：

（五）高新技术产品（服务）收入占企业当年总收入的 60％以上。

截至 2014 版企业所得税年度纳税申报表发布之前，总局未在政策文件中对上述规定中"本年总收入"的计算口径做出明确。

2014 版企业所得税年度纳税申报表 A107041《高新技术企业优惠情况及明细表》填表说明规定，第 8 行"二、本年企业总收入"：填报纳税人本年以货币形式和非货币形式从各种来源取得的收入，为税法第六条规定的收入总额。包括：销售货物收入，提供劳务收入，转让财产收入，股息、红利等权益性投资收益，利息收入，租金收入，特许权使用费收入，接受捐赠收入，其他收入。

2."五险一金"可以作为高新技术企业研究开发费用。

《科技部 财政部 国家税务总局关于印发〈高新技术企业认定管理工作指引〉的通知》（国科发火〔2008〕362 号）中"研究开发费用——人员人工"的规定为"从事研究开发活动人员（也称研发人员）全年工资薪金，包括基本工资、奖金、津贴、补贴、年终加薪、加班工资以及与其任职或者受雇有关的其他支出"。五险一金为与任职或者受雇有关的其他支出，因此研发人员的五险一金属于研究开发费用——人员人工的归集范围，即也可以作为研究开发费用。

关键点 126　《高新技术企业优惠情况及明细表》（A107041）"基本信息"及"关键指标情况"填报要点

高新技术企业认定须同时满足以下条件：

（一）在中国境内（不含港、澳、台地区）注册的企业，近三年内通过自主研发、受让、受赠、并购等方式，或通过 5 年以上的独占许可方式，对其主要产品（服务）的核心技术拥有自主知识产权；

（二）产品（服务）属于《国家重点支持的高新技术领域》规定的范围；

（三）具有大学专科以上学历的科技人员占企业当年职工总数的 30％以上，其中研发人员占企业当年职工总数的 10％以上；

（四）企业为获得科学技术（不包括人文、社会科学）新知识，创造性运用科学技术新知识，或实质性改进技术、产品（服务）而持续进行了研究开发活动，且近三个会计年度的研究开发费用总额占销售收入总额的比例符合如下要求：

1. 最近一年销售收入小于 5 000 万元的企业，比例不低于 6％；

2. 最近一年销售收入在 5 000 万元至 20 000 万元的企业，比例不低于 4%；

3. 最近一年销售收入在 20 000 万元以上的企业，比例不低于 3%。

其中，企业在中国境内发生的研究开发费用总额占全部研究开发费用总额的比例不低于 60%。企业注册成立时间不足三年的，按实际经营年限计算；

（五）高新技术产品（服务）收入占企业当年总收入的 60% 以上。

表 A107041"基本信息"及"关键指标情况"填报要点如下：

（1）第 1 行"高新技术企业证书编号"：填报纳税人高新技术企业证书上的编号；"高新技术企业证书取得时间"：填报纳税人高新技术企业证书上的取得时间。

关注点：上述"高新技术企业证书"指的是科技、财政、税务部门共同颁发的"高新技术企业证书"。纳税人在其取得的高新技术企业证书有限期内，可以享受该政策，证书有效期为三年。复审后取得高新技术企业证书的，可以继续享受。

（2）第 2 行"产品（服务）属于《国家重点支持的高新技术领域》规定的范围"：填报纳税人产品（服务）属于《国家重点支持的高新技术领域》中的具体范围名称，填报至三级明细；"是否发生重大安全、质量事故"：纳税人按实际情况选择"是"或者"否"。

关注点：一是享受高新技术企业减免税优惠必须满足"产品（服务）属于《国家重点支持的高新技术领域》规定的范围"；二是"是否发生重大安全、质量事故"纳税人应选择"否"才能享受高新技术企业减免税优惠政策。

（3）第 3 行"是否有环境等违法、违规行为，受到有关部门处罚的"、"是否发生偷骗税行为"：纳税人按实际情况选择"是"或者"否"。

关注点："是否有环境等违法、违规行为，受到有关部门处罚的"、"是否发生偷骗税行为"：纳税人应选择"否"才能享受高新技术企业税收优惠政策。

（4）第 5 行"一、本年高新技术产品（服务）收入"：填报第 6＋7 行的金额。

（5）第 6 行"其中：产品（服务）收入"：填报纳税人本年符合《国家重点支持的高新技术领域》要求的产品（服务）收入。

（6）第 7 行"技术性收入"：填报纳税人本年符合《国家重点支持的高新技术领域》要求的技术性收入的总和。

（7）第 8 行"二、本年企业总收入"：填报纳税人本年以货币形式和非货币形式从各种来源取得的收入，为税法第六条规定的收入总额。包括：销售货物收入，提供劳务收入，转让财产收入，股息、红利等权益性投资收益，利息收入，租金收入，特许权使用费收入，接受捐赠收入，其他收入。

（8）第 9 行"三、本年高新技术产品（服务）收入占企业总收入的比例"：填报第 5÷8 行的比例。

关注点： 享受高新技术企业减免税优惠需满足高新技术产品（服务）收入占企业当年总收入的 60％以上。

（9）第 10 行"四、本年具有大学专科以上学历的科技人员数"：填报纳税人具有大学专科以上学历的，且在企业从事研发活动和其他技术活动的，本年累计实际工作时间在 183 天以上的人员数。包括：直接科技人员及科技辅助人员。

（10）第 11 行"五、本年研发人员数"：填报纳税人本年研究人员、技术人员和辅助人员三类人员合计数，具体包括企业内主要从事研究开发项目的专业人员；具有工程技术、自然科学和生命科学中一个或一个以上领域的技术知识和经验，在研究人员指导下参与部分工作（包括关键资料的收集整理、编制计算机程序、进行实验、测试和分析、为实验、测试和分析准备材料和设备、记录测量数据、进行计算和编制图表、从事统计调查等）的人员；参与研究开发活动的熟练技工。

（11）第 12 行"六、本年职工总数"：填报纳税人本年职工总数。

（12）第 13 行"七、本年具有大学专科以上学历的科技人员占企业当年职工总数的比例"：填报第 10÷12 行的比例。

关注点： 享受高新技术企业减免税优惠需满足具有大学专科以上学历的科技人员占企业当年职工总数的 30％以上，其中研发人员占企业当年职工总数的 10％以上。

（13）第 14 行"八、本年研发人员占企业当年职工总数的比例"：填报第 11÷12 行的比例。

关注点： 享受高新技术企业减免税优惠需满足具有大学专科以上学历的科技人员占企业当年职工总数的 30％以上，其中研发人员占企业当年职工总数的 10％以上。

（14）第 15 行"九、本年归集的高新研发费用金额"：填报第 16＋25 行的金额。

（15）第 16 行"（一）内部研究开发投入"：填报第 17＋18＋19＋20＋21＋22＋24 行的金额。

（16）第 17 行"1. 人员人工"：填报纳税人从事研究开发活动人员（也

称研发人员）全年工资薪金，包括基本工资、奖金、津贴、补贴、年终加薪、加班工资以及与其任职或者受雇有关的其他支出。

（17）第18行"2. 直接投入"：填报纳税人为实施研究开发项目而购买的原材料等相关支出。如：水和燃料（包括煤气和电）使用费等；用于中间试验和产品试制达不到固定资产标准的模具、样品、样机及一般测试手段购置费、试制产品的检验费等；用于研究开发活动的仪器设备的简单维护费；以经营租赁方式租入的固定资产发生的租赁费等。

（18）第19行"3. 折旧费用与长期待摊费用"：填报纳税人为执行研究开发活动而购置的仪器和设备以及研究开发项目在用建筑物的折旧费用，包括研发设施改建、改装、装修和修理过程中发生的长期待摊费用。

（19）第20行"4. 设计费用"：填报纳税人为新产品和新工艺的构思、开发和制造，进行工序、技术规范、操作特性方面的设计等发生的费用。

（20）第21行"5. 装备调试费"：填报纳税人工装准备过程中研究开发活动所发生的费用（如研制生产机器、模具和工具，改变生产和质量控制程序，或制定新方法及标准等）。需特别注意的是：为大规模批量化和商业化生产所进行的常规性工装准备和工业工程发生的费用不能计入。

（21）第22行"6. 无形资产摊销"：填报纳税人因研究开发活动需要购入的专有技术（包括专利、非专利发明、许可证、专有技术、设计和计算方法等）所发生的费用摊销。

（22）第23行"7. 其他费用"：填报纳税人为研究开发活动所发生的其他费用，如办公费、通讯费、专利申请维护费、高新科技研发保险费等。

（23）第24行"其中：可计入研发费用的其他费用"：填报纳税人为研究开发活动所发生的其他费用中不超过研究开发总费用的10％的金额。

（24）第25行"（二）委托外部研究开发费用"：填报第26＋27行的金额。

（25）第26行"1. 境内的外部研发费"：填报纳税人委托境内的企业、大学、转制院所、研究机构、技术专业服务机构等进行的研究开发活动所支出的费用，按照委托外部研究开发费用发生额的80％计入研发费用总额。其中，企业在中国境内发生的研究开发费用总额占全部研究开发费用总额的比例不低于60％。

（26）第27行"2. 境外的外部研发费"：填报纳税人委托境外机构完成的研究开发活动所发生的费用，按照委托外部研究开发费用发生额的80％计入研发费用总额。

（27）第 28 行"十、本年研发费用占销售（营业）收入比例"：填报纳税人本年研发费用占销售（营业）收入的比例。

关注点：享受高新技术企业减免税优惠需满足企业为获得科学技术（不包括人文、社会科学）新知识，创造性运用科学技术新知识，或实质性改进技术、产品（服务）而持续进行了研究开发活动，且近三个会计年度的研究开发费用总额占销售收入总额的比例符合如下要求：

①最近一年销售收入小于 5 000 万元的企业，比例不低于 6%；

②最近一年销售收入在 5 000 万元至 20 000 万元的企业，比例不低于 4%；

③最近一年销售收入在 20 000 万元以上的企业，比例不低于 3%。

其中，企业在中国境内发生的研究开发费用总额占全部研究开发费用总额的比例不低于 60%。企业注册成立时间不足三年的，按实际经营年限计算。

（28）第 29 行"减免税金额"：填报按照表 A100000 第 23 行应纳税所得额计算的减征 10% 企业所得税金额。

6.3.2　小型微利企业减半征收及低税率税收优惠［《减免所得税优惠明细表》（A107040）第 1 行］

关键点 127　小微企业税收优惠

小微企业税收优惠、与 A000000《企业基础信息表》的关联性表现在："103 所属行业"、"104 从业人数"、"105 资产总额"。

《企业所得税法》第二十八条规定，符合条件的小型微利企业，减按 20% 的税率征收企业所得税。

《企业所得税法实施条例》第九十二条规定，企业所得税法第二十八条第一款所称符合条件的小型微利企业，是指从事国家非限制和禁止行业，并符合下列条件的企业：工业企业，年度应纳税所得额不超过 30 万元，从业人数不超过 100 人，资产总额不超过 3 000 万元；其他企业，年度应纳税所得额不超过 30 万元，从业人数不超过 80 人，资产总额不超过 1 000 万元。

财税〔2014〕34 号文件规定，自 2014 年 1 月 1 日至 2016 年 12 月 31 日，对年应纳税所得额低于 10 万元（含 10 万元）的小型微利企业，其所得减按 50% 计入应纳税所得额，按 20% 的税率缴纳企业所得税。

国家税务总局 2014 年第 23 号公告规定，符合规定条件的小型微利企业（包括采取查账征收和核定征收方式的企业），均可按照规定享受小型微利企

业所得税优惠政策。小型微利企业所得税优惠政策，包括企业所得税减按
20％征收（以下简称减低税率政策），以及财税〔2014〕34 号文件规定的优惠
政策（以下简称减半征税政策）。符合规定条件的小型微利企业，在预缴和年
度汇算清缴企业所得税时，可以按照规定自行享受小型微利企业所得税优惠
政策，无须税务机关审核批准，但在报送年度企业所得税纳税申报表时，应
同时将企业从业人员、资产总额情况报税务机关备案（具体申报方法见本书
《企业基础信息表》部分内容）。小型微利企业符合享受优惠政策条件，但预
缴时未享受的，在年度汇算清缴时统一计算享受。小型微利企业在预缴时享
受了优惠政策，但年度汇算清缴时超过规定标准的，应按规定补缴税款。

财税〔2015〕34 号文件规定，自 2015 年 1 月 1 日至 2017 年 12 月 31 日，
对年应纳税所得额低于 20 万元（含 20 万元）的小型微利企业，其所得减按
50％计入应纳税所得额，按 20％的税率缴纳企业所得税。

6.3.3 新办集成电路设计企业和符合条件的软件企业减免税额优惠 [《软件、集成电路企业税收优惠情况及明细表》（A107042）]

关键点 128 集成电路和软件企业税收优惠政策要点

2008 年新税法实施以来。新办集成电路设计企业和符合条件的软件企业
税收优惠先后由新旧两个税收优惠政策文件即财税〔2008〕1 号、财税
〔2012〕27 号进行规定。根据现行企业所得税优惠管理规定，软件和集成电路
企业所得税优惠均采用备案管理方式，其核心备案资料就是取得相关部门的
软件和集成电路企业认定资格证书。与税收优惠政策文件相适应，软件和集
成电路企业资格认定分别有新旧两个认定管理办法。下文将对由此产生的适
用政策的不同情形进行梳理。

集成电路设计企业和符合条件的软件企业"新旧税收优惠政策文件"、
"新旧资格认定管理办法"的衔接如下：

第一种情形：财税〔2012〕27 号文件规定，在 2010 年 12 月 31 日前依法
在中国境内成立，依照《财政部 国家税务总局关于企业所得税若干优惠政策
的通知》（财税〔2008〕1 号）第一条规定，经认定并可享受原定期减免税优
惠的企业，自获利年度起，第一年和第二年免征企业所得税，第三年至第五
年减半征收企业所得税。可在 2011 年 1 月 1 日以后继续享受到期满为止。

第二种情形：国家税务总局 2013 年第 43 号公告规定，2010 年 12 月 31
日以前依法在中国境内成立但尚未认定的软件企业，仍按照《财政部 国家税

务总局关于企业所得税若干优惠政策的通知》（财税〔2008〕1 号）第一条的规定以及《软件企业认定标准及管理办法（试行）》（信部联产〔2000〕968 号）的认定条件，办理相关手续，并继续享受到期满为止。优惠期间内，亦按照信部联产〔2000〕968 号的认定条件进行年审。

第三种情形：财税〔2012〕27 号文件规定，2011 年 1 月 1 日后依法在中国境内成立的法人企业，经国家规定的软件企业认定机构按照软件企业认定管理的有关规定进行认定并取得软件企业认定证书。在 2017 年 12 月 31 日前自获利年度起计算优惠期，第一年至第二年免征企业所得税，第三年至第五年按照 25% 的法定税率减半征收企业所得税，并享受至期满为止。2011 年 1 月 1 日以后成立的集成电路设计企业和符合条件的软件企业，《集成电路设计企业认定管理办法》、《软件企业认定管理办法》由工业和信息化部、发展改革委、财政部、税务总局会同有关部门另行制定。

由于财税〔2012〕27 号文件刚刚下发时，新的《集成电路设计企业认定管理办法》（后由工信部联电子〔2013〕487 号文件发布）、《软件企业认定管理办法》（后由工信部联软〔2013〕64 号文件发布）尚未制定完成。为妥善解决软件和集成电路企业享受符合财税〔2012〕27 号文件规定的企业所得税减免税优惠问题，避免出现政策及管理真空，切实维护纳税人的合法权益，总局以公告的形式对有关新旧认定管理办法如何衔接等操作管理问题做出了规定：国家税务总局 2012 年第 19 号公告规定，对符合财税〔2012〕27 号文件规定条件的软件和集成电路企业，可提供依照原相关认定办法，即《财政部国家税务总局关于企业所得税若干优惠政策的通知》（财税〔2008〕1 号）第一条的规定以及《软件企业认定标准及管理办法（试行）》（信部联产〔2000〕968 号），取得的有效资格证书向主管税务机关办理 2011 年度企业所得税汇算清缴减免税手续。待符合财税〔2012〕27 号文件规定的新认定管理办法出台后，已办理 2011 年度企业所得税汇算清缴减免税手续的软件和集成电路企业，若不能依照新办法申请认定并取得相关资格证书，应按法定适用税率重新计算申报缴纳企业所得税。

关键点 129　《软件、集成电路企业税收优惠情况及明细表》（A107042）"关键指标情况"填报要点

第 1 行"企业成立日期"：填报纳税人办理工商登记日期；"软件企业证书取得日期"：填报纳税人软件企业证书上的取得日期。并参照上述三种情形分别计算享受优惠政策。

第 2 行"软件企业认定证书编号"：填报纳税人软件企业证书上的软件企

业认定编号；"软件产品登记证书编号"：填报纳税人软件产品登记证书上的产品登记证号。

财税〔2012〕27 号文件规定的享受优惠的条件要求：主营业务拥有自主知识产权，其中软件产品拥有省级软件产业主管部门认可的软件检测机构出具的检测证明材料和软件产业主管部门颁发的《软件产品登记证书》。

第 3 行 "计算机信息系统集成资质等级认定证书编号"：填报纳税人的计算机信息系统集成资质等级认定证号；"集成电路生产企业认定文号"：填报纳税人集成电路生产企业认定的文号。

第 4 行 "集成电路设计企业认定证书编号"：填报纳税人集成电路设计企业认定证书编号。

A107042《软件、集成电路企业税收优惠情况及明细表》"关键指标情况"第 6 至 29 行由 2011 年 1 月 1 日以后成立企业填报。

第 6 行 "一、企业本年月平均职工总人数"：填报表 A000000《企业基础信息表》"104 从业人数"。

第 7 行 "其中：签订劳动合同关系且具有大学专科以上学历的职工人数"：填报纳税人本年签订劳动合同关系且具有大学专科以上学历的职工人数。

第 8 行 "二、研究开发人员人数"：填报纳税人本年研究开发人员人数。

第 9 行 "三、签订劳动合同关系且具有大学专科以上学历的职工人数占企业本年月平均职工总人数的比例"：填报第 7÷6 行的比例。

财税〔2012〕27 号文件规定的享受优惠的条件要求：签订劳动合同关系且具有大学专科以上学历的职工人数占企业当年月平均职工总人数的比例不低于 40％。

第 10 行 "四、研究开发人员占企业本年月平均职工总数的比例"：填报第 8÷6 行的比例。

财税〔2012〕27 号文件规定的享受优惠的条件要求：研究开发人员占企业当年月平均职工总数的比例不低于 20％。

第 11 行 "五、企业收入总额"：填报纳税人本年以货币形式和非货币形式从各种来源取得的收入，为税法第六条规定的收入总额。包括：销售货物收入，提供劳务收入，转让财产收入，股息、红利等权益性投资收益，利息收入，租金收入，特许权使用费收入，接受捐赠收入，其他收入。

第 12 行 "六、集成电路制造销售（营业）收入"：填报纳税人本年集成电路企业制造销售（营业）收入。

第 13 行"七、集成电路制造销售（营业）收入占企业收入总额的比例"：填报第 12÷11 行的比例。

财税〔2012〕27 号文件规定的享受优惠的条件要求：拥有核心关键技术，并以此为基础开展经营活动，且当年度的研究开发费用总额占企业销售（营业）收入总额的比例不低于 6%。

第 14 行"八、集成电路设计销售（营业）收入"：填报纳税人本年集成电路设计销售（营业）收入。

财税〔2012〕27 号文件规定，集成电路设计销售（营业）收入，是指集成电路企业从事集成电路（IC）功能研发、设计并销售的收入。

第 15 行"其中：集成电路自主设计销售（营业）收入"：填报纳税人本年集成电路自主设计销售（营业）收入。

第 16 行"九、集成电路设计企业的集成电路设计销售（营业）收入占企业收入总额的比例"：填报第 14÷11 行的比例。

财税〔2012〕27 号文件规定的享受优惠的条件要求：集成电路设计企业的集成电路设计销售（营业）收入占企业收入总额的比例不低于 60%。

第 17 行"十、集成电路自主设计销售（营业）收入占企业收入总额的比例"：填报第 15÷11 行的比例。

财税〔2012〕27 号文件规定的享受优惠的条件要求：集成电路自主设计销售（营业）收入占企业收入总额的比例不低于 50%。

第 18 行"十一、软件产品开发销售（营业）收入"：填报纳税人本年软件产品开发销售（营业）收入。

财税〔2012〕27 号文件规定，软件产品开发销售（营业）收入，是指软件企业从事计算机软件、信息系统或嵌入式软件等软件产品开发并销售的收入，以及信息系统集成服务、信息技术咨询服务、数据处理和存储服务等技术服务收入。

第 19 行"其中：嵌入式软件产品和信息系统集成产品开发销售（营业）收入"：填报纳税人本年嵌入式软件产品和信息系统集成产品开发销售（营业）收入。

第 20 行"十二、软件产品自主开发销售（营业）收入"：填报纳税人本年软件产品自主开发销售（营业）收入。

第 21 行"其中：嵌入式软件产品和信息系统集成产品自主开发销售（营业）收入"：填报纳税人本年嵌入式软件产品和信息系统集成产品自主开发销售（营业）收入。

第 22 行"十三、软件企业的软件产品开发销售（营业）收入占企业收入总额的比例"：填报第 18÷11 行的比例。

财税〔2012〕27 号文件规定的享受优惠的条件要求：软件企业的软件产品开发销售（营业）收入占企业收入总额的比例一般不低于 50％。

第 23 行"十四、嵌入式软件产品和信息系统集成产品开发销售（营业）收入占企业收入总额的比例"：填报第 19÷11 行的比例。

财税〔2012〕27 号文件规定的享受优惠的条件要求：嵌入式软件产品和信息系统集成产品开发销售（营业）收入占企业收入总额的比例不低于 40％。

第 24 行"十五、软件产品自主开发销售（营业）收入占企业收入总额的比例"：填报第 20÷11 行的比例。

财税〔2012〕27 号文件规定的享受优惠的条件要求：软件产品自主开发销售（营业）收入占企业收入总额的比例一般不低于 40％。

第 25 行"十六、嵌入式软件产品和信息系统集成产品自主开发销售（营业）收入占企业收入总额的比例"：填报第 21÷11 行的比例。

财税〔2012〕27 号文件规定的享受优惠的条件要求：嵌入式软件产品和信息系统集成产品开发销售（营业）收入占企业收入总额的比例不低于 30％。

第 26 行"十七、研究开发费用总额"：填报纳税人本年按照《国家税务总局关于印发〈企业研究开发费用税前扣除管理办法（试行）〉的通知》（国税发〔2008〕116 号）归集的研究开发费用总额。

此处应特别注意的是，归集的研究开发费用总额不包括财税〔2013〕70 文件号列举的研究开发费用归集项目。

第 27 行"其中：企业在中国境内发生的研究开发费用金额"：填报纳税人本年在中国境内发生的研究开发费用金额。

第 28 行"十八、研究开发费用总额占企业销售（营业）收入总额的比例"：填报纳税人本年研究开发费用总额占企业销售（营业）收入总额的比例。

财税〔2012〕27 号文件规定的享受优惠的条件要求：拥有核心关键技术，并以此为基础开展经营活动，且当年度的研究开发费用总额占企业销售（营业）收入总额的比例不低于 6％。

第 29 行"十九、企业在中国境内发生的研究开发费用金额占研究开发费用总额的比例"：填报第 27÷26 行的比例。

财税〔2012〕27 号文件规定的享受优惠的条件要求：企业在中国境内发生的研究开发费用金额占研究开发费用总额的比例不低于 60％。

A107042《软件、集成电路企业税收优惠情况及明细表》"关键指标情况"

第 31 至 40 行由 2011 年 1 月 1 日以前成立企业填报。2011 年以后新成立的集成电路设计企业和符合条件的软件企业，优惠计算指标由财税〔2012〕27 号文件明确规定。不同的是，2011 年 12 月 31 日以前成立的企业，适用的税收政策未对符合优惠享受条件的关键计算指标进行明确。下述计算指标来自《软件企业认定标准及管理办法（试行）》（信部联产〔2000〕968 号）。

第 31 行"二十、企业职工总数"：填报纳税人本年职工总数。

第 32 行"二十一、从事软件产品开发和技术服务的技术人员"：填报纳税人本年从事软件产品开发和技术服务的技术人员人数。

第 33 行"二十二、从事软件产品开发和技术服务的技术人员占企业职工总数的比例"：填报第 32÷31 行的比例。

信部联产〔2000〕968 号文件规定的认定条件：从事软件产品开发和技术服务的技术人员占企业职工总数的比例不低于 50%。

第 34 行"二十三、企业年总收入"：填报纳税人本年以货币形式和非货币形式从各种来源取得的收入，为税法第六条规定的收入总额。包括：销售货物收入，提供劳务收入，转让财产收入，股息、红利等权益性投资收益，利息收入，租金收入，特许权使用费收入，接受捐赠收入，其他收入。

第 35 行"其中：企业年软件销售收入"：填报纳税人本年软件销售收入。

第 36 行"其中：自产软件销售收入"：填报纳税人本年销售自主开发软件取得的收入。

第 37 行"二十四、软件销售收入占企业年总收入比例"：填报第 35÷34 行的比例。

信部联产〔2000〕968 号文件规定的认定条件：年软件销售收入占企业年总收入的 35% 以上，其中，自产软件收入占软件销售收入的 50% 以上。

第 38 行"二十五、自产软件收入占软件销售收入比例"：填报第 36÷35 行的比例。

第 39 行"二十六、软件技术及产品的研究开发经费"：填报纳税人本年用于软件技术及产品的研究开发经费。

第 40 行"二十七、软件技术及产品的研究开发经费占企业年软件收入比例"：填报第 39÷35 行的金额。

信部联产〔2000〕968 号文件规定的认定条件：软件技术及产品的研究开发经费占企业年软件收入 8% 以上。

第 41 行"减免税金额"：填报按照表 A100000 第 23 行应纳税所得额计算的免征、减征企业所得税金额。

应特别注意的是，软件企业所得税优惠政策适用于经认定并实行查账征收方式的软件企业。软件企业的获利年度，是指软件企业开始生产经营后，第一个应纳税所得额大于零的纳税年度，包括对企业所得税实行核定征收方式的纳税年度。

6.3.4 经营性文化事业单位转制企业免税［《减免所得税优惠明细表》(A107040)第6行］

关键点 130 经营性文化事业单位转制企业免税政策要点

1. 减免税优惠规定。

《财政部 国家税务总局中宣部关于继续实施文化体制改革中经营性文化事业单位转制为企业若干税收政策的通知》(财税〔2014〕84 号)规定，转制为经营性文化事业单位转制为企业，自转制注册之日起免征企业所得税。

年度纳税申报表填报：将 A100000《中华人民共和国企业所得税年度纳税申报表（A 类）》第 23 行"应纳税所得额"乘 25％的金额填报在减免所得税明细表第 6 行"经营性文化事业单位转制企业"中。

2. 经营性文化事业单位转制企业资产损失。

企业的出版、发行单位处置库存呆滞出版物形成的损失，允许按照税收法律法规的规定在企业所得税前扣除。

年度纳税申报表填报：资产损失填报 A105090《资产损失税前扣除及纳税调整明细表》第 2 行"正常经营管理活动中，按照公允价格销售、转让、变卖非货币资产的损失"，同时填报 A105000《纳税调整明细表》第 33 行"资产损失"。

3. 转制企业评估增值、转让、划转规定。

对经营性文化事业单位转制中资产评估增值、资产转让或划转涉及的企业所得税、增值税、营业税、城市维护建设税、印花税、契税等，符合现行规定的享受相应税收优惠政策。

4. 经营性文化事业单位的界定。

经营性文化事业单位，是指从事新闻出版、广播影视和文化艺术的事业单位。转制包括整体转制和剥离转制。其中，整体转制包括：（图书、音像、电子）出版社、非时政类报刊出版单位、新华书店、艺术院团、电影制片厂、电影（发行放映）公司、影剧院、重点新闻网站等整体转制为企业；剥离转制包括：新闻媒体中的广告、印刷、发行、传输网络等部分，以及影视剧等节目制作与销售机构，从事业体制中剥离出来转制为企业。

5. 转制注册之日的界定。

转制注册之日，是指经营性文化事业单位转制为企业并进行工商注册之日。对于经营性文化事业单位转制前已进行企业法人登记，则按注销事业单位法人登记之日或核销事业编制的批复之日（转制前未进行事业单位法人登记的）起确定转制完成并享受本通知所规定的税收优惠政策。

6. 享受经营性文化事业单位转制企业税收优惠需符合的条件。

享受税收优惠政策的转制文化企业应同时符合以下条件：

（一）根据相关部门的批复进行转制。

（二）转制文化企业已进行企业工商注册登记。

（三）整体转制前已进行事业单位法人登记的，转制后已核销事业编制、注销事业单位法人。

（四）已同在职职工全部签订劳动合同，按企业办法参加社会保险。

（五）转制文化企业引入非公有资本和境外资本的，须符合国家法律法规和政策规定；变更资本结构依法应经批准的，需经行业主管部门和国有文化资产监管部门批准。

6.3.5　技术先进型服务企业减免税优惠 [《减免所得税优惠明细表》(A107040) 第 11 行]

关键点 131　技术先进型服务企业减免税优惠政策要点

《财政部　国家税务总局　商务部　科技部　国家发展改革委关于完善技术先进型服务企业有关企业所得税政策问题的通知》（财税〔2014〕59 号）规定，对经认定的技术先进型服务企业，减按 15% 的税率征收企业所得税。

经认定的技术先进型服务企业发生的职工教育经费支出，不超过工资薪金总额 8%；超过部分，准予在以后纳税年度结转扣除。

1. 技术先进型服务企业条件——与财税〔2010〕65 号（自 2014 年 1 月 1 日起废止）比较。

取消了财税〔2010〕65 号文件的规定：近两年在进出口管理、财务管理、税收管理、外汇管理、海关管理等方面无违法行为。

将财税〔2010〕65 号文件规定的从事离岸服务外包取得的收入不低于企业当年总收入的 50% 调整为 35%。

享受技术先进型服务业减免税优惠政策的企业必须同时符合以下条件：

（1）从事《技术先进型服务业务认定范围（试行）》（详见财税〔2014

59 号文件附件）中的一种或多种技术先进型服务业务，采用先进技术或具备较强的研发能力；

（2）企业的注册地及生产经营地在示范城市（含所辖区、县、县级市等全部行政区划）内；

（3）企业具有法人资格；

（4）具有大专以上学历的员工占企业职工总数的 50％以上；

（5）从事《技术先进型服务业务认定范围（试行）》中的技术先进型服务业务取得的收入占企业当年总收入的 50％以上；

（6）从事离岸服务外包业务取得的收入不低于企业当年总收入的 35％。

从事离岸服务外包业务取得的收入，是指企业根据境外单位与其签订的委托合同，由本企业或其直接转包的企业为境外单位提供《技术先进型服务业务认定范围（试行）》中所规定的信息技术外包服务（ITO）、技术性业务流程外包服务（BPO）和技术性知识流程外包服务（KPO），而从上述境外单位取得的收入。

2. 技术先进型服务企业减免税优惠纳税申报表填报。

（1）减免所得税额：将 A100000《中华人民共和国企业所得税年度纳税申报表（A 类）》第 23 行"应纳税所得额"计算的减征 10％企业所得税金额填报在 A107040《减免所得税优惠明细表》第 11 行"技术先进型服务企业"。

（2）职工教育经费：职工教育经费填报在 A105050《职工薪酬纳税调整明细表》第 5 行"按税收规定比例扣除的职工教育经费"，其中：税收规定扣除率填报 8％，税收金额填报工资薪金支出税收金额乘 8％的金额，其他行次按逻辑关系填写。

6.3.6 支持和促进重点群体创业就业限额减征企业所得税 [《减免所得税优惠明细表》（A107040）第 14 行]

关键点 132 支持和促进重点群体创业就业限额减税政策要点

《财政部 国家税务总局 人力资源社会保障部关于继续实施支持和促进重点群体创业就业有关税收政策的通知》（财税〔2014〕39 号）规定，对商贸企业、服务型企业、劳动就业服务企业中的加工型企业和街道社区具有加工性质的小型企业实体，在新增加的岗位中，当年新招用在人力资源社会保障部门公共就业服务机构登记失业一年以上且持《就业失业登记证》（注明"企业吸纳税收政策"）人员，与其签订 1 年以上期限劳动合同并依法缴纳社会保险费的，在 3 年内按实际招用人数予以定额依次扣减营业税、城市维护建设税、教育费附加、地方教育附加和企业所得税优惠。定额标准为每人每年 4 000 元，最高可上浮 30%（北京市标准为每人每年 5 200 元）。

按上述标准计算的税收扣减额应在企业当年实际应缴纳的营业税、城市维护建设税、教育费附加、地方教育附加和企业所得税税额中扣减，当年扣减不足的，不得结转下年使用。

服务型企业是指从事现行营业税"服务业"税目规定经营活动的企业以及按照《民办非企业单位登记管理暂行条例》（国务院令第 251 号）登记成立的民办非企业单位。

本通知的执行期限为 2014 年 1 月 1 日至 2016 年 12 月 31 日。本通知规定的税收优惠政策按照备案减免税管理，纳税人应向主管税务机关备案。税收优惠政策在 2016 年 12 月 31 日未享受满 3 年的，可继续享受至 3 年期满为止。《财政部　国家税务总局关于支持和促进就业有关税收政策的通知》（财税〔2010〕84 号）所规定的税收优惠政策在 2013 年 12 月 31 日未享受满 3 年的，可继续享受至 3 年期满为止。

本通知所述人员不得重复享受税收优惠政策，以前年度已享受各项就业税收优惠政策的人员不得再享受本通知规定的税收优惠政策。如果企业的就业人员既适用本通知规定的税收优惠政策，又适用其他扶持就业的税收优惠政策，企业可选择适用最优惠的政策，但不能重复享受。

关键点 133　自主就业退役士兵创业就业限额减税政策要点

《财政部　国家税务总局　民政部关于调整完善扶持自主就业退役士兵创业就业有关税收政策的通知》（财税〔2014〕42 号）规定，对商贸企业、服务型企业、劳动就业服务企业中的加工型企业和街道社区具有加工性质的小型企业实体，在新增加的岗位中，当年新招用自主就业退役士兵，与其签订 1 年以上期限劳动合同并依法缴纳社会保险费的，在 3 年内按实际招用人数予以定额依次扣减营业税、城市维护建设税、教育费附加、地方教育附加和企业所得税优惠。定额标准为每人每年 4 000 元，最高可上浮 50%（北京市标准为每人每年 6 000 元）。

纳税年度终了，如果企业实际减免的营业税、城市维护建设税、教育费附加和地方教育附加小于核定的减免税总额，企业在企业所得税汇算清缴时扣减企业所得税。当年扣减不足的，不再结转以后年度扣减。

自主就业退役士兵是指依照《退役士兵安置条例》（国务院、中央军委令第 608 号）的规定退出现役并按自主就业方式安置的退役士兵。

本通知的执行期限为 2014 年 1 月 1 日至 2016 年 12 月 31 日。本通知规定的税收优惠政策按照备案减免税管理，纳税人应向主管税务机关备案。税收优惠政策在 2016 年 12 月 31 日未享受满 3 年的，可继续享受至 3 年期满为止。《财政部 国家税务总局关于扶持城镇退役士兵自谋职业有关税收优惠政策的通知》（财税〔2004〕93 号）自 2014 年 1 月 1 日起停止执行，其所规定的税收优惠政策在 2013 年 12 月 31 日未享受满 3 年的，可继续享受至 3 年期满为止。

如果企业招用的自主就业退役士兵既适用本通知规定的税收优惠政策，又适用其他扶持就业的税收优惠政策，企业可选择适用最优惠的政策，但不能重复享受。

6.3.7 项目所得按法定税率减半征收不得叠加享受减免税优惠［《减免所得税优惠明细表》（A107040）第 28 行］

关键点 134 项目所得额按法定税率减半征收企业所得税叠加享受减免税优惠政策要点

纳税人从事农林牧渔业项目、国家重点扶持的公共基础设施项目、符合条件的环境保护、节能节水项目、符合条件的技术转让、其他专项优惠等形成的项目所得应减半计入应纳税所得额，并按 25％的法定税率计算缴税。

当纳税人在同一纳税年度申报享受了上述减免所得优惠，又同时符合条件的小型微利企业、国家需要重点扶持的高新技术企业、技术先进型服务企业、集成电路线宽小于 0.25 微米或投资额超过 80 亿元人民币的集成电路生产企业、国家规划布局内重点软件企业和集成电路设计企业、设在西部地区的鼓励类产业企业、中关村国家自主创新示范区从事文化产业支撑技术等领域的高新技术企业等可享受税率优惠的企业时，由于申报表填报顺序，会造成享受了减半征收优惠的所得额按优惠税率而非法定税率计算应纳税额，从而叠加享受了减免所得优惠和减免税优惠。

项目所得享受应纳税所得额按 25％的税率减半征收的优惠项目，填报和享受 20％、15％优惠税率的减免税项目填报主要体现在表 6-1 和表 6-2 中，纳税人应对照检查自身是否同时享受了表 6-1 和表 6-2 列示的税收优惠，如同时享受，应将因重复享受税收优惠需调整的金额填写在 A107040《减免所得税优惠明细表》第 28 行"项目所得额按法定税率减半征收企业所得税叠加享受减免税优惠"中。

表 6-1

13	（二）减半征税项目（14＋15＋16）
14	1. 花卉、茶以及其他饮料作物和香料作物的种植
15	2. 海水养殖、内陆养殖
16	3. 其他
17	二、国家重点扶持的公共基础设施项目（18＋19＋20＋21＋22＋23＋24＋25）
18	（一）港口码头项目
19	（二）机场项目
20	（三）铁路项目
21	（四）公路项目
22	（五）城市公共交通项目
23	（六）电力项目
24	（七）水利项目
25	（八）其他项目
26	三、符合条件的环境保护、节能节水项目（27＋28＋29＋30＋31＋32）
27	（一）公共污水处理项目
28	（二）公共垃圾处理项目
29	（三）沼气综合开发利用项目
30	（四）节能减排技术改造项目
31	（五）海水淡化项目
32	（六）其他项目
33	四、符合条件的技术转让项目（34＋35）
34	（一）技术转让所得不超过 500 万元部分
35	（二）技术转让所得超过 500 万元部分
36	五、其他专项优惠项目（37＋38＋39）
37	（一）实施清洁发展机制项目
38	（二）符合条件的节能服务公司实施合同能源管理项目
39	（三）其他

表 6-2

1	一、符合条件的小型微利企业
2	二、国家需要重点扶持的高新技术企业（填写 A107041）
4	四、其他专项优惠（5＋6＋7＋8＋9＋10＋11＋12＋13＋14＋15＋16＋17＋18＋19＋20＋21＋22＋23＋24＋25＋26＋27）
11	（七）技术先进型服务企业
16	（十二）集成电路线宽小于 0.25 微米的集成电路生产企业
17	（十三）投资额超过 80 亿元人民币的集成电路生产企业
19	（十五）国家规划布局内重点集成电路设计企业
22	（十八）设在西部地区的鼓励类产业企业
24	（二十）中关村国家自主创新示范区从事文化产业支撑技术等领域的高新技术企业

案例 22　税收优惠政策叠加享受的填报案例

1. 情况说明。

C 公司 2014 年经认定为高新技术企业，当年取得符合条件的技术转让所得 700 万元，其他应纳税所得额为 1 000 万元。

2. 填报过程。

企业取得的 700 万元技术转让所得中的 500 万元部分免税，另外 200 万元技术转让所得减半征收，企业计算应纳税所得额为 1 100 万元（1 000＋700－500－100）。

（1）按主表填报顺序，据法定税率 25% 计算的应纳税额 275 万元（1 100×25%），不考虑所得减免法定税率还原问题，减免税 110 万元 [1 100×（25%－15%）]，应纳税额 165 万元（275－110）。

（2）考虑所得减免法定税率还原问题，应纳税额为 175 万元（1 000×15%＋200×50%×25%），减免所得税 100 万元（275－175）。

其中，高新技术企业优惠 110 万元 [1 100×（25%－15%）]，按法定税率减半 12.5% 和按高新优惠税率减半 7.5% 之间的差额 10 万元 [200×50%×（25%－15%）] 需要从上述高新技术企业优惠税额中减除，因此合计减免所得税 100 万元（110－10）。

6.4　企业清算期间及重组事项发生后税收优惠享受问题

关键点 135　企业清算期间税收优惠享受问题

（1）根据清算所得税申报表主表的项目设置和填报说明，清算应纳税所得额＝清算所得－免税收入－不征税收入－其他免税所得－弥补以前年度亏损。其中"免税收入"和"其他免税所得"均属于《企业所得税法》第四章所规定的税收优惠范畴。

（2）一般来讲，企业清算期间，正常的生产经营一般都已停止，企业取得的所得已是非正常的生产经营所得，企业所得税优惠政策的适用对象已不存在，企业应就清算所得按所得税法规定的法定税率缴纳企业所得税。因此，企业清算所得不适用《企业所得税法》所规定的小型微利企业、高新技术企业、软件生产企业、技术先进型服务企业、动漫企业等享受的优惠税率以及《国务院关于实施企业所得税过渡优惠政策的通知》（国发〔2007〕39 号）所规定的过渡期优惠税率。

（3）企业在经营期的经营或投资行为，为企业在清算期所带来的所得，应该仍然适用相关优惠政策。如处于清算期的企业，在未处置其对外的长期股权投资前，其源自被投资方分配的股息红利，清算组应确认为权益性投资收益。如果该权益性投资收益符合《企业所得税法》第二十六条规定的免税收入的条件，即使企业处于清算期，仍然应享受免税收入的税收优惠政策。

关键点 136　重组事项发生后税收优惠享受问题

在企业吸收合并中，合并后的存续企业性质及适用税收优惠的条件未发生改变的，可以继续享受合并前该企业剩余期限的税收优惠，其优惠金额按存续企业合并前一年的应纳税所得额（亏损计为零）计算（合并方）。

在企业存续分立中，分立后的存续企业性质及适用税收优惠的条件未发生改变的，可以继续享受分立前该企业剩余期限的税收优惠，其优惠金额按该企业分立前一年的应纳税所得额（亏损计为零）乘以分立后存续企业资产占分立前该企业全部资产的比例计算。

国家税务总局 2010 年第 4 号公告第十五条规定，企业合并或分立，合并各方企业或分立企业涉及享受《企业所得税法》第五十七条规定中就企业整体（即全部生产经营所得）享受的税收优惠过渡政策尚未期满的，仅就存续企业未享受完的税收优惠，按照财税〔2009〕59 号文件第九条的规定执行；注销的被合并或被分立企业未享受完的税收优惠，不再由存续企业承继；合并或分立而新设的企业不得再承继或重新享受上述优惠。合并或分立各方企业按照《企业所得税法》的税收优惠规定和税收优惠过渡政策中就企业有关生产经营项目的所得享受的税收优惠承继问题，按照《实施条例》第八十九条规定执行。

第二十八条规定，根据财税〔2009〕59 号文件第六条第（四）项第 2 目的规定，被合并企业合并前的相关所得税事项由合并企业承继，以及根据第六条第（五）项第 2 目的规定，企业分立，已分立资产相应的所得税事项由分立企业承继，这些事项包括尚未确认的资产损失、分期确认收入的处理以及尚未享受期满的税收优惠政策承继处理问题等。其中，对税收优惠政策承继处理问题，凡属于依照《企业所得税法》第五十七条规定中就企业整体（即全部生产经营所得）享受税收优惠过渡政策的，合并或分立后的企业性质及适用税收优惠条件未发生改变的，可以继续享受合并前各企业或分立前被分立企业剩余期限的税收优惠。合并前各企业剩余的税收优惠年限不一致的，合并后企业每年度的应纳税所得额，应统一按合并日各合并前企业资产占合并后企业总资产的比例进行划分，再分别按相应的剩余优惠计算应纳税额。合并前各企业或分立前被分立企业按照《企业所得税法》的税收优惠规定以及税收优惠过渡政策中就有关生产经营项目所得享受的税收优惠承继处理问题，按照《实施条例》第八十九条规定执行。

07

第7章

境外所得抵免表（A108000）
填报关键点

境外所得应纳税额计算及税额抵免过程的精确化是 2014 版企业所得税年度纳税申报表相对 2008 版申报表的一大变化。本部分内容将梳理新申报表反映的境外所得应纳税额计算和税额抵免政策要点（不涉及简易办法抵免和税收饶让抵免的内容），并通过具体填报案例帮助读者熟悉报表逻辑关系。

7.1 政策要点

关键点 137 "境外所得"的由来

我国企业所得税税收管辖权遵循"属地兼属人"的原则。《企业所得税法》第三条规定，居民企业应当就其来源于中国境内、境外的所得缴纳企业所得税。非居民企业在中国境内设立机构、场所的，应当就其所设机构、场所取得的来源于中国境内的所得，以及发生在中国境外但与其所设机构、场所有实际联系的所得，缴纳企业所得税。

上述"居民企业来源于中国境外的所得，及非居民企业在中国境内设立机构、场所，发生在中国境外但与其所设机构场所有实际联系的所得"，即构成了本部分讨论的"境外所得"的范围。

《企业所得税法》第六条规定，企业以货币形式和非货币形式从各种来源取得的收入，为收入总额。包括：销售货物收入；提供劳务收入；转让财产收入；股息、红利等权益性投资收益；利息收入；租金收入；特许权使用费收入；接受捐赠收入；其他收入。

上述"收入总额"的确定标准同时适用境内外所得。

关键点 138 如何区分"来源于境外的所得"与"来源于境内的所得"

《企业所得税法实施条例》第七条规定，企业所得税法第三条所称来源于中国境内、境外的所得，按照以下原则确定：

（一）销售货物所得，按照交易活动发生地确定；

（二）提供劳务所得，按照劳务发生地确定；

（三）转让财产所得，不动产转让所得按照不动产所在地确定，动产转让所得按照转让动产的企业或者机构、场所所在地确定，权益性投资资产转让所得按照被投资企业所在地确定；

（四）股息、红利等权益性投资所得，按照分配所得的企业所在地确定；

（五）利息所得、租金所得、特许权使用费所得，按照负担、支付所得的企业或者机构、场所所在地确定，或者按照负担、支付所得的个人的住所地确定；

（六）其他所得，由国务院财政、税务主管部门确定。

上述政策规定进一步划定了"境外所得"的范围。

关键点 139　境外所得与境内所得分别计算

主表 14 行调减境外直接税税前所得（未考虑税会差异和共同支出），涉及 A108010《境外所得纳税调整后所得明细表》第 2 列至第 14 列。

（1）境外应税所得计算中的收入扣除确认标准。

上文提到过，境外所得计算按《企业所得税法》第六条规定的范围确认收入。

此处应注意的是，按照企业所得税法规定，对居民企业和非居民企业设立在中国境内的机构场所而言，其境内外应税所得具有同等纳税义务。因此企业计算境外应税所的时，在收入确认的范围、时间，扣除项目确认标准上同样应遵从《企业所得税法》、《企业所得税法实施条例》及其他各项企业所得税收入、扣除政策规定。

A108010《境外所得纳税调整后所得明细表》第 2 列至第 8 列对境外所得计算项目进行了正列举，具体包括企业在境外设立的不具备独立纳税地位的分支机构利润及企业直接取得的来源于境外的股息、红利等权益性投资收益、利息、租金、特许权使用费、转让财产收入、其他收入。应注意 A108010《境外所得纳税调整后所得明细表》第 8 行的"其他所得"应填写属于《企业所得税法》第六条规定范围但未在第 2 行至第 7 行进行列示的收入项目。

（2）境外"毛所得"对应直接成本费用的调整扣除。

国家税务总局 2010 年第 1 号公告规定，从境外收到的股息、红利、利息等境外投资性所得一般表现为毛所得，应对在计算企业总所得额时已做统一扣除的成本费用中与境外所得有关的部分，在该境外所得中对应调整扣除后，才能作为计算境外税额抵免限额的境外应纳税所得额。

A108010《境外所得纳税调整后所得明细表》第 2 列至第 8 列填写的应该是境外毛所得扣除成本费用之后的"净所得"。但此处的成本费用仅限于匹配归属于境外收入的部分。与取得境外所得有关但未直接计入境外所得应纳税所得额的成本费用支出，即下文将具体说明的"共同支出"，未在填报的"净所得"中进行扣除，而要在 A108010《境外所得纳税调整后所得明细表》第 16 列和第 17 列进行扣除。在就境外所得计算应对应调整扣除的有关成本费用时，应对如下成本费用（但不限于）予以特别注意：

①股息、红利，应对应调整扣除与境外投资业务有关的项目研究、融资成本和管理费用；

②利息，应对应调整扣除为取得该项利息而发生的相应的融资成本和相关费用；

③租金，属于融资租赁业务的，应对应调整扣除其融资成本；属于经营租赁业务的，应对应调整扣除租赁物相应的折旧或折耗；

④特许权使用费，应对应调整扣除提供特许使用的资产的研发、摊销等费用；

⑤财产转让，应对应调整扣除被转让财产的成本净值和相关费用。

（3）将经过境外"源泉扣缴"的直接税税后所得换算成税前所得。

A108010《境外所得纳税调整后所得明细表》第 2 列至第 8 列对应的项目所得填报口径为经境外税务机关"源泉扣缴"后的税后所得。填报时，应先按照上述政策规定将"毛所得"换算成"净所得"。此外，我们所说的在新申报表的逻辑结构中与"境内所得"相对应的"境外所得"，应当是上述项目的直接税税前所得，即表 A108010 第 9 列"境外税后所得小计"与第 10 列"直接税"之和。该境外所得填报在主表第 14 行，完成境内所得与境外所得的分离。

关键点 140   "分国不分项"的计算原则

财税〔2009〕125 号文件规定，企业必须分国别计算境外应纳税所得额、境外所得应纳税额、可抵免税额、抵免限额。企业不能准确计算上述项目实际可抵免分国（地区）别的境外所得税税额的，在相应国家（地区）缴纳的税收均不得在该企业当期应纳税额中抵免，也不得结转以后年度抵免。

"分国不分项"是贯穿境外所得应纳税额计算全过程的重要原则。计算方法详见下文案例。

关键点 141   境外所得独立于境内所得进行税会差异调整

境外所得独立于境内所得进行税会差异调整涉及表 A108010《境外所得纳税调整后所得明细表》第 15 列。

财税〔2009〕125 号文件规定，居民企业在境外投资设立不具有独立纳税地位的分支机构，其来源于境外的所得，以境外收入总额扣除与取得境外收入有关的各项合理支出后的余额为应纳税所得额。各项收入、支出按企业所得税法及实施条例的有关规定确定。

由上述规定可知，计算境外分支机构营业利润的收入、扣除项目需按我国企业所得税政策口径进行调整。A108010《境外所得纳税调整后所得明细表》每一行填写申报所属年度来自某一个国家的境外所得计算数据信息，表 A108010 第 15 列"境外分支机构收入与支出纳税调整额"可能涉及同一国家的一家或几家分支机构应税所得的税会差异调整，填报信息是分国别的税会差异调整计算结果。因此，境外所得的税会差异调整申报信息无法在 2014 版企业所得税年度纳税申报表中进行体现。

按照国家税务总局 2010 年第 1 号公告的规定，纳税人企业申报抵免境外所得税收时应向其主管税务机关提交书面资料，包括取得境外分支机构的营业利润所得需提供境外分支机构会计报表；境外分支机构所得依照中国境内企业所得税法及其实施条例的规定计算的应纳税额的计算过程及说明资料；具有资质的机构出具的有关分支机构审计报告等。

关键点 142　同一纳税主体境内、境外所得共同支出的分摊

同一纳税主体境内、境外所得共同支出的分摊涉及表 A108010《境外所得纳税调整后所得明细表》第 16、17 列。

财税〔2009〕125 号文件规定，在计算境外应纳税所得额时，企业为取得境内、外所得而在境内、境外发生的共同支出，与取得境外应税所得有关的、合理的部分，应在境内、境外〔分国（地区）别，下同〕应税所得之间，按照合理比例进行分摊后扣除。

国家税务总局 2010 年第 1 号公告进一步规定，本项所称共同支出，是指与取得境外所得有关但未直接计入境外所得应纳税所得额的成本费用支出，通常包括未直接计入境外所得的营业费用、管理费用和财务费用等支出。

《企业境外所得税收抵免操作指南》中指出，企业应对在计算总所得额时已统一归集并扣除的共同费用，按境外每一国（地区）别数额占企业全部数额的下列一种比例或几种比例的综合比例，在每一国别的境外所得中对应调整扣除，计算来自每一国别的应纳税所得额。

（1）资产比例；

（2）收入比例；

（3）员工工资支出比例；

（4）其他合理比例。

上述分摊比例确定后应报送主管税务机关备案；无合理原因不得改变。

由于企业所得税针对法人主体课税，企业所得税汇算清缴主体和会计利

润报告主体均为法人主体，对同一法人主体而言，部分支出项目如融资成本、研发支出等，可能以法人主体为财务核算主体进行列支，而未在"境内所得"和"境外所得"之间进行分摊。这部分"共同支出"也就没有包含在主表第14行中，需要按照上述政策规定在表 A108010 第 16、17 行和 A105000《纳税调整项目明细表》进行调整，对"境外所得"进行调减，对境内所得进行调增。

关键点 143　转让境外被投资企业股权的收入确认条件

转让境外被投资企业股权无须以"合同或协议生效且完成股权变更手续"为收入确认条件。

财税〔2009〕125 号文件规定，居民企业应就其来源于境外的股息、红利等权益性投资收益，以及利息、租金、特许权使用费、转让财产等收入，扣除按照企业所得税法及其实施条例等规定计算的与取得该项收入有关的各项合理支出后的余额为应纳税所得额。

来源于境外的股息、红利等权益性投资收益，应按被投资方做出利润分配决定的日期确认收入实现来源于境外的利息、租金、特许权使用费、转让财产等收入，应按有关合同约定应付交易对价款的日期确认收入实现。

根据上述政策规定我们分析得知，境外所得收入确认条件与境内所得存在差异。特别需要注意的是，居民企业进行权益性投资，如果被投资企业所在地在境外，则转让被投资企业股权所得为境外所得，该项所得确认条件不同于转让境内被投资企业股权所遵循的"合同或协议生效且完成股权变更手续"，而是应按照"有关合同约定应付交易对价款的日期确认收入实现"。

实务中我们也遇到过纳税人未按合同约定确认转让境外被投资企业股权所得，导致自身涉税风险的情况。对此，纳税人应提高关注度。

关键点 144　企业境内、境外营业机构发生的资产损失应分开核算

企业境内、境外营业机构发生的资产损失应分开核算，对境外营业机构由于发生资产损失而产生的亏损，不得在计算境内应纳税所得额时扣除。

纳税人境外经营产生的资产损失，包括参与境外分支机构营业利润计算资产损失、被投资企业所在地为境外的股权投资损失、债务人在境外的债权投资损失、应收及预付款损失、应收票据、各类垫款、往来款损失，固定资产所在地为境外的固定资产损失等。

关键点 145　境外所得简易计算抵免、税收饶让抵免的政策要点

境外所得的简易计算抵免和税收饶让抵免是境外所得计算抵免的特殊情

况。按照财税〔2009〕125 号文件的规定，简易计算抵免包括两种情形，分别对所得来源国（地区）实际税率低于 12.5％或高于 25％时，境外所得抵免计算适用简易办法的相关要求进行了规定。

（1）只有境外分支机构营业利润所得和符合境外税额间接抵免条件的股息所得可使用简易计算抵免政策。居民企业从境外未达到直接持股 20％条件的境外子公司取得的股息所得，以及取得利息、租金、特许权使用费、转让财产等所得，向所得来源国直接缴纳的预提所得税额，不能适用简易计算抵免。

（2）适用简易计算抵免政策规定中"所得来源国（地区）的法定税率且其实际有效税率明显高于我国的"，具体国家（地区）名单在财税〔2009〕125 号文件附件中进行了正列举，并规定由财政部、国家税务总局根据实际情况适时对名单进行调整。来源于列举之外国家（地区）的境外所得不能适用相关简易计算抵免政策。

（3）国家税务总局 2014 年第 10 号公告规定，境外所得简易计算抵免和税收饶让抵免属于行政审批事项，纳税人适用上述政策前需经主管税务机关核准。

（4）境外所得采用简易办法计算抵免额的，不适用饶让抵免。

关键点 146　关注不能作为可抵免税额的境外税收

可抵免境外所得税税额，是指企业来源于中国境外的所得依照中国境外税收法律以及相关规定应当缴纳并已实际缴纳的企业所得税性质的税款。但不包括：

（1）按照境外所得税法律及相关规定属于错缴或错征的境外所得税税款。

（2）按照税收协定规定不应征收的境外所得税税款，上述两类情形企业应向境外税务机关申请予以退还，而不应作为境外已交税额向中国申请抵免企业所得税。

（3）因少缴或迟缴境外所得税而追加的利息、滞纳金或罚款。

（4）境外所得税纳税人或者其利害关系人从境外征税主体得到实际返还或补偿的境外所得税税款。

（5）按照我国企业所得税法及其实施条例规定，已经免征我国企业所得税的境外所得负担的境外所得税税款，该项所得的应纳税所得额及其缴纳的境外所得税额均应从计算境外所得税额抵免的境外应纳税所得额和境外已纳税额中减除。

（6）按照国务院财政、税务主管部门有关规定已经从企业境外应纳税所得额中扣除的境外所得税税款。

关键点 147 境外所得享受高新技术企业减免税额优惠的适用条件

财税〔2011〕47 号文件规定，纳税人适用境外所得享受高新技术企业减免税额的税收优惠待遇，其来源于境外的所得可以享受高新技术企业所得税优惠政策，即对其来源于境外所得可以按照 15％的优惠税率缴纳企业所得税，在计算境外抵免限额时，可按照 15％的优惠税率计算境内外应纳税总额。

适用上述政策应把握以下要点：

一是高新技术企业认定环节，应为"以境内、境外全部生产经营活动有关的研究开发费用总额、总收入、销售收入总额、高新技术产品（服务）收入等指标申请并经认定的高新技术企业"。

二是纳税人应依照《中华人民共和国企业所得税法》及其实施条例规定，经认定机构按照《高新技术企业认定管理办法》（国科发火〔2008〕172 号）和《高新技术企业认定管理工作指引》（国科发火〔2008〕362 号）认定取得高新技术企业证书。

三是纳税人应当"正在享受企业所得税 15％税率优惠"。

四是高新技术企业境外所得税收抵免的其他事项，仍按照财税〔2009〕125 号文件的有关规定执行。

案例 23 境外所得应纳税额计算填报案例

1. 情况说明。

甲企业为我国居民企业。在 A 国成立了没有独立纳税地位的分支机构乙，乙分支机构 2014 年营业利润 100 000 元，其中，按照我国税法规定应作纳税调增的业务招待费为 10 000 元，按照资产比例应分摊的共同支出为 2 000 元。分支机构在 A 国缴纳预提所得税 2 000 元。乙分支机构 2013 年可结转以后年度弥补的实际亏损额为 5 000 元。

在 B 国成立了没有独立纳税地位的分支机构丙，丙分支机构 2014 年营业利润－80 000 元，其中，按照我国税法规定应作纳税调减的投资性房地产公允价值变动收益为 10 000 元。按照资产比例应分摊的共同支出为 1 000 元。甲企业在 B 国拥有一项固定资产，2014 年预提税后租金收入 7 000 元，预提税 200 元，折旧 2 000 元。

甲企业持有 C 国注册且实际经营管理机构在 C 国的丁企业 30％的股权。甲企业 2014 年从丁企业获得宣告并发放的预提税后股息红利为 4 000 元，直接缴纳预提税 300 元，间接负担预提税 100 元，与之对应的融资成本为 1 000

元。2014 年 9 月甲企业将丁企业 30％的股权转让，获得预提税后收入为 500 000 元，预提税款 50 000 元。转让时股权账面价值为 550 000 元，计税基础为 600 000 元。

2. 填报方法。

（1）第一步：将"境内所得"和"境外所得"分离。计算时应注意将"毛所得"换算成"净所得"。

A 国境外所得纳税调整前所得＝A108010 第 2 列"分支机构营业利润所得"100 000＋第 10 列"直接缴纳的所得税额"2 000＝102 000（元）。

B 国境外所得纳税调整前所得＝A108010 第 2 列"分支机构营业利润所得"－80 000＋第 5 列"租金所得"（7 000－2 000）＋第 10 列"直接缴纳的所得税额"200＝－74 800（元）。

C 国境外所得纳税调整前所得＝A108000 第 3 列＝A108010 第 18 列＝A108010 第 3 列"股息红利等权益性投资所得"（4 000－1 000）＋第 7 列"财产转让所得"（500 000－600 000）＋第 10 列"直接缴纳的所得税额"（300＋50 000）＝－46 700（元）。

主表第 14 行"境外所得"＝A 国境外所得纳税调整前所得 102 000＋B 国境外所得纳税调整前所得－74 800＋C 国境外所得纳税调整前所得－46 700＝－19 500（元）。

（2）第二步：计算"分国不分项"的境外所得纳税调整后所得，并计算"境内、境外应纳税所得总额"，作为抵免限额的计算基础。

A 国境外所得纳税调整后所得＝A108000 第 3 列＝A108010 第 18 列＝A108010 第 2 列"分支机构营业利润所得"100 000＋第 15 列"境外分支机构收入与支出纳税调整额"10 000－第 16 列"境外分支机构调整分摊扣除的有关成本费用"2 000＝108 000（元）。

共同支出的调整：A105000 表第 28 行＝B 国境外所得纳税调整后所得＝A108000 第 3 列＝A108010 第 18 列＝A108010 第 2 列"分支机构营业利润所得"－80 000－第 15 列"境外分支机构收入与支出纳税调整额"10 000－第 16 列"境外分支机构调整分摊扣除的有关成本费用"1 000＋第 5 列"租金所得"（7 000－2 000）＋第 10 列"直接缴纳的所得税额"200＝－85 800（元）。

本年境外经营形成的 B 国分支机构非实际亏损结转以后年度弥补金额为－85 800 元。

C 国境外所得纳税调整后所得＝A108000 第 3 列＝A108010 第 18 列＝A108010 第 3 列"股息红利等权益性投资所得"（4 000－1 000）＋第 7 列"财

产转让所得"（500 000－600 000）＋第 10 列"直接缴纳的所得税额"（300＋50 000）＝－46 700（元）。

本年境外经营形成的 C 国股权转让损失无法进行资产损失申报，暂不允许税前扣除。

假设 2014 年纳税申报时境外所得弥补境内亏损前的境内纳税调整后所得额（主表 13 行－14 行＋15 行－16 行－17 行）为－15 000 元。

共同支出的调整：

本例中，A105000 表第 28 行第 3 列＝A 国第 16 列"境外分支机构调整分摊扣除的有关成本费用"2 000＋B 国第 16 列"境外分支机构调整分摊扣除的有关成本费用"1 000＝3 000（元）。

中国境内、境外应纳税所得总额＝－15 000＋A 国境外所得纳税调整后所得 108 000＋B 国境外所得纳税调整后所得－85 800＋C 国境外所得纳税调整后所得－46 700＝－24 500＜0。

境外所得弥补境内亏损的情况：

上述"境内、境外应纳税所得总额"计算出现了 A 国境外所得弥补当期境内亏损的情况。填写在表 A108000A 国第 6 列及主表第 18 列。

现行企业所得税政策未明确规定是否允许用境外所得弥补以前年度境内亏损的情况。

（3）第三步：计算境外所得可应纳税额可抵免税额、抵免限额、未超过抵免限额的余额。

《企业所得税法实施条例》第七十八条规定，境外应纳税额抵免限额＝中国境内、境外所得依照企业所得税法和本条例的规定计算的应纳税总额×来源于某国（地区）的应纳税所得额÷中国境内、境外应纳税所得总额。

当中国境内、境外应纳税所得总额小于或等于 0 时，境外所得应纳税额抵免限额为 0。

$$\begin{array}{l}\text{表 A108000 第 9 列本年}\\ \text{A 国境外所得应纳税额}\end{array}＝(108\,000－15\,000)×25\%＝23\,250（元）$$

表 A108000 第 12 列 A 国境外所得应纳税额可抵免税额＝表 A108010 第 10 列"境外所得直接缴纳的所得税额"2 000 元；

表 A108000 第 11 列 A 国境外所得应纳税额抵免限额＝0；

表 A108000 第 13 列未超过境外所得抵免限额的余额＝－2 000 元；

表 A108000 第 9 列本年 B 国境外所得应纳税额＝0；

表 A108000 第 12 列 A 国境外所得应纳税额可抵免税额＝表 A108010 第

10 列"境外所得直接缴纳的所得税额"200 元；

表 A108000 第 11 列 A 国境外所得应纳税额抵免限额＝0；

表 A108000 第 13 列未超过境外所得抵免限额的余额＝－200 元；

表 A108000 第 9 列本年 C 国境外所得应纳税额＝0；

表 A108000 第 12 列 A 国境外所得应纳税额可抵免税额＝表 A108010 第

10 列"境外所得直接缴纳的所得税额"（300＋50 000）＝50 300 元；

表 A108000 第 11 列 A 国境外所得应纳税额抵免限额＝0；

表 A108000 第 13 列未超过境外所得抵免限额的余额＝－50 300 元。

7.2 《境外分支机构弥补亏损明细表》（A108020）填报应关注的政策要点

境外分支机构弥补相对境外所得应纳税额计算而言，计算及报表逻辑关系较为简单。主要应注意以下政策要点。

关键点 148　境外分支机构弥补亏损遵循"分国不分项"原则

在汇总计算境外应纳税所得额时，企业在境外同一国家（地区）设立不具有独立纳税地位的分支机构，按照企业所得税法及实施条例的有关规定计算的亏损，不得抵减其境内或他国（地区）的应纳税所得额，但可以用同一国家（地区）其他项目或以后年度的所得按规定弥补。

本项基于分国不分项计算抵免的原则及其要求，对在不同国家的分支机构发生的亏损不得相互弥补做出了规定，以避免出现同一笔亏损重复弥补或须进行繁复的还原弥补、还原抵免的现象。

关键点 149　"非实际亏损"与"实际亏损"的判断标准：境外分支机构亏损额是否超过企业盈利额

应当注意的是，标题中提到的"境外分支机构亏损额"指的是境外分支机构形成负的纳税调整后所得经"分国不分项"弥补亏损的余额。"企业盈利额"指的是境内和应纳税所得额为正数的境外国家（地区）的应纳税所得额之和。

企业在同一纳税年度的境内外所得加总为正数的，其境外分支机构发生的亏损，由于上述"分国不分项"结转弥补的限制而发生的未予弥补的部分（以下称为非实际亏损额），今后在该分支机构的结转弥补期限不受 5 年期限制。即如果企业当期境内外所得盈利额与亏损额加总后和为零或正数，则其当年度境外分支机构的非实际亏损额可无限期向后结转弥补。例如，甲企业在境外设立无独立纳税地位的分支机构 A 和 B，另有一笔对 M 公司的股权投资，M 公司注册地为 A 分支机构所在地。且该纳税人无其他境外经营项目。2014 年境内应纳税所得额为 200 万元，境外 A 分支机构纳税调整后所得为 －360 万元，甲企业从 M 公司分得股息红利 100 万元，境外 B 分支机构纳税调整后所得为 250 万元，境内外应纳税所得额为 450 万元，境外 A 分支机构当年形成的可无限期结转弥补的非实际亏损金额为 260 万元。填写在 A108020《境外分支机构弥补亏损明细表》第 3 列"本年发生的非实际亏损额"。

如果企业当期境内外所得盈利额与亏损额加总后和为负数，则以境外分支机构的亏损额超过企业盈利额部分的实际亏损额，按《企业所得税法》第十八条规定的期限，在亏损发生年度下一纳税年度起，五年内进行亏损弥补，未超过企业盈利额部分的非实际亏损额仍可无限期向后结转弥补。例如乙企业在境外设立无独立纳税地位的分支机构 C 和 D，另有一笔对 N 公司的股权投资，N 公司注册地为 C 分支机构所在地。且该纳税人无其他境外经营项目。2014 年境内应纳税所得额为 200 万元，境外 A 分支机构纳税调整后所得为 －560万元，乙企业从 N 公司分得股息红利 100 万元，境外 B 分支机构纳税调整后所得为 250 万元，境内外应纳税所得额为 450 万元，境外 A 分支机构当年形成的可无限期结转弥补的非实际亏损金额为 450 万元，填写在 A108020《境外分支机构弥补亏损明细表》第 3 列"本年发生的非实际亏损额"。境外 A 分支机构当年形成结转弥补的实际亏损金额为 10 万元，填写在 A108020《境外分支机构弥补亏损明细表》第 12 列"本年发生的实际亏损额"。

关键点 150　境外分支机构弥补亏损的计算管理要求

企业应对境外分支机构的实际亏损额与非实际亏损额不同的结转弥补情况做好记录。

7.3 《跨年度结转抵免境外所得税明细表》（A108030）填报应关注的政策要点

关键点 151　跨年度结转抵免境外所得税的计算方法和管理要求

企业在境外一国（地区）当年缴纳和间接负担的符合规定的企业所得税税额的具体抵免方法为：（1）企业每年应分国（地区）别在抵免限额内据实抵免境外所得税额，超过抵免限额的部分可在以后连续 5 个纳税年度延续抵免；（2）企业当年境外一国（地区）可抵免税额中既有属于当年已直接缴纳或间接负担的境外所得税额，又有以前年度结转的未逾期可抵免税额时，应首先抵免当年已直接缴纳或间接负担的境外所得税额后，抵免限额有余额的，可再抵免以前年度结转的未逾期可抵免税额，仍抵免不足的，继续向以后年度结转。

国家税务总局 2010 年第 1 号公告规定，税务机关、企业在年度企业所得税汇算清缴时，应对结转以后年度抵免的境外所得税额分国别（地区）建立台账管理，准确填写逐年抵免情况。

7.4 《受控外国企业信息报告表》及外国企业年度独立财务报表的报送

关键点 152　《受控外国企业信息报告表》及外国企业年度独立财务报表报送的政策要点

《企业所得税法》第二十四条规定，居民企业从其直接或者间接控制的外国企业分得的来源于中国境外的股息、红利等权益性投资收益，外国企业在境外实际缴纳的所得税税额中属于该项所得负担的部分，可以作为该居民企业的可抵免境外所得税税额，在本法第二十三条规定的抵免限额内抵免。

《企业所得税法》第四十五条规定，由居民企业，或者由居民企业和中国居民控制的设立在实际税负明显低于本法第四条第一款规定税率水平的国家（地区）的企业，并非由于合理的经营需要而对利润不作分配或者减少分配的，上述利润中应归属于该居民企业的部分，应当计入该居民企业的当期收入。

国税发〔2009〕2 号文件第八十四条规定，中国居民企业股东能够提供资料证明其控制的外国企业满足以下条件之一的，可免于将外国企业不作分配或减少分配的利润视同股息分配额，计入中国居民企业股东的当期所得：设立在国家税务总局指定的非低税率国家（地区）；主要取得积极经营活动所得；年度利润总额低于 500 万元人民币。

国家税务总局 2014 年第 38 号公告规定，居民企业在办理企业所得税年度申报时，还应附报以下与境外所得相关的资料信息：

（一）有适用企业所得税法第四十五条情形或者需要适用《特别纳税调整实施办法（试行）》（国税发〔2009〕2 号）第八十四条规定的居民企业填报《受控外国企业信息报告表》；

（二）纳入企业所得税法第二十四条规定抵免范围的外国企业或符合企业

所得税法第四十五条规定的受控外国企业按照中国会计制度编报的年度独立财务报表。

7.5 境外所得税收抵免政策执行中的三个特殊问题

关键点 153 境外所得弥补以前年度境内亏损的问题

《企业所得税法》第十七条规定，企业在汇总计算缴纳企业所得税时，其境外营业机构的亏损不得抵减境内营业机构的盈利。

国家税务总局 2010 年第 1 号公告"关于境外所得税款抵免限额"规定，若企业境内所得为亏损，境外所得为盈利，且企业已使用同期境外盈利全部或部分弥补了境内亏损，则境内已用境外盈利弥补的亏损不得再用以后年度境内盈利重复弥补。由此，在计算境外所得抵免限额时，形成当期境内、外应纳税所得总额小于零的，应以零计算当期境内、外应纳税所得总额，其当期境外所得税的抵免限额也为零。据上述政策规定，总局政策文件未对"境外所得弥补以前年度境内亏损"这一事项做出明确，既无授权性也无限制性规定。2014 版企业所得税年度纳税申报表在逻辑关系设置上也未给出"境外所得弥补境内亏损"的申报填写方法。

笔者认为，企业在纳税申报时应准确衡量"境外所得弥补境内亏损"是否符合自身利益诉求，如有意愿进行相关税务处理，应准备好境外所得相关数据计算资料，并与主管税务机关及时进行沟通。

关键点 154 石油企业"不分国不分项"的境外所得计算原则

上文提到过，"分国不分项"是境外所得应纳税所得额、应纳税额、可抵免税额、抵免限额计算时需遵循的原则。

财税〔2009〕125 号文件第三条第（五）项规定，在汇总计算境外应纳税所得额时，企业在境外同一国家（地区）设立不具有独立纳税地位的分支机构，按照企业所得税法及其实施条例的有关规定计算的亏损，不得抵减其境内或他国（地区）的应纳税所得额，但可以用同一国家（地区）其他项目或以后年度的所得按规定弥补。

《企业境外所得税收抵免操作指南》第十三条指出，本项基于分国不分项计算抵免的原则及其要求，对在不同国家的分支机构发生的亏损不得相互弥补做出了规定，以避免出现同一笔亏损重复弥补或须进行繁复的还原弥补、还原抵免的现象。

财税〔2011〕23 号文件第一条规定，石油企业可以选择按国（地区）别分别计算［即"分国（地区）不分项"］，或者不按国（地区）别汇总计算［即"不分国（地区）不分项"］其来源于境外油（气）项目投资、工程技术服务和工程建设的油（气）资源开采活动的应纳税所得额，并按照财税〔2009〕125 号文件第八条规定的税率，分别计算其可抵免境外所得税税额和抵免限额。上述方式一经选择，5 年内不得改变。

实务中，石油企业选择使用"不分国不分项"的抵免方式，一是能以"不分国"的境外盈利弥补境外分支机构亏损，减少"境外应纳税所得额"；二是能平衡不同国家和地区之间的税率，增大"境外所得抵免限额"。

关键点 155　"联合体公司"境外经营的境外所得税收抵免

实务中，有纳税人作为建筑集团控股企业的关联企业，建筑集团控股企业与国内其他单位（简称合作方）以联合体形式合作中标境外施工项目，签订合作合同。集团公司再将项目分包给其下属关联企业。在此种合作模式下，项目施工所涉及的所有外事活动均以联合体公司的名义进行，因此，在境外缴纳税款时完税凭证抬头是联合体公司。集团公司对承包项目的财务核算上述分包企业将分包项目缴纳的境外税收作为企业所得税进行账务处理，但该部分企业所得税能否由分包企业计算境外所得抵免。笔者认为，纳税人与主管税务机关沟通时，一是应提供其将相关项目所得确认为自身企业所得税应税所得的核算资料；二是应提供清晰列明分包项目负担税款金额的完税凭证；三是应咨询主管税务机关是否认可分包企业纳税人按照"实质重于形式"的确认原则对境外所得应纳税额进行抵免。

08

第8章

汇总纳税表（A109000）填报关键点

关键点 156　跨地区汇总纳税企业总分机构的范围

居民企业在中国境内跨地区（指跨省、自治区、直辖市和计划单列市，下同）设立不具有法人资格分支机构的，该居民企业为跨地区经营汇总纳税企业（以下简称汇总纳税企业）汇总纳税企业在中国境外设立的不具有法人资格的二级分支机构，不就地分摊缴纳企业所得税。

总机构设立具有主体生产经营职能的部门，且该部门的营业收入、职工薪酬和资产总额与管理职能部门分开核算的，可将该部门视同一个二级分支机构，计算分摊就地缴纳企业所得税。纳税人申报填写 2014 版年度纳税申报表时，总机构独立生产经营部门年度预缴税额填写在 A109000《跨地区经营汇总纳税企业年度分摊企业所得税明细表》第 10 行"其中：总机构独立生产经营部门已分摊的所得税额"。总机构独立生产经营部门分摊本年应补退的所得税额填写在表 A109000 第 15 行"其中：总机构独立生产经营部门分摊本年应补（退）的所得税额"。同时，总机构独立生产经营部门视同二级分支机构，分摊缴纳税款的计算信息在 A109010《企业所得税汇总纳税分支机构所得分配表》进行填报。

关键点 157　跨地区汇总纳税企业总机构所得税汇算清缴报送的申报资料

汇总纳税企业总机构汇算清缴适用 2014 版企业所得税年度纳税申报表。汇总纳税企业总机构所得税汇算清缴要求报送的申报资料包括：企业所得税年度纳税申报表、汇总纳税企业年度财务报表、汇总纳税企业分支机构所得税分配表、各分支机构的年度财务报表、各分支机构参与企业年度纳税调整情况的说明。

其中"汇总纳税企业分支机构所得税分配表"申报信息已在 2014 版企业所得税年度纳税申报表附表 A109010《企业所得税汇总纳税分支机构所得税分配表》采集，不再独立于年度纳税申报表进行申报。

关键点 158　总分机构税额分摊计算比例

汇总纳税企业按照《企业所得税法》规定汇总计算的企业所得税，包括预缴税款和汇算清缴应缴应退税款，50％在各分支机构间分摊，各分支机构根据分摊税款就地办理缴库或退库；50％由总机构分摊缴纳，其中 25％就地办理缴库或退库，25％就地全额缴入中央国库或退库。

总机构按以下公式计算分摊税款：

$$总机构分摊税款＝汇总纳税企业当期应纳所得税额×50\%$$

分支机构按以下公式计算分摊税款：

$$所有分支机构分摊税款总额＝汇总纳税企业当期应纳所得税额×50\%$$

填报 2014 版企业所得税年度纳税申报表时，上述"汇总纳税企业当期应纳所得税额"＝表 A100000 第 31 行"实际应纳所得税额"－表 A100000 第 29 行"境外所得应纳所得税额"＋表 A100000 第 30 行"境外所得抵免所得税额"。

$$某分支机构分摊税款＝所有分支机构分摊税款总额×该分支机构分摊比例$$

总机构应按照上年度分支机构的营业收入、职工薪酬和资产总额三个因素计算各分支机构分摊所得税款的比例。上年度分支机构的营业收入、职工薪酬和资产总额，是指分支机构上年度全年的营业收入、职工薪酬数据和上年度 12 月 31 日的资产总额数据，是依照国家统一会计制度的规定核算的数据。三级及以下分支机构，其营业收入、职工薪酬和资产总额统一计入二级分支机构，三因素的权重依次为 0.35、0.35、0.30。

计算公式如下：

$$\begin{aligned}\frac{某分支机构}{分摊比例}=&\left(\frac{该分支机构}{营业收入}\Big/\frac{各分支机构}{营业收入之和}\right)×0.35\\&+\left(\frac{该分支机构}{职工薪酬}\Big/\frac{各分支机构}{职工薪酬之和}\right)×0.35\\&+\left(\frac{该分支机构}{资产总额}\Big/\frac{各分支机构}{资产总额之和}\right)×0.30\end{aligned}$$

在一个纳税年度内，总机构首次计算分摊税款时采用的分支机构营业收入、职工薪酬和资产总额数据，与此后经过中国注册会计师审计确认的数据不一致的，不作调整。

关键点 159　总分机构处于不同税率地区的税款分摊计算方法

对于按照税收法律、法规和其他规定，总机构和分支机构处于不同税率地区的，先由总机构统一计算全部应纳税所得额，然后按上述分摊计算比例，计算划分不同税率地区机构的应纳税所得额，再分别按各自的适用税率计算应纳税额后加总计算出汇总纳税企业的应纳所得税总额，最后按上述分摊计算比例，向总机构和分支机构分摊就地缴纳的企业所得税款。

关键点 160　二级分支机构不就地分摊缴纳企业所得税的情形

不具有主体生产经营职能，且在当地不缴纳增值税、营业税的产品售后服务、内部研发、仓储等汇总纳税企业内部辅助性的二级分支机构，不就地分摊缴纳企业所得税。

上年度认定为小型微利企业的，其二级分支机构不就地分摊缴纳企业所得税。

新设立的二级分支机构，设立当年不就地分摊缴纳企业所得税。

当年撤销的二级分支机构，自办理注销税务登记之日所属企业所得税预缴期间起，不就地分摊缴纳企业所得税。

关键点 161　分支机构分摊比例在一个纳税年度内调整的情形

分支机构分摊比例按上述方法一经确定后，除出现下述三类情形外，当年不作调整。

一是当年撤销的二级分支机构，自办理注销税务登记之日起，所属企业所得税预缴期间不就地分摊缴纳企业所得税。

二是汇总纳税企业当年由于重组等原因从其他企业取得重组当年之前已存在的二级分支机构，并作为本企业二级分支机构管理的，该二级分支机构不视同当年新设立的二级分支机构，按本办法规定计算分摊并就地缴纳企业所得税。

三是汇总纳税企业内就地分摊缴纳企业所得税的总机构、二级分支机构之间，发生合并、分立、管理层级变更等形成的新设或存续的二级分支机构，不视同当年新设立的二级分支机构，按本办法规定计算分摊并就地缴纳企业所得税。

关键点 162　总机构直接管理的建筑项目部所在地预分所得税额计算

建筑企业总机构直接管理的跨地区设立的项目部，应按项目实际经营收入的 0.2％按月或按季由总机构向项目所在地预分企业所得税，并由项目部向所在地主管税务机关预缴。

案例 24　跨地区汇总纳税企业所得税汇算清缴税额分摊计算案例

甲企业为建筑企业，2014 年企业所得税汇算清缴时，共设有 A、B 两家跨省、自治区、直辖市，不具有法人资格，但具有主体生产经营职能的二级分支机构。其中 B 为 2014 年新成立的分支机构。甲企业另设有可视同二级分支机构分摊缴纳税款的总机构独立生产经营部门 C。A、B、C 三家分支机构 2013 年全年营业收入分别为 200 万元、150 万元、100 万元。全年职工薪酬分别为 80 万元、60 万元、40 万元，2013 年 12 月 31 日，资产总额分别为 800 万元、600 万元、400 万元。

甲企业 2014 年汇算清缴实际应纳税额为 80 万元，填写在 A109000《跨地区经营汇总纳税企业年度分摊企业所得税明细表》第 1 行"一、总机构应纳所得税额"。其中境外所得应纳税额 10 万元，填写在 A109000《跨地区经营汇总纳税企业年度分摊企业所得税明细表》第 2 行"减：境外所得应纳所得税额"。境外所得抵免税额 6 万元，填写在 A109000《跨地区经营汇总纳税企业年度分摊企业所得税明细表》第 3 行"加：境外所得抵免所得税额"。

甲企业设有跨省、自治区、直辖市的总机构直接管理建筑项目部 D，该项目部于 2014 年已按实际经营收入的 0.2％预缴税款 1 万元，甲企业就该笔收入开具了发票并取得了预缴税款的完税凭证，填写在 A109000《跨地区经营汇总纳税企业年度分摊企业所得税明细表》第 6 行"总机构向其直接管理的建筑项目所在地预分的所得税额"。

2014 年甲企业总机构已预缴税额为 22 万元，填写在 A109000《跨地区经营汇总纳税企业年度分摊企业所得税明细表》第 7 行"总机构已分摊所得税额"。

财政集中分配预缴税额 22 万元，填写在 A109000《跨地区经营汇总纳税企业年度分摊企业所得税明细表》第 8 行"财政集中已分配所得税额"。

分支机构分摊预缴所得税额 44 万元，填写在 A109000《跨地区经营汇总纳税企业年度分摊企业所得税明细表》第 9 行"总机构所属分支机构已分摊所得税额"。

由此可计算得出：

（1）A109000《跨地区经营汇总纳税企业年度分摊企业所得税明细表》第 11 行"总机构本年度应分摊的应补（退）的所得税额"为：$80-10+6-1-22-22-44=-13$（万元）。

（2）A109000《跨地区经营汇总纳税企业年度分摊企业所得税明细表》第 12 行"总机构分摊本年应补（退）的所得税额"为：$-13×25％=-3.25$（万元）。

（3）A109000《跨地区经营汇总纳税企业年度分摊企业所得税明细表》第 13 行"财政集中分配本年应补（退）的所得税额"为：$-13×25％=-3.25$（万元）。

（4）A109000《跨地区经营汇总纳税企业年度分摊企业所得税明细表》第 14 行"总机构所属分支机构分摊本年应补（退）的所得税额"为：$-13 \times 50\% = -6.5$（万元）。

（5）A109000《跨地区经营汇总纳税企业年度分摊企业所得税明细表》第 15 行"总机构主体生产经营部门分摊本年应补（退）的所得税额"为：$-6.5 \times [100/(200+150+100) \times 35\% + 40/(80+60+40) \times 35\% + 400/(800+600+400) \times 30\%] = -1.44$（万元）。

（6）A109000《跨地区经营汇总纳税企业年度分摊企业所得税明细表》第 16 行"总机构境外所得抵免后应纳所得税额"为：$10-6=4$（万元）。

（7）A109000《跨地区经营汇总纳税企业年度分摊企业所得税明细表》第 17 行"总机构本年应补（退）的所得税额"为：$-3.25-3.25-1.44+4 = -3.94$（万元）。

09

第9章

企业所得税税前扣除凭证
确认实务问题探讨

《国家税务总局关于印发〈进一步加强税收征管若干具体措施〉的通知》（国税发〔2009〕114 号）第六条规定，未按规定取得的合法有效凭据不得在税前扣除。目前，合法有效凭据的种类国家税务总局未专门明确。

实务中，企业所得税税前扣除凭证一般包括发票、税票、财政部门监制的票据（包括非税收入通用票据、非税收入专用票据和非税收入一般缴款书、公益事业捐赠票据、医疗收费票据、社会团体会费票据等）、自制凭证（如工资单）等。笔者认为，纳税人在实务操作中，遇到不确定能否税前扣除的凭证，应与主管税务机关及时沟通，规避涉税风险。本部分对税前扣除凭证的确认中的实务问题进行探讨，以供参考。

关键点 163　关于企业提供有效凭证时间问题

国家税务总局 2011 年第 34 号公告规定，企业当年度实际发生的相关成本、费用，由于各种原因未能及时取得该成本、费用的有效凭证，企业在预缴季度所得税时，可暂按账面发生金额进行核算，但在汇算清缴时，应补充提供该成本、费用的有效凭证。

关键点 164　是否虚开增值税专用发票的界定

按照《国家税务总局关于纳税人对外开具增值税专用发票有关问题的公告》（国家税务总局公告 2014 年第 39 号）的规定，对外开具增值税专用发票同时符合以下情形的，不属于对外虚开增值税专用发票：

（一）纳税人向受票方纳税人销售了货物，或者提供了增值税应税劳务、应税服务；

（二）纳税人向受票方纳税人收取了所销售货物、所提供应税劳务或者应税服务的款项，或者取得了索取销售款项的凭据；

（三）纳税人按规定向受票方纳税人开具的增值税专用发票相关内容，与所销售货物、所提供应税劳务或者应税服务相符，且该增值税专用发票是纳税人合法取得、并以自己名义开具的。

受票方纳税人取得的符合上述情形的增值税专用发票，可以作为增值税扣税凭证抵扣进项税额。

那么，符合上述规定、可以作为增值税扣税凭证抵扣进项税额的增值税专用发票，能否作为企业所得税税前扣除凭证？

按照《国家税务总局关于印发〈进一步加强税收征管若干具体措施〉的通知》（国税发〔2009〕114 号）第六条的规定，未按规定取得的合法有效凭据不得在税前扣除。对于符合国家税务总局 2014 年第 39 号公告规定条件的增值税专用发票，不属于国税发〔2009〕114 号文件规定的情形，可以作为企业所得税税前扣除凭证；不符合国家税务总局 2014 年第 39 号公告规定条件的虚开增值税专用发票，不得作为税前扣除凭证从税前扣除。

关键点 165　丢失发票原件，其复印件可以作为税前扣除凭证

企业发生真实业务，有相关的合同、入库凭证、付款凭证等，但不慎将售货方开出的增值税普通发票（发票的发票联）丢失，纳税人能否将售货方提供的发票记账联复印件作为税前扣除凭证？

按照《国家税务总局关于启用新版增值税发票有关问题的公告》（国家税务总局公告 2014 年第 43 号）第二条的规定，增值税专用发票和普通发票的记账联留存在销货方作为记账凭证，也是记录交易金额、交易数量等经济业务发生情况的法定凭证。因此在发票联丢失的情况下，增值税普通发票记账联复印件可以作为企业的税前扣除凭证。

关键点 166　增值税失控发票不能作为税前扣除凭证

企业取得的增值税失控发票，能否作为企业所得税税前扣除凭证？

实务中，经认定不能抵扣增值税进项税额的失控发票，不作为企业所得税税前扣除凭证。

10

第10章

企业所得税纳税申报表辅学辅填工具使用说明

为了正确理解和掌握新申报表的填报要求，准确填报企业所得税年度纳税申报表，方便纳税人办理企业所得税纳税申报事宜，在对北京市企业进行前期调研的基础上，根据国家税务总局公告 2014 年第 63 号规定，北京市丰台区国家税务局屈震、李颖剑和北京洪海明珠税务师事务有限公司孟佳、孙鹏飞联合设计、制作了 2014 版企业所得税纳税申报表辅学辅填工具（以下简称辅学辅填工具）。

10. 1　辅学辅填工具简介

1. 辅学辅填工具的设计思路是纳税人将基础数据填制完成后，辅学辅填工具将企业账面数据进行自动分类填报至纳税申报表账载金额，纳税人依据填报提示中的填报口径和填报风险点对纳税申报表税收金额进行填报，最后由辅学辅填工具对整体填报数据进行逻辑关系验证，这样就可以减少纳税人由于不了解纳税申报表的关系造成的数据不准确等问题，提高纳税人的申报工作效率。

2. 辅学辅填工具按照企业所得税纳税申报表的一级主表、二级附表、三级附表、四级附表中的所得税纳税申报重点事项，从填报说明、政策提示、填报口径、风险关注点和填报案例等四个方面进行详细的填报提示说明，并针对操作难点进行案例解说、填报。

3. 辅学辅填工具的"政策提示"以国家税务总局的规定为主要内容，地方规定作为必要补充。"填报口径"吸收了北京市国家税务局历年的征管风险监控点。"风险关注点"全部来自从事税收工作的一线人员的经验和总结。"填报案例"全部为税务机关多年积累的填报案例。

4. 北京市丰台区国家税务局屈震、李颖剑和北京洪海明珠税务师事务有限公司孟佳、孙鹏飞共同策划了《企业所得税新申报表填报 166 个关键点及填报案例》，并制作了 2014 版企业所得税纳税申报表辅学辅填工具，与《企业所得税新申报表填报 166 个关键点及填报案例》共同组成纳税申报实务工具。

10. 2　辅学辅填工具使用说明

为方便读者和纳税人使用辅学辅填工具，本书附赠光盘中特别增加了工具使用的视频介绍，可配合使用说明快速、有效地了解本工具的使用。

10.2.1　适用范围

实行查账征收企业所得税的居民纳税人，涵盖除金融企业、事业单位以外的行业。

10.2.2　填写顺序

第一步，依据科目余额表填制基础数据表，根据会计科目性质填制会计科目借、贷方全年发生额。没有发生额的科目无须填报。发生额填制完成后，依据税法要求对财务核算数据进行重新分类。如：管理费用——办公费 10 000 元，其中：包含业务招待性质支出 1 000 元，应调整至管理费用——业务招待费的"税法重新分类金额" 1 000 元，同时管理费用——办公费减少 1 000 元。

第二步，根据企业实际情况选择填制企业所得税年度纳税申报表表单及企业基础信息表（A000000）。核对企业所得税年度纳税申报表（主表）（A100000）中第 13 行"利润总额"中的金额是否与利润表一致。填完各表后点击"返回使用说明"返回本表，继续操作下一步。

第三步，基础数据表和企业所得税年度纳税申报表单填制完成后，依据税法规定，填制纳税调整表（A105000），其中调整项目需要填列明细附表的，点击相应行次的"附表"链接到明细附表，附表填写完毕后点击"返回上级"回到纳税调整表（A105000），继续填写其他调整项目。填完各表后点击"返回使用说明"返回本表，继续操作下一步。

第四步，填制免税、减计收入及加计扣除明细表（A107010），其中优惠项目需要填列明细附表的，点击相应行次的"附表"链接到明细附表，附表填写完毕后点击"返回上级"回到 A107010，继续填写其他优惠项目。填完各表后点击"返回使用说明"返回本表，继续操作下一步。

第五步，填制所得减免优惠明细表（A107020）。填完后点击"返回使用说明"返回本表，继续操作下一步。

第六步，填制抵扣应纳税所得额明细表（A107030）。填完后点击"返回使用说明"返回本表，继续操作下一步。

第七步，如企业本年应纳税所得额为负数或者本年需要弥补以前年度亏损，则填制企业所得税弥补亏损表 A106000。

第八步，填制减免所得税优惠明细表 A107040，其中优惠项目需要填列明细附表的，点击相应行次的"附表"链接到明细附表，附表填写完毕后点击"返回上级"回到 A107040，继续填写其他优惠项目。填完各表后点击"返回填表说明"返回本表，继续操作下一步。

第九步，填制税额抵免优惠明细表 A107050，填完各表后点击"返回填表说明"返回本表，继续操作下一步。

第十步，如企业有境外所得则填写 A108000 及其明细表。填完各表后点击"返回使用说明"返回本表，继续操作下一步。

第十一步，如企业有跨地区经营汇总纳税的情形，则填写 A109000 及 A109010。填完各表后点击"返回使用说明"返回本表，继续操作下一步。

第十二步，根据第一季度至第四季度预缴的企业所得税，填报企业所得税年度纳税申报表（主表）（A100000）中 第 23 行本年累计实际已预缴的所得税额。

第十三步，查看逻辑关系检验，检查企业所得税年度纳税申报表的填制准确性，并且对填报情况进行审核。

第十四步，审核无误即可进入北京市国家税务局网上申报系统按要求的填报顺序填写所得税年度纳税申报表。除表单中十张必填表外，其他表格若无相关内容则无须勾选填写。

10.2.3 表内底色说明

（1）表内底色提示。

"深黄色"底色，表示为手填事项。

"灰色"底色，表示表内表间关系公式，无法修改。提示：此色底色不能双击。

"浅黄色"底色，企业所得税年度纳税申报表表单中此种底稿，表示为必填表格。

"绿色"底色，此种底稿表示单元格带公式，但是可以将公式删除直接填数，企业可根据企业实际情况，依据税收政策进行填列。

（2）"重点项目填报"、"企业所得税年度纳税申报表单"和企业所得税纳税申报表中的"项目"已加入超链接，或者直接点击相应表名或编号，可以快速打开相应表格。

（3）各个明细表内，已加入"返回表单"、"返回主表"、"使用说明"、"基础数据表"、"填报提示目录"、"重点填报项目"、"逻辑关系校验"，点击后，可返回表单目录、主表和上级表。

10.2.4　填报提示目录和重点填报项目

填报提示分为四部分：一是填报说明提示，二是政策法规提示，三是填报案例提示，四是填报风险提示。

填报说明提示：以批注方式加入填报对应单元格，直接点击单元格即会显示相关内容。

政策法规提示、填报案例提示、填报风险提示等三部分内容已经制作提示目录，并且分别已经将链接添加至相关表格"项目"栏次处，直接点击"项目"栏次可以显示。

重点填报项目表：列示税收优惠项目的提示内容目录、发生率较高的纳税调整事项。点击表内链接，可以跳转至附表、填报说明等。

填报提示目录：列示各项税收政策、填报案例和风险提示内容，方便纳税人正确填写纳税申报表。

囿于时间、精力和水平，辅学辅填工具的不足之处在所难免，诚挚地欢迎广大读者、纳税人和税务工作者批评指正，与我们共同探讨、改进辅学辅填工具，恳请致信：xbbfxft@163.com。

11

附　录

相关法规文件名称及文号汇总

为方便查阅，我们将本书涉及的法规文件的名称及文号按法规类型汇总如下：

1. 国家税务总局公告 2010 年第 1 号：《国家税务总局关于发布〈企业境外所得税收抵免操作指南〉的公告》

2. 国家税务总局公告 2010 年第 4 号：《国家税务总局关于发布〈企业重组业务企业所得税管理办法〉的公告》

3. 国家税务总局公告 2010 年第 13 号：《国家税务总局关于融资性售后回租业务中承租方出售资产行为有关税收问题的公告》

4. 国家税务总局公告 2010 年第 24 号：《国家税务总局关于工会经费企业所得税税前扣除凭据问题的公告》

5. 国家税务总局公告 2011 年第 25 号：《国家税务总局关于发布〈企业资产损失所得税税前扣除管理办法〉的公告》

6. 国家税务总局公告 2011 年第 34 号：《国家税务总局关于企业所得税若干问题的公告》

7. 国家税务总局公告 2011 年第 36 号：《国家税务总局关于企业国债投资业务企业所得税处理问题的公告》

8. 国家税务总局公告 2012 年第 15 号：《国家税务总局关于企业所得税应纳税所得额若干税务处理问题的公告》

9. 国家税务总局公告 2012 年第 18 号：《国家税务总局关于我国居民企业实行股权激励计划有关企业所得税处理问题的公告》

10. 国家税务总局公告 2012 年第 40 号：《国家税务总局关于发布〈企业政策性搬迁所得税管理办法〉的公告》

11. 国家税务总局公告 2012 年第 57 号：《国家税务总局关于印发〈跨地区经营汇总纳税企业所得税征收管理办法〉的公告》

12. 国家税务总局公告 2013 年第 11 号：《国家税务总局关于企业政策性搬迁所得税有关问题的公告》

13. 国家税务总局公告 2013 年第 41 号：《国家税务总局关于企业混合性投资业务企业所得税处理问题的公告》

14. 国家税务总局公告 2013 年第 43 号：《国家税务总局关于执行软件企业所得税优惠政策有关问题的公告》

15. 国家税务总局公告 2014 年第 3 号：《国家税务总局关于商业零售企业存货损失税前扣除问题的公告》

16. 国家税务总局公告 2014 年第 10 号：《国家税务总局关于公开行政审

批事项等相关工作的公告》

17. 国家税务总局公告 2014 年第 18 号：《国家税务总局关于企业因国务院决定事项形成的资产损失税前扣除问题的公告》

18. 国家税务总局公告 2014 年第 29 号：《国家税务总局关于企业所得税应纳税所得额若干问题的公告》

19. 国家税务总局公告 2014 年第 38 号：《国家税务总局关于居民企业报告境外投资和所得信息有关问题的公告》

20. 国家税务总局公告 2014 年第 63 号：《国家税务总局关于发布〈中华人民共和国企业所得税年度纳税申报表（A 类，2014 年版）〉的公告》

21. 国家税务总局公告 2014 年第 64 号：《国家税务总局关于固定资产加速折旧税收政策有关问题的公告》

22. 国家税务总局公告 2015 年第 6 号：《国家税务总局关于 3 项企业所得税事项取消审批后加强后续管理的公告》

23. 财税〔2008〕1 号：《财政部 国家税务总局关于企业所得税若干优惠政策的通知》

24. 财税〔2008〕46 号：《财政部 国家税务总局关于执行公共基础设施项目企业所得税优惠目录有关问题的通知》

25. 财税〔2008〕121 号：《财政部 国家税务总局关于企业关联方利息支出税前扣除标准有关税收政策问题的通知》

26. 财税〔2008〕136 号：《财政部 国家税务总局关于全国社会保障基金有关企业所得税问题的通知》

27. 财税〔2008〕151 号：《财政部 国家税务总局关于财政性资金行政事业性收费政府性基金有关企业所得税政策问题的通知》

28. 财税〔2008〕160 号：《财政部 国家税务总局 民政部关于公益性捐赠税前扣除有关问题的通知》

29. 财税〔2009〕27 号：《财政部 国家税务总局关于补充养老保险费补充医疗保险费有关企业所得税政策问题的通知》

30. 财税〔2009〕29 号：《财政部 国家税务总局关于企业手续费及佣金支出税前扣除政策的通知》

31. 财税〔2009〕57 号：《财政部 国家税务总局关于企业资产损失税前扣除政策的通知》

32. 财税〔2009〕59 号：《财政部 国家税务总局关于企业重组业务企业

所得税处理若干问题的通知》

33. 财税〔2009〕60 号：《财政部 国家税务总局关于企业清算业务企业所得税处理若干问题的通知》

34. 财税〔2009〕63 号：《财政部 国家发展和改革委员会 国家税务总局 科学技术部 商务部关于技术先进型服务企业有关税收政策问题的通知》

35. 财税〔2009〕124 号：《财政部 国家税务总局关于通过公益性群众团体的公益性捐赠税前扣除有关问题的通知》

36. 财税〔2009〕125 号：《财政部 国家税务总局关于企业境外所得税收抵免有关问题的通知》

37. 财税〔2010〕45 号：《财政部 国家税务总局 民政部关于公益性捐赠税前扣除有关问题的补充通知》

38. 财税〔2011〕23 号：《财政部 国家税务总局关于我国石油企业从事油（气）资源开采所得税收抵免有关问题的通知》

39. 财税〔2011〕47 号：《财政部 国家税务总局关于高新技术企业境外所得适用税率及税收抵免问题的通知》

40. 财税〔2011〕70 号：《财政部 国家税务总局关于专项用途财政性资金企业所得税处理问题的通知》

41. 财税〔2012〕27 号：《财政部 国家税务总局关于进一步鼓励软件产业和集成电路产业发展企业所得税政策的通知》

42. 财税〔2012〕48 号：《财政部 国家税务总局关于广告费和业务宣传费支出税前扣除政策的通知》

43. 财税〔2013〕14 号：《财政部 国家税务总局 关于中关村 东湖 张江国家自主创新示范区和合芜蚌自主创新综合试验区有关职工教育经费税前扣除试点政策的通知》

44. 财税〔2013〕70 号：《财政部 国家税务总局关于研究开发费用税前加计扣除有关政策问题的通知》

45. 财税〔2014〕34 号：《财政部 国家税务总局关于小型微利企业所得税优惠政策有关问题的通知》

46. 财税〔2014〕75 号：《财政部 国家税务总局关于完善固定资产加速折旧企业所得税政策的通知》

47. 财税〔2014〕109 号：《财政部 国家税务总局关于促进企业重组有关企业所得税处理问题的通知》

48. 财税〔2014〕116 号：《财政部 国家税务总局关于非货币性资产投资

企业所得税政策问题的通知》

49. 财税〔2015〕34 号：《财政部 国家税务总局关于小型微利企业所得税优惠政策的通知》

50. 京财税〔2009〕542 号：《北京市财政局 北京市国家税务局 北京市地方税务局 北京市民政局转发财政部 国家税务总局 民政部关于公益性捐赠税前扣除有关问题的通知》

51. 国税发〔2008〕116 号：《国家税务总局关于印发〈企业研究开发费用税前扣除管理办法（试行）〉的通知》

52. 国税发〔2009〕2 号：《国家税务总局关于印发〈特别纳税调整实施办法（试行）〉的通知》

53. 国税发〔2009〕31 号：《国家税务总局关于印发〈房地产开发经营业务企业所得税处理办法〉的通知》

54. 国税发〔2009〕80 号：《国家税务总局关于实施国家重点扶持的公共基础设施项目企业所得税优惠问题的通知》

55. 国税发〔2009〕81 号：《国家税务总局关于企业固定资产加速折旧所得税处理有关问题的通知》

56. 京国税发〔2009〕92 号：《北京市国家税务局 北京市地方税务局转发国家税务总局关于印发房地产开发经营业务企业所得税处理办法的通知的通知》

57. 国税函〔2008〕828 号：《国家税务总局关于企业处置资产所得税处理问题的通知》

58. 国税函〔2008〕875 号：《国家税务总局关于确认企业所得税收入若干问题的通知》

59. 国税函〔2009〕1 号：《国家税务总局关于债务重组所得企业所得税处理问题的批复》

60. 国税函〔2009〕3 号：《国家税务总局关于企业工资薪金及职工福利费扣除问题的通知》

61. 国税函〔2009〕98 号：《国家税务总局关于企业所得税若干税务事项衔接问题的通知》

62. 国税函〔2009〕202 号：《国家税务总局关于企业所得税执行中若干税务处理问题的通知》

63. 国税函〔2009〕203 号：《国家税务总局关于实施高新技术企业所得税优惠有关问题的通知》

64. 国税函〔2009〕312 号：《国家税务总局关于企业投资者投资未到位而发生的利息支出企业所得税前扣除问题的批复》

65. 国税函〔2009〕777 号：《国家税务总局关于企业向自然人借款的利息支出企业所得税税前扣除问题的通知》

66. 国税函〔2010〕79 号：《国家税务总局关于贯彻落实企业所得税法若干税收问题的通知》